随迁子女异地
升入高职院校的政策和实践研究

SUIQIAN ZINÜ YIDI SHENGRU GAOZHI YUANXIAO DE
ZHENGCE HE SHIJIAN YANJIU

◎ 吴霓 等著

广西教育出版社
南宁

图书在版编目（CIP）数据

随迁子女异地升入高职院校的政策和实践研究 / 吴霓等著. -- 南宁 : 广西教育出版社, 2021.11
ISBN 978-7-5435-9020-5

Ⅰ. ①随… Ⅱ. ①吴… Ⅲ. ①外来劳动力-职工子女-高等职业教育-入学考试-教育政策-研究-中国
Ⅳ. ①G718.5

中国版本图书馆 CIP 数据核字(2021)第 210562 号

责任编辑：潘　安　吕远梅　　装帧设计：陈　凌　鲍　翰
责任校对：陆嫣澄　覃肖滟　　责任技编：蒋　媛

出 版 人：石立民
出版发行：广西教育出版社
地　　址：广西南宁市鲤湾路 8 号　　邮政编码：530022
电　　话：0771-5865797
本社网址：http://www.gxeph.com
电子信箱：gxeph@vip.163.com
印　　刷：广西桂川民族印刷有限公司
开　　本：787mm×1092mm　1/16
印　　张：15.75
字　　数：245 千字
版　　次：2021 年 11 月第 1 版
印　　次：2021 年 11 月第 1 次印刷
书　　号：ISBN 978-7-5435-9020-5
定　　价：55.00 元

目 录

第一章 导 论

随着我国城镇化进程的加快，农村大量的剩余劳动力转移到城市，据2010年第六次全国人口普查数据显示，流动人口达到2.21亿。又据2015年全国1%人口抽样调查显示，流动人口已经增加到2.46亿。[①]这些人员的流动，是社会发展进步的体现。然而，随着进城务工人员数量的不断增加，其随迁子女在流入地接受义务教育的问题也日益突出。为此，早在2001年国家就颁布了解决随迁子女在流入地接受义务教育问题的以流入地政府管理为主、以全日制公办中小学为主（简称“两为主”）的政策。随着“两为主”政策的实施，进城务工人员随迁子女在流入地接受义务教育的问题得到明显改善。据统计，2014年，全国义务教育阶段就读的进城务工人员随迁子女达到1294.7万人，其中，在公办小学和初中就读的比例分别占78.53%和82.25%[②]，也就是说，约80%的义务教育阶段随迁子女在公办学校就读，享受到与同城孩子同等的待遇。2020年义务教育阶段随迁子女人数达到了1429.7万人，比2015年增长了62.6万人；2020年有85.8%的进城务工人员随迁子女在公办学校就读或者享受政府购买的学位服务。[③]

①2015年全国1%人口抽样调查主要数据公报[R/OL].（2016-04-20）[2019-04-10]. http：//www.gov.cn/xinwen/2016-04/20/content_5066201.htm.

②中华人民共和国教育部.中国教育概况：2014年全国教育事业发展情况[R/OL].（2015-11-25）[2019-04-10]. http：//www.moe.gov.cn/jyb_sjzl/s5990/201511/t20151125_220958.html.

③教育部：将加大力度保障进城务工人员随迁子女就学[EB/OL].（2021-03-31）[2021-07-31]. https：//baijiahao.baidu.com/s?id=1695716230596342890&wfr=spider&for=pc.

政府在关注进城务工人员随迁子女义务教育问题解决的同时，把他们接受义务教育后的继续升学问题也提上议事日程，尤其是已经进入初中的那部分随迁子女，在未来的3～6年即将面临异地中考和异地高考等问题。也正因为如此，社会各界对异地高考的呼声越来越大。在大规模人口流动和集聚的社会背景下，异地高考、异地求学与异地求职等方面的问题愈加突显。据中国教育科学研究院相关课题组在全国10城市的调研发现，从初中随迁子女的情况来看，希望在流入地参加中考的省内跨县流动学生和跨省流动学生的比例分别是80.1%、57.4%；从高中随迁子女的情况来看，希望在流入地参加高考的省内跨县流动学生和跨省流动学生的比例分别是87.6%、64.2%。[①]也就是说，流动人口随迁子女在流入地继续升学的愿望非常强烈。

2010年7月颁布的《国家中长期教育改革和发展规划纲要（2010—2020年）》，在第四章第八条中专门提出了“确保进城务工人员随迁子女平等接受义务教育，研究制定进城务工人员随迁子女接受义务教育后在当地参加升学考试的办法”的任务目标。2011年8月28日，在新学期和第27个教师节即将来临之际，时任国务院总理温家宝在河北张北县第三中学为广大农村教师做了题为“一定要把农村教育办得更好”的报告，进一步强调“抓紧研究制订农民工随迁子女接受义务教育后在输入地参加升学考试的办法”。

2012年8月30日，国务院办公厅转发了教育部等部门的《关于做好进城务工人员随迁子女接受义务教育后在当地参加升学考试工作的意见》，这标志着国家层面的流动人口随迁子女异地参加升学考试的政策正式落地。该政策从充分认识做好随迁子女升学考试工作的重要性，做好随迁子女升学考试工作的主要原则，因地制宜制定随迁子女升学考试具体政策，统筹做好随迁子女和流入地学生升学考试工作，加强组织领导和协调配合等五个方面进行了详细说明。同时，该政策要求各地在2012年年底前出台相应政策措施，因地制宜制定随迁子女升学考试具体政策，解决随迁子女在流入地接受义务教育后继续升学的问题。截至2018年，除了西藏外，全国30个省（自治区、直辖市）（不含港澳台）均相继出台了随迁子女异地升学考试方案，即随迁子女在流入地参加升学考试的方案。各地已公布的政策大致可以分为四类：

①吴霓，等. 随迁子女在流入地升学考试的政策与实践研究：基于10城市的调研[M]. 南宁：广西教育出版社，2018：31-32.

第一类，非本地户籍的考生具备一定的学籍条件即可在流入地报名参加普通高考，如山东、安徽、浙江、江西等；第二类，从考生的学籍年限，其父母的职业、住所、缴纳社保等方面设定准考条件，如四川、河南、山西、陕西、江苏、黑龙江等；第三类，渐进性的异地高考方案，考生高考报名条件与其家长的居住证挂钩，如广东、上海；第四类，仅出台了过渡方案，暂未涉及本科报考，只开放了高职院校的报考条件，如北京、天津。从方案的分类来看，异地高考条件设置的差别是各地根据其流动人口和高考录取指标的数量多少来决定的，流动人口越多，准考条件就会越高。如北京、上海、广州三地流动人口众多，北京和上海的高考录取率又高于全国平均水平，因此准考条件设置得相对较高。而有些省份虽竞争十分激烈，但人口众多，宽松的异地高考条件并不会给当地带来太大的冲击，如河南、山东。

然而，各地的政策是否能有效解决随迁子女在流入地参加升学考试的问题，其条件设置是否公平合理，是否具有可操作性，学校、家庭和随迁子女对当地政策的反应和适应如何，均是当前及未来需要慎重面对和妥善处理的非常重要的问题。由于各地经济社会发展水平不同，随迁子女在流入地入学的准入门槛的差异也很大，因此政策实施过程及效果各异。作为政策探索与改进的实验过渡阶段，地方高职院校成为政策改革的切入点和义务教育后继续升学政策实施的阶段基点，其自主招生作为政策的突破口，成为试探随迁子女在流入地接受义务教育后继续升学问题能否得到有效解决的关键途径，也将对教育公平和和谐社会的建设起到重大的影响，不能忽视。

第一节 异地升学考试政策实施过程中的问题分析

一、政府层面

1.地方政策的准入条件没有完全开放，但高职院校是一条可以选择的路径

教育部发布的《2010年普通高等学校招生工作规定》明确指出“申请报考高校的所有考生，须在其户籍所在省（区、市）高校招生委员会（以下简称省级招委会）规定时间和指定地点报名”，虽然文件中同时还有“省级招委会可按照以考生户籍为主、与在本地区高级中等教育学校就读一定学习年

限相结合的原则，结合本地区实际就报名条件、时间和有关要求作出具体补充规定”，但户籍规定这一限制，基本上堵塞了进城务工人员随迁子女在流入地参加高考的路径。

除了国家政策，一些地方政策也强化了这一规定要求，尤其是特大城市和经济发达城市。例如《北京市教育委员会关于加强中小学接收借读生管理的通知》（京教基〔2002〕36号）规定：“对不是按北京市正式常住户口对待的借读生，学校不予办理转学手续，也不予办理在京升高一级学校的报名手续。”

2012年8月30日，国务院办公厅转发教育部等部门的《关于做好进城务工人员随迁子女接受义务教育后在当地参加升学考试工作的意见》，要求各地在2012年12月31日前出台异地高考具体办法。在2010年12月启动的国家教改试点中，解决异地高考列入了试点，进行试点的地区是山东、湖南、重庆。上述政策颁布后，异地高考改革方案在全国范围内迅速推进。至2012年末，全国30个省（自治区、直辖市）（除西藏、香港、澳门、台湾外）都以不同的方式出台了异地高考具体办法。例如，广东规定2016年起在粤租房的流动人口随迁子女可异地高考；北京市于2012年底出台了《进城务工人员随迁子女接受义务教育后在京参加升学考试工作方案》，提到2014年起允许随迁子女报考高职院校。

2. 地方政府出台的配套政策差异较大且开放程度非常有限

各地的随迁子女在流入地参加高考政策的准入条件和实施情况参差不齐，社会经济发展水平较高的地区，其流动人口随迁子女数量较多，随迁子女在实际办理转学、考试和入学的过程中遇到的问题较多，高等教育阶段入学问题仍然难以解决。

2013年，辽宁、河北、江苏、安徽、河南、重庆等地首次实行异地高考，但报名的考生数量很少。随着各地政策的纷纷出台与落实，到2014年共有28个省、自治区、直辖市实行异地高考，符合当地政策条件报名参加异地高考的人数也激增至5.6万人。由此可见，此后异地升学考试政策的落实将惠及更多随迁子女。开放异地高考，是为了进一步解决外来务工人员随迁子女的升学问题，让非户籍地考生享有与本地考生相同的高考资格，使更多外来务工子女能够更好地享受父母务工所在地的教育资源。

但不同地区政策出台的时间、政策推行的方式、政策准入条件设置的不同，使得该项政策在执行过程中呈现诸多问题，使得流动人口随迁子女在流入地接受高等教育又产生了新的不公平和矛盾。

在已经出台异地升学考试政策的省、自治区、直辖市中，浙江、广西、湖北、河南、云南、湖南、安徽、重庆、河北、吉林、辽宁、江苏、甘肃、黑龙江、天津等地的异地高考从2013年起实施，并且是“一步到位”。北京和广东的异地升学考试政策也是从2013年起实施，但是执行的是过渡渐进式的“分步走”策略。北京和广东都是人口流入量较大的地区，是此项改革的关键。由于当地情况较为复杂，政策制定者的态度也更为谨慎，采取分步实施的策略，在执行政策的过程中逐渐完善政策。总体看来，只有半数省份的异地高考政策在2013年开始实施，这些省份在较短的时间内将政策付诸实践有利于尽早在实践中发现政策存在的问题，以便及时修订政策，从而更好地解决随迁子女的异地高考问题，进一步推进教育公平。从随迁子女可参加异地高考的条件来看，人口输出大省和考试大省制定的条件比较宽松，相比而言，人口输入大省制定的条件比较严格。异地高考准入条件最低的是江西省，对随迁子女父母的职业、住所、社保都未做要求，外省籍务工人员随迁子女在江西省高中阶段具有一年以上学习经历并取得学籍的，即可就地报名参加高考，并享受与江西省户籍考生相同的招生录取政策。作为考试大省的山东省设置的准入条件也比较低，只要求具备本省高中阶段学校学籍并有完整学习经历即可。河南、河北、广西、江苏等地主要对学籍提出了要求，对随迁子女监护人的社保年限未做要求，但要求随迁子女监护人有合法稳定职业和住所。北京、上海、广东除对学籍、随迁子女监护人的职业和住所提出了较高的要求外，还严格要求随迁子女监护人参加社会保险达到一定年限。人口流入大省由于城市资源承载能力有限，也考虑到要尽可能规避“高考移民”，设定的准入条件普遍偏高，把许多进城务工人员随迁子女拒之门外。

因此，准入条件的设定尚需进一步仔细斟酌、科学设计，既保障进城务工人员随迁子女的受教育权，又保护人口流入地高考考生的权益，促进教育公平。

3. 对高职院校自主招生的重视程度不够，评估工作不充分，导致政策配套及宣传不到位

教育部为了解决高考暴露出的种种问题，提出了一套高等教育招生制度的改革思路：高端多元，中端稳定，末端开放。所谓高端是指北京大学、清华大学等名校，它们的招生方式应日趋多元化；所谓末端，指的是专科层次的院校，要逐渐开放对于这一层级院校的招生方式的管制；而其余的高校处在中端，它们的招生模式仍然以高考为主。

2003年，教育部首次批准22所高校作为自主招生政策的试点，高校在招生方面的自主权得到了真正意义上的扩大。同时，各地为探索与高等职业教育体系相适应的入学选拔模式，也开始了在高职高专层面招生改革的试点。随着改革的深入，高职院校自主招生规模逐年扩大，院校逐年增加。

到2011年，已有80所本科院校参与自主招生，其中不乏“211工程”高校和“985工程”高校。这些重点高校参与到自主招生考试中来，在一定程度上体现了高考改革自主招生的一种趋势，引起了广大考生、教师和学校的普遍关注。

高校的自主招生，特别是重点高校的自主招生成为政府关注的重点、政策改革的热点和民众关心的焦点。自主选拔录取改革试点的起点一开始就很高，目标直指高校招生录取制度改革和建立完善选拔优秀创新人才的新机制。很多人认为自主招生考试应该是选拔高中或者说是重点高中的一些尖子生，甚至有人将自主招生叫作“掐尖游戏”，主要选择特别优秀的学生。而且随着改革力度的加大，名额比例也在加大，以前很多高校规定为只能是年级学生总数的5%，现在扩大到10%，甚至到20%以上。

这种短时期内对重点高校自主招生的过度关注，导致地方政府、高职院校以及师生、家长对自主招生的误解：首先是将自主招生过小地局限在重点高校这一范围，从而对高职院校自主招生工作存在偏见；其次是国家政策过于集中在重点高校的招生改革，地方政府疏于对高职院校招生的政策配套、名额核定等具体工作，使得政策在逐级执行过程中信息削减，同时政策传播渠道也受到影响，最终使高职院校的自主招生与预期目标相距甚远，招生困难。

4. 地方政策与国家政策存在相互矛盾之处

目前，绝大部分省份对高职院校自主招生规模都有明确的总量限制，自主招生的专业也主要限制在示范性和骨干院校的若干特色专业上，招生面对的主要对象还是普通高中毕业生，而且受当地统一高考报名政策的影响。以浙江省2011年的自主招生为例，其中8所代表性的院校自主招生的人数占各自学校招生总数的比例从4%到21%不等，从总量上看，自主招生的学生人数只占到招生总数的10%左右，比例明显偏低。浙江省同年的数据显示，高职院校自主招生计划的中职生数量只占到当年自主招生总量的21.6%，中职生生源数量偏少。[①]这种现状明显不符合国家招生政策中要逐步扩大中职学生进入高职院校的比例这一政策要求，高职院校在未来的自主招生中还需着力提高中职生的生源数量。

部分省级政策对于高职院校自主招生规模、生源的限定，在一定程度上与国家大力提倡扩大高职院校自主招生权、鼓励随迁子女在流入地接受高等教育相矛盾，导致随迁子女在报考时无所适从。

二、高职院校层面

1. 高职院校相对忽视了学生的自主选择权和需求，多将自主招生的招生计划和名额用于优势学科的招收上

从政策的设计初衷来看，实行高职院校的自主招生本意在于打破传统单一的招生录取模式，让不同的学生能更加自主地选择适合自己发展的道路，也让高校能够广泛地选拔适合自己院校办学特色的学生。但在当前自主招生的制度设计中，许多地方政府和院校只是简单地从自身利益出发，在对考生所报院校数量和专业调剂上都有明确、严格的限制，有的地区甚至规定考生只能报考一所参加自主招生的院校，这极大限制了考生的选择权。

2. 高职院校自主招生的程序和时间与高考有所冲突，影响考生报考

通常高职院校自主招生工作在高考前进行，参加的考生被确认录取并办理正式录取手续后将不能再参加高考及录取，或即使能参加高考和录取，对参加录取的批次和范围也有明确的限制。这就使得很多考生有所顾虑，即参

①丁建洪. 高职院校自主招生：问题与策略：基于浙江省高职院校的现状调查[J]. 教育发展研究，2012（19）：8–12.

加自主招生考试且录取后不能参加高考，使得有希望考取本科的考生放弃报考高职自主招生考试，此外也有考生担忧若在自主招生考试中发挥失常会影响之后的高考复习。

3. 高职院校对国家政策或地方政策没有及时、主动做出应对

高职院校由于不够深入了解国家政策，或者没有意识到国家政策与自身发展之间的有机联系，或者对于推进教育公平的责任感不够强，因此在自主招生的指标制订中没有针对随迁子女的设计或者政策倾斜，使得国家异地高考政策没有落实的渠道和载体，政策没有发挥其应有的作用，随迁子女在流入地还是无法接受高等教育。

与此同时，还有一定比例的民办高职院校，其生源的数量和结构直接影响生存和发展。利用国家政策来促进学校自身发展对于民办高职院校来说意义重大，但是自身能力的不足限制了它们尝试创新的可能和行动。

三、随迁子女及家长群体

学生和家长对于高职院校自主招生政策的了解和理解程度较低，对高职院校自主招生政策存在偏见，政策知晓程度不高，缺乏相关渠道了解如何报考和选择专业。

高职院校的自主招生，对于见惯了传统高考的学生和家长来说，是一个新鲜的事物，必然需要一个渐进的接受过程。从改革实践层面来看，地方政府教育部门对高职院校自主招生的政策宣传还不到位。市县级教育部门对高职院校自主招生理解不到位、接受不到位、重视不到位和支持不到位等各种因素导致政策宣传难以落到实处。很多中等学校尤其是重点高中对此不够重视，更有些学校对此尚不知晓。这些情况导致很多家长和学生对高职院校的自主招生在理解上出现了很大偏差。一些国家级高职院校的招生宣传人员希望进校宣传时，仍被误认为是生源紧张的民办高职院校而被拒之门外。参加高职院校的自主招生考试对许多学生和家长来说还是一种不得已而为之的被动选择。

对于报考地方高职院校，从报考到志愿的选择，学生和家长普遍存在诸多偏见，不能够真正了解高职院校的自主招生政策，从而无法做出符合自身利益的最佳选择。

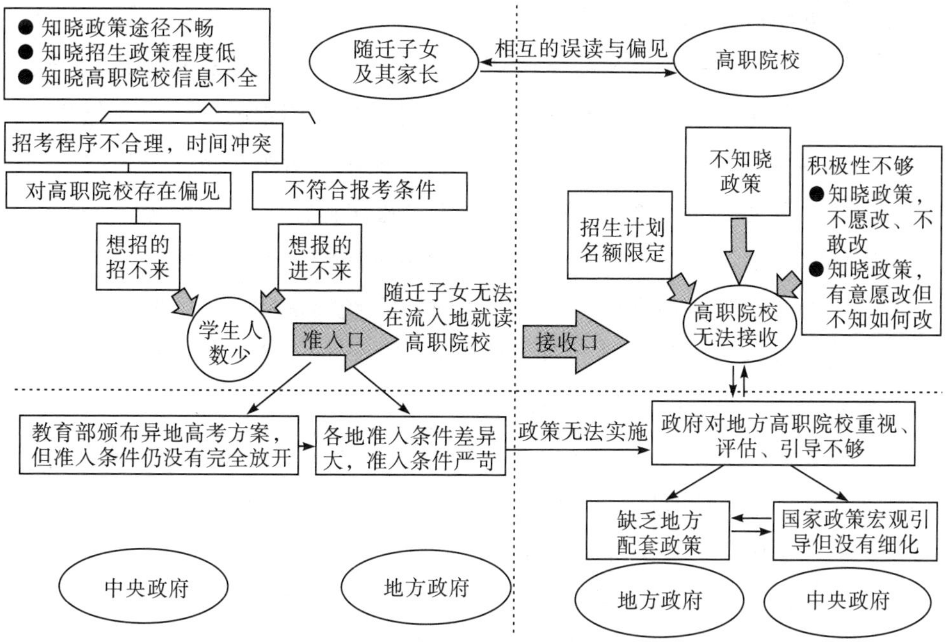

图 1–1　问题分析逻辑结构图示

综上所述，在异地升学考试政策出台后，考试与报考的第一环节初步得到解决。但是在接收环节，各地政策仍未对接，各地院校也仍未能在招生政策和招生计划中落实。高职院校作为接收流动人口随迁子女在流入地接受高等教育的先行者，成为本书研究的聚焦点，即关注当前高职院校的自主招生环节如何招收随迁子女，以及相关的政策设计、录取程序、就学安排等，以期通过目前开放的通道进行相关政策设计准备及试点实验，为将来完全开放的面向随迁子女的普通高校招生政策进行铺垫和准备。

第二节　研究目标

一、远期目标

通过对向随迁子女开放的高职院校，以自主招生计划切入，进行政策实施的设计和试验，为远期全部高校向随迁子女开放异地高考提供政策支持和借鉴，最终推动教育公平。

二、近期目标

目标一：通过系统分析我国高职院校自主招生政策的实施现状，一方面为政府提供较全面的政策分析评估，使之对以自主招生的形式招收随迁子女有可行性预判；另一方面协同地方高职院校梳理分析本校自主招生政策与国家和地方政策之间的距离和空间，为其招收随迁子女奠定合理的效益基础。

以国家及地方各个不同层级的教育政策为脉络，聚焦高职院校自主招生政策，结合样本院校所在区域情况，全面、系统厘清我国高职院校自主招生政策的历史脉络、发展趋势、政策设计初衷、政策实施路径及机制、实施现状、影响因素、存在问题和困难等。

目标二：引导地方高职院校通过完善自主招生制度设计，合理挖掘和利用政策“红利”，利用自主招生方式增加招收随迁子女的数量，并优化形成可持续的招生政策，促进随迁子女在流入地接受高等教育。

与样本高职院校形成合作共同体，进行深入调研，通过量化调查研究及3年持续的动态监测，了解高考招生招收随迁子女的真实需求和问题症结的系统原因，在此基础上对其自主招生制度进行重点面向随迁子女的试点改革。同时开展跟踪实验，分析研究地方高职院校自主招生招收随迁子女的政策特征及政策实施的路径，明确影响政策实施的因素、环境及发展空间，有效推动地方政府、学校及随迁子女家长对考试条件进行预判，做好随迁子女未来升学与就业准备，让越来越多的随迁子女在流入地顺利参加升学考试。

目标三：形成高职院校自主招生面向随迁子女的政策试点改革报告，为我国即将面向随迁子女开放的四年制普通高等教育招生提供科学的决策参考，促进国家及地方政府相关政策的改进完善；同时也为地方高职院校创新招生方式提供成功经验和可行路径，促进随迁子女更加公平地接受高等教育。

在目标一和目标二以及政策试点改革实验的基础上，对政策实践过程和结果进行监测评估，分析影响因素和政策环境，对地方高职院校的自主招生政策进行探索性的设计，为改进高职院校自主招生政策及最终形成随迁子女高等教育阶段自主招生政策，提出切实有效的政策建议和决策服务。帮助各级政府了解政策实施的真实需求及可能的破解实施困境的办法，提高地方高职院校办学的积极性和活力，促进随迁子女在流入地接受有质量的高等教育。

第三节　研究设计

根据项目实施地随迁子女和本地学生的规模，随迁子女在流入地参加升学考试政策的进展状况，以及城市、乡镇等不同类型区域的代表性，兼顾研究资源配置情况，根据分层抽样及典型性抽样原则，选择实施异地高考难度较大、初步开放高职院校招生的北京，流动人口占主体的计划单列市深圳，率先开展统筹城乡综合配套改革试验的成都，以及西部地区的贵州等地的5所高职院校作为调研及政策设计的合作对象。院校样本涵盖公办、民办等类型，具有典型性。

表1-1　5所研究样本院校及类型

地区类型	地区	学校名称	学校类型	学校性质	备注
直辖市	北京市	北京电子科技职业学院	全日制普通高等职业院校	公办	国家示范性高等职业院校，国家高等职业教育综合改革试验区建设单位，全国首批现代学徒制的试点院校
		北京培黎职业学院	专科层次高等职业教育为主，兼有高等教育自学考试本科教育的综合性普通高等院校	民办	自2006年起开始，首批推行高职自主招生的试点院校
计划单列市	深圳市	深圳职业技术学院	全日制普通高等职业院校	公办	我国高等职业教育领域首批国家级示范校

续表

地区类型	地区	学校名称	学校类型	学校性质	备注
统筹城乡综合配套改革试验区	成都市	成都航空职业技术学院	全日制普通高等职业院校	公办	2007年国家批准设立重庆市和成都市全国统筹城乡综合配套改革试验区
西部地区	贵州省惠水县	贵州盛华职业学院	全日制普通高等职业院校	公益性民办	2015年获贵州省唯一的“现代职业教育改革创新试点院校”

一、全面系统梳理、分析政策实施现状

1. 梳理并研究我国高职院校自主招生政策的发展脉络及趋势。

2. 搜集北京、深圳、贵州和成都关于高职院校自主招生的地方政策和实施现状；与当地政府教育行政部门的高教、职教和统计等部门（每个部门1～2人）座谈，深入了解政策设计的目标和政策实施的路径，并获取各个部门对随迁子女在流入地参加升学考试政策及高校自主招生考试政策实施的意见和建议，为各地相关方案的制定提供支持。

3. 与合作学校及所在区域教育决策者和行政部门就异地高考升学政策进行交流和讨论，了解地方教育行政部门推进该政策面临的困境，了解地方高职院校在招考、选拔、考核、录取时的群体设定、考核标准等政策。

4. 协助合作院校搜集并梳理历年招生政策、招生计划、生源结构、专业设置、就业情况，以及2013～2017年学生流入及2015～2017年学生流出数据等。

二、开展典型职业学院实地调研

1. 针对项目合作院校：通过访谈、调查问卷等多种方式开展针对5所高职院校的管理层、招生与就业部门的深度调研；同时，在每所合作学校按照

年龄、性别、工作部门抽样，选取8～10名教师进行访谈和问卷调查。

2. 针对学生及其家长：在每所合作学校调研2014级、2015级两个年级各100名随迁子女及其家长；在每所合作学校调研2014级、2015级两个年级各100名本地学生及其家长。

根据当地社会经济发展实际情况，分析当地随迁子女参加高考及录取的趋势及特征，调研不同准入条件下的随迁子女就地高考方案的实施状况，以及地方高职院校自主招生的政策突破空间，对不同方案带来的流动人口总量、社会经济效应、教育资源供需等预期效果进行描述，为地方教育行政部门进一步调整和完善这一政策提供参考依据。

三、设计政策研究及行动干预方案

与合作学校及所在区域教育决策者和行政部门就异地升学考试政策和地方高职院校自主招生政策进行交流和讨论，针对政策实施过程设计行动研究，通过3年数据分析及趋势研究，追踪政策制度实施与改革创新的实践过程及效果，并针对面向人群、选拔制度和标准、专业设置等多重维度进行探索，最终提供一套基于实践的、促进公平取向的政策制度，探索在现有政策制度基础上的创新空间。

四、开展政策干预试点实验活动

1. 针对合作院校：形成5所院校的招生改革方案；在5所院校实施合作研究的改革方案，并进行追踪。

2. 针对合作院校及学生：对5所高职院校进行调查，在每所合作学校抽取100名本地学生及其家长，通过访谈、调查问卷等多种方式，获取当地家庭对随迁子女就地参加升学考试政策实施的真实民意，并持续3年监测，观察5所高职院校的招生生源地家庭对推行随迁子女就地参加升学考试政策的反应。

五、通过个案追踪研究进行政策执行影响因素分析

在每所合作学校2015级学生中选取随迁子女和当地学生各5名，进行跟踪研究与调查，通过长期跟踪的个案研究方式，获取地方高校自主招考政

策、异地升学考试政策及高等教育公平与质量之间的相互关系，政策发展的制约因素和发展空间等信息。

通过连续跟踪的真实案例和有效经验，以及对利益相关群体进行对比分析研究，探索地方高职院校自主招生对异地升学考试政策的创新。

六、了解流动人口家庭教育需求与地方高职院校自主招生政策转变

1.针对合作院校：与合作院校及所在区域教育决策者和行政部门就自主招生政策改革试点实验的实施过程、实施效果进行研讨与交流，了解地方教育行政部门推进该政策面临的困境和问题，了解地方高职院校招考政策在选拔、考核、录取时的群体设定、考核标准等方面的转变。

2.针对随迁子女及其家长：对5所高职院校中每个学校2014级、2015级两个年级各100名随迁子女及其家长在行动干预后再次调研，通过访谈、调查问卷等多种方式，获取流动人口家庭对随迁子女在流入地参加升学考试政策实施的需求和随迁子女在流入地升学的需求，为流入地及高校招生相关政策的制定提供民意与舆论支持。

研究提炼在政府决策、地方高职院校发展、随迁子女及其家长诉求、本地学生及其家长态度等多方互动下形成的政策推进渠道及模式。

第二章　我国高职院校自主招生政策的基本特征、实施现状

职业教育是我国教育体系的重要组成部分，而高等职业（简称“高职”）教育既属于职业教育最顶层的教育阶段，又是高等教育的一个类型。高等职业教育的发展对一个国家的经济社会发展起到重要的支撑作用。高等职业院校招生工作一直是高职教育改革发展的关键，其中自主招生改革牵一发而动全身。自2005年上海率先开展高职院校自主招生改革试点以来，我国高职院校自主招生改革已进行了十余年的实践探索。作为高等教育体制改革中的一个重要环节，我们需要对指引其改革的政策脉络进行梳理，对政策的基本特征和实施现状进行总结，以便更好地推进和完善高职院校的自主招生改革。

第一节　高职院校自主招生政策的基本特征

改革开放以来，伴随着高等教育政策的不断调整，我国高职院校的考试招生政策也随之发生了深刻的变化，其中的一个关键变化就是高职院校自主招生政策体系逐渐形成。表2–1显示了改革开放以来我国高职院校自主招生政策体系的基本形成过程。

表2-1 1985年以来我国高职院校考试招生的主要政策

时 间	文件名称	政策的核心内容
1985.5.27	《中共中央关于教育体制改革的决定》（简称“1985《决定》”）	明确高等院校的三种招生办法
1993.2.13	《中国教育改革和发展纲要》（简称“1993《纲要》”）	改变全部按国家统一计划招生的体制
1995.10.6	《国家教育委员会关于推动职业大学改革与建设的几点意见》（简称“1995《意见》”）	扩大招生对象，改革职业大学的招生制度
1999.1.13	《国务院批转教育部面向21世纪教育振兴行动计划的通知》（简称“1999《通知》”）	通过试点逐步把高等职业教育的招生计划、入学考试和文凭发放等方面的责权放给省级人民政府和学校，探索多种招生方法
1999.6.13	《中共中央国务院关于深化教育改革 全面推进素质教育的决定》（简称“1999《决定》”）	采取多种方式招收普通高中毕业生和中等职业学校毕业生，放宽招生和入学的年龄限制，进一步明确省级政府在招生考试政策制定上的自主权
2002.8.24	《国务院关于大力推进职业教育改革与发展的决定》（简称“2002《决定》”）	保障职业学校在招生规模确定等方面享有充分的自主权，高等职业学校可单独组织对口招生考试，优先招收中等职业学校优秀毕业生
2005.10.28	《国务院关于大力发展职业教育的决定》（简称“2005《决定》”）	扩大高职院校招生规模，明确到2010年占高等教育招生规模的一半以上

续表

时　间	文件名称	政策的核心内容
2006.11.3	《教育部、财政部关于实施国家示范性高等职业院校建设计划　加快高等职业教育改革与发展的意见》（简称“2006《意见》”）	支持示范院校的改革试点工作，鼓励开展单独招生试点，逐步扩大跨省招生规模
2010.7.26	《教育部 财政部关于进一步推进“国家示范性高等职业院校建设计划”实施工作的通知》（简称“2010《通知》”）	支持骨干高职院校开展高职单独招生考试制度改革试点，探索多样化选拔录取机制
2010.7.29	《国家中长期教育改革和发展规划纲要（2010—2020年）》（简称“《教育规划纲要》”）	高等职业教育入学考试由各省、自治区、直辖市组织。探索高等职业学校自主考试或根据学业水平考试成绩注册入学。探索自主录取、推荐录取、定向录取、破格录取的具体方式
2013.4.15	《教育部关于积极推进高等职业教育考试招生制度改革的指导意见》（简称“2013《意见》”）	建立和完善多样化的高等职业教育招生方式，明确以省级政府为主统筹管理和组织实施高等职业教育考试招生制度改革
2013.11.12	《中共中央关于全面深化改革若干重大问题的决定》（简称“2013《决定》”）	加快推进职业院校分类招考或注册入学
2014.9.3	《国务院关于深化考试招生制度改革的实施意见》（简称“2014《意见》”）	明确现代教育考试招生制度改革的总目标，改进招生计划分配方式，改革考试形式和内容，加快推进高职院校分类考试

续表

时　间	文件名称	政策的核心内容
2017.1.10	《国务院关于印发国家教育事业发展“十三五”规划的通知》（简称“《教育“十三五”规划》”）	推进高职院校分类考试，突出“文化素质+职业技能”评价方式。高等职业学校招收有工作经验的学生，应当将工作实绩和能力作为重要的录取依据。健全学前教育、护理等领域和专业实行初中毕业起点、中高职贯通培养的考试招生办法。健全技术技能人才系统培养的招生制度
2019.1.24	《国务院关于印发国家职业教育改革实施方案的通知》（简称“2019《通知》”）	建立“职教高考”制度。为学生接受高等职业教育提供多种入学方式和学习方式
2019.5.6	《教育部等六部门关于印发〈高职扩招专项工作实施方案〉的通知》（简称“2019《方案》”）	针对中职毕业生、退役军人、下岗失业人员、农民工和新型职业农民、技能拔尖人才等不同对象采取不同的考试录取方式

基于上述政策内容分析发现，我国高职院校的自主招生政策体系具有如下三大特征。

1.政策价值导向鲜明：提高质量与促进公平兼顾

高职院校自主招生政策的核心价值追求首先在于全面提高教育质量。2013《意见》中明确提出：“高等职业教育考试招生制度改革……着眼优化教育结构和提高教育质量。”①高职院校根据自身发展规律和各自办学特色选拔合适的生源，不仅有利于提升自己的办学质量，为社会经济发展提供更多更好的高素质技术人才和劳动者，同时高职教育质量水平的提高，还能够更好地引导人们转变教育质量观，让每个学生都能根据自身的潜能实现多样化的发展，从而使基础教育真正获得开展素质教育的空间，最终有利于中小学

①教育部关于积极推进高等职业教育考试招生制度改革的指导意见[EB/OL].（2013-05-08）[2019-04-10]. http://www.moe.gov.cn/srcsite/A15/moe_776/s3258/201305/t20130508_152732.html.

教育质量的提高。

同时，高职院校的自主招生改革还能更好地促进教育公平。首先，通过分类考试和灵活自主的评价录取方式，为学生提供更加多元化选择不同类型高等教育的机会，让每个受教育者尽可能找到适合自己的教育。其次，高职院校的自主招生，不断强调要扩大中职毕业生的入学比例，为广大中职生接受高等教育提供了更多的入学机会。1999《通知》中要求中职毕业生中有一定比例（3%左右）可进入高职院校继续学习。2002《决定》再次强调指出，要扩大中职毕业生进入高等学校尤其是高等职业学校继续学习的比例。

2. 政策发展方向明晰：推进高职院校分类考试，丰富和完善自主招生途径

随着人们对高等职业教育性质和作用认识的深入，高职院校开始作为高等教育体系中“与普通本科院校不同的一个独立类型”，而非传统意义上作为高等教育中“一种低端、低层次教育”[①]进行招生改革。《教育规划纲要》明确提出，逐步形成分类考试、综合评价、多元录取的考试招生制度。2014《意见》中再次指出“加快推进高职院校分类考试。高职院校考试招生与普通高校相对分开，实行‘文化素质+职业技能’的评价方式”[②]，同时要求2017年分类考试录取要成为高职院校招生的主渠道。2017年发布的《教育“十三五”规划》进一步提出推进高职院校分类考试，突出“文化素质+职业技能”评价方式。高等职业学校招收有工作经验的学生，应当将工作实绩和能力作为重要的录取依据。

在这种分类考试政策指引下，高职院校的自主招生途径也在不断丰富和完善。1999《决定》提出进行每年举办两次高等学校招生考试的试点。此后，春季高考开始在许多试点地区成为高职院校进行自主招生的重要渠道。2002《决定》正式提出：“高等职业学校可单独组织对口招生考试，优先招收中等职业学校优秀毕业生。”[③]四年之后，在教育部和财政部联合发布的

①黄文伟．政策学习与变迁：一种倡议联盟框架范式：对我国高职院校招生政策变迁的解读[J]．清华大学教育研究，2012，33（5）：55-60.

②国务院关于深化考试招生制度改革的实施意见[EB/OL]．（2014-09-04）[2019-04-10]．http：//www.gov.cn/zhengce/content/2014-09/04/content_9065.htm.

③国务院关于大力推进职业教育改革与发展的决定[EB/OL]．（2002-08-24）[2019-04-10]．http：//www.gov.cn/gongbao/content/2002/content_61775.htm.

2006《意见》中又明确提出："各地要制定相关政策，优先安排招生录取批次（编者注：国家示范性高职院校），鼓励开展单独招生试点。"[①]到2010年，21世纪首个指导我国中长期教育改革发展的政策文件《国家中长期教育改革和发展规划纲要（2010—2020年）》颁布，其中对高等学校的考试招生制度提出了全面系统的要求，即要探索高等职业学校自主考试或根据学业水平考试成绩注册入学，探索自主录取、推荐录取、定向录取、破格录取的具体方式。

随着政策的不断调整和补充，2013《意见》中明确提出从建立以高考为基础的考试招生，改革单独考试招生，探索综合评价招生，完善面向中职毕业生的技能考试招生，规范中高职贯通招生，实施技能拔尖人才免试招生等六个方面对如何建立和完善高等职业教育多样化的招生方式进行了系统的政策阐述。至此，我国高等职业教育自主招生的途径基本上得以完善和规范起来。

3.政策实施保障有力：不断增强省级政府和高职院校的自主权

高职院校的自主招生之所以能够得以实施并不断拓展，主要原因之一就在于中央政府的逐步主动放权，使地方政府和高职学校获得了越来越多的自主发展权利。从高职院校招生政策的发展演变来看，20世纪末21世纪初是发生这一转变的关键时期。1999年，《国务院批转教育部面向21世纪教育振兴行动计划的通知》（1999《通知》）以及《中共中央国务院关于深化教育改革　全面推进素质教育的决定》（1999《决定》）两份政策文件都明确提出并强调了在高等职业教育上向地方放权。《面向21世纪教育振兴行动计划》首次提出："要通过试点逐步把高等职业教育的招生计划、入学考试和文凭发放等方面的责权放给省级人民政府和学校，省级人民政府在国家宏观指导下，对本地区高等职业教育的现有资源进行统筹。"[②]在同年随后发布的1999《决定》中再次强调指出高等职业教育（包括高等专科学校）的招生计划改由省级人民政府制定，其招生考试事宜由省级人民政府自行确定。21世纪

①教育部、财政部关于实施国家示范性高等职业院校建设计划　加快高等职业教育改革与发展的意见[EB/OL].（2006-11-03）[2019-04-10]. http://www.moe.gov.cn/srcsite/A07/moe_737/s3876_qt/200611/t20061103_109728.html.

②面向21世纪教育振兴行动计划[J].中华人民共和国国务院公报，1999（2）：37-50.

初，国务院发布的2002《决定》中进一步强调："扩大职业学校的办学自主权，增强其自主办学和自主发展的能力。要依法保障职业学校在专业设置、招生规模确定、学籍管理、教师聘用及经费使用等方面享有充分的自主权。"[①]2013《意见》对以省级政府为主统筹组织和实施高职院校考试招生改革的管理体制继续给予了明确指示。

这一系列的政策指引明确了高职院校自主招生改革的权力主体。考试招生自主权的下放，有利于充分发挥地方政府发展高等职业教育的积极性，为地方政府根据各自的区域实情创造性地推进高职院校的自主招生改革提供了广阔的空间和稳定的政策保障。

第二节　高职院校自主招生政策实施的现状

一、高职院校自主招生改革工作推进迅速

2005年，经教育部批准，上海三所声誉较好的民办高职院校率先开展自主招生改革，计划招生855人。在上海试点改革的经验上，教育部随后几年不断扩大高职院校自主招生试点范围，2010年试点院校就达到了73所。2011年，200所列入"国家示范性高等职业院校建设计划"的示范性和骨干高职院校全部获得自主招生资格，此后，具有自主招生资格的高职院校数量持续迅猛增加。截至2018年9月，全国具有自主招生资格的高职院校达到1330所，各省、自治区、直辖市当年纳入自主招生试点范围的高职院校数量总共达到900所，占全国高职院校总量的68%，覆盖全国31个省（自治区、直辖市）（不含港澳台）。[②]与此同时，高职院校自主招生的对象也不断扩大，除应届高中毕业生外，中职毕业生、具有高中学历的复转军人都被纳入招考对象中。

发展至今，我国各地高职院校已经形成了不同梯度的自主招生改革格局。第一，示范先导型。区域内仅国家级、省（自治区、直辖市）级示范性

①国务院关于大力推进职业教育改革与发展的决定[EB/OL].（2002-08-24）[2019-04-10]. http://www.gov.cn/gongbao/content/2002/content_61775.htm.

②相关数据依照中国教育在线网站2018年具有招生资格的高职院校名单以及当年各省、自治区、直辖市在教育招生考试官方网站的高职招生通知统计汇总而来。

和骨干高职院校纳入自主招生范围，处在示范院校先行探索阶段，如陕西、广西等少数省区。第二，稳步扩大型。除区域内国家级、省（自治区、直辖市）级示范性和骨干高职院校纳入自主招生范围之外，根据实际情况将自主招生院校范围有针对性地扩展到一些办学规范、办学质量较好或办学特色鲜明的院校。高职院校自主招生的试点范围已稳步扩大到区域内的大部分院校，绝大多数地区目前已经推进到此阶段。第三，全面开放型。区域内高职院校全部纳入自主招生范围，如河北、内蒙古、上海、江西等。

由此可见，经过十多年的探索和实践，我国高职院校自主招生试点范围不断扩大，参与自主招生试点的高职院校类型不断丰富，数量不断增多。总体来看，我国高职院校的自主招生改革工作在全国已基本进入全面展开阶段。

二、高职院校探索出灵活多样的自主招考模式

关于高职院校的招生考试模式，2013《意见》中提出，重点探索“知识+技能”的考试评价方法，2014《意见》强调要将高职院校考试招生与普通高校相对分开，实行“文化素质+职业技能”的评价方式。从各高职院校发布的招生章程来看，试行自主招生的院校都在围绕这些核心政策要求，探索适合各自院校实际情况的考试评价模式。

有研究者曾专门对169所自主招生的高职院校招生章程进行分析，发现目前至少存在五种不同的考试评价模式。[①]

1.文化基础测试自主命题+综合素质评价/技能考核

这种评价模式的文化基础测试多以笔试形式进行，招生院校自主命题并组织测试，但考试内容不尽相同。综合素质评价不以省份为单位，而由各校依据本校专业特色和办学实际，调整评价内容，创新评价形式。全国大部分地区的试点院校采用此种方式，从2012年的情况看，全国共19个省份116所国家示范性和骨干高职院校实行此种选拔模式。

2.文化联合测试+综合素质评价/技能考核

这种模式的知识考核部分实行院校联盟或全省统一的联合测试，由院校或省级教育考试机构统一命题，技能考核部分由各试点院校根据专业特点自

①郑若玲，朱贺玲．探微与创新：高职院校自主招生模式解析[J].复旦教育论坛，2013，11（1）：63-67.

行确定。江苏、广西、海南、陕西等地高职院校采用过此种模式。

3.高中学业水平测试/会考+综合素质评价/技能考核

此种模式是取消文化基础测试，对普通高中毕业生以高中学业水平测试/会考成绩代之，中职学生以中职期间文化课成绩+实践技能测试成绩+职业资格证书折算成绩等代之，学校可自主确定所选科目、各科权重及计分方法。湖南、安徽、山东、甘肃、青海、内蒙古等地的部分国家示范性和骨干高职院校采用此种考评模式。

4.高中学业水平测试+文化基础测试+综合素质评价/技能考核

此种模式是在第三种模式的基础上，部分地区的院校自行组织文化基础测试，并将成绩纳入录取标准。各院校根据各自专业要求及办学特色设定不同的学业水平测试考查科目、分数折算原则和录取权重。文化测试由各校自主命题并组织实施，一般为语文、数学、英语三科，权重系数大多相同。综合素质评价除部分院校仅用面试外，多数采取笔试、面试、特长考察、技能测试等多种形式，笔试内容、面试形式、特长评鉴标准及各部分权重系数由各校自主决定。这种模式下对中职生不做学业水平测试成绩方面的要求。浙江、湖南、江苏等地的部分国家示范性和骨干高职院校采用此种模式。

5.文化基础+综合素质评价/技能考核

这种模式一般分为两种形式：一种为试点院校针对所有考生不设文化基础测试，直接以考生的综合素质评价或技能测试成绩决定录取的优先顺序；另一种是将文化课免考作为政策优惠吸引优秀及特长生源，免考对象及条件由各校自主决定。例如安徽两所高职院校规定在省级及以上职业技能大赛、创新实践中获奖的考生，凭相应获奖证书可获职业技能或综合素质免试资格，但文化基础测试不免，考生需达到一定标准。

除了以上的几种考试评价模式，各地区还积极探索适合高职教育特点的分类考试形式。如上海2012年开始实行的“分组联考”，湖北自2011年起实行的“技能高考”等考试评价模式，都为高职院校的自主招生积累了可供借鉴的特色创新经验。

三、初步构建出丰富多元的高职院校入学体系

为了使更多的学生能够顺利接受高职教育，2013《意见》提出，高职院

校入学考试逐步与普通高校本科考试分离，为学生接受高等职业教育提供多样化入学形式。在这一政策指引下，我国高职院校通过实践探索基本形成丰富多元的入学体系。

1.春季高考成为高职招生入学的重要渠道

春季高考实际上也是对现行统一高考的一种改革，其初衷是通过多次考试、多次录取增加学生选择学校的机会。由于在试行之初，绝大多数招生院校为高职院校，同时在当前国家推进高职院校分类考试和鼓励自主招生试点的政策引领下，现在各地（如天津、福建、山东、江苏等）的春季高考，基本上成为高职院校（包含部分本科层次职业院校）的考试招生平台，主要由省级政府统筹管理和组织实施，只是各地在春季高考的报考条件、考试时间、录取标准等方面存在着一定的地区差异。

2.适合高职发展特点的三种招生入学途径得以推广

第一，高职院校单独考试录取入学。这种途径意味着高职院校可以单独组织文化和技能考试，并自主确定一定标准择优录取。通过单独招生入学被录取的考生无须再参加高考。第二，中高职贯通模式录取入学。这种途径是指通过中考从初中毕业生中招收学生就读高职，其中包括面向初中应届毕业生的三二分段制和五年一贯制两种模式。第三，对口单招录取入学。此途径又称对口高考，或“三校生”（中职生、中专生、技校生）高考，即高职院校结合自身专业发展需要，针对特定中职学校的毕业生进行考试招生入学。

3.高职院校免试入学通道不断畅通

为突出高职教育的特点，吸引各类生源入学，扩大高技能人才培养的范围，同时有效解决就业问题，高职院校招生免试入学形成了以下三类免试入学通道。

第一，各地陆续建立了技能拔尖人才免试入学通道。2013《意见》提出，对于达到规定条件的中等职业学校毕业生，经一定程序的审核公示后，可由有关高等职业学校免试录取。各省、自治区、直辖市基本都按照这一政策要求制定了本地的高职院校技能拔尖人才免试入学政策。第二，基于综合评价的注册入学试点不断增多。《教育规划纲要》正式提出探索高职院校的注册入学模式。注册入学是指考生根据院校提出的报考条件和录取要求向试点院校提交注册申请，院校根据考生的高考成绩、学业水平测试以及综合素质评价结果等方面的情况，在一定计划范围内，择优确定拟录考生。考生在拟录院校中，根据实际，最终选择一所就读学校。在相关政策的引导下，2011年，江苏省开始试点注册入学模式，2015年，江苏省共有70所（包括公办和民办）院校参加注册入学试点，规模不断扩大。尤其自2014年以来，试点注册入学模式的地区越来越多，北京、山东、陕西、福建、河北、广西等地已经开始展开注册入学的试点探索。第三，针对特定群体的文化素质免考入学。为了更好地促进高职院校的优质发展，使优质高职院校更好地服务于区域经济、社会民生领域以及促进贫困地区的脱贫，教育部等六部门颁布的2019《方案》提出，对于退役军人、下岗失业人员、农民工和新型职业农民，可免予文化素质考试，由各校组织与报考专业相关的职业适应性测试或职业技能测试，确保有升学意愿且达到基本培养要求的考生能被录取。①

表2-2　2015年各省、自治区、直辖市（不含港澳台）高职院校及自主招生院校数量

地区	高职院校总数 / 所	国家级示范性院校数 / 所	国家级骨干院校数 / 所	2015年单独自主招生院校数 / 所	自主招生院校数占当地高职院校数的比例
北京	30	4	2	27	90%
天津	26	4	3	22	85%
河北	62	4	4	62	100%
山西	48	1	3	38	79%
内蒙古	33	2	2	33	100%
辽宁	40	4	3	34	85%
吉林	21	3	1	19	90%
黑龙江	45	4	3	25	56%
上海	31	4	3	31	100%

①教育部等六部门关于印发《高职扩招专项工作实施方案》的通知[EB/OL].（2019-05-06）[2019-10-10]. http://www.moe.gov.cn/srcsite/A07/moe_737/s3876_qt/201905/t20190513_381825.html.

续表

地区	高职院校总数 / 所	国家级示范性院校数 / 所	国家级骨干院校数 / 所	2015 年单独自主招生院校数 / 所	自主招生院校数占当地高职院校数的比例
江苏	82	7	8	37	45%
浙江	46	6	5	20	43%
安徽	74	3	5	71	96%
福建	54	2	4	—	—
江西	53	1	4	53	100%
山东	85	6	7	42	49%
河南	75	4	3	75	100%
湖北	59	4	5	27	46%
湖南	70	5	4	68	97%
广东	78	4	7	37	47%
广西	42	2	4	15	36%
海南	11	1	1	11	100%
重庆	39	3	3	23	59%
四川	56	6	5	32	57%
贵州	23	1	1	23	100%
云南	39	2	1	11	28%
西藏	3	1	0	3	100%
陕西	44	3	3	15	34%
甘肃	23	3	3	18	78%
青海	5	1	1	5	100%

续表

地区	高职院校总数/所	国家级示范性院校数/所	国家级骨干院校数/所	2015年单独自主招生院校数/所	自主招生院校数占当地高职院校数的比例
宁夏	9	2	1	9	100%
新疆	23	3	2	14	61%
总计	1329	100	101	900	68%

注：1.2014年教育部公布具有招生资格的高职院校数是1327所，本数据是2015年的数据，依据中国教育在线网站提供的当年具有招生资格的高职院校名单统计。2.表中单独自主招生的院校数是从各地2015年在网上发布的各种高职院校招生通知中统计而来，其中福建省的数据未找到。

第三章　基于典型高职院校自主招生招收随迁子女的政策分析与实践研究

第一节　我国异地高考的政策背景及推进现状分析

2012年8月30日，国务院办公厅转发了教育部等部门颁布的《关于做好进城务工人员随迁子女接受义务教育后在当地参加升学考试工作的意见》，这标志着国家层面的流动人口随迁子女异地参加升学考试的政策正式落地。该政策从充分认识做好随迁子女升学考试工作的重要性，做好随迁子女升学考试工作的主要原则，因地制宜制定随迁子女升学考试具体政策，统筹做好随迁子女和流入地学生升学考试工作，加强组织领导和协调配合等五个方面进行了详细说明。同时，要求各地在2012年年底前出台相应政策措施，因地制宜制定随迁子女升学考试具体政策，解决随迁子女在流入地接受义务教育后继续升学的问题。

在已经出台异地升学考试政策的地区中，浙江、广西、湖北、河南、云南、湖南、安徽、重庆、河北、吉林、辽宁、江苏、甘肃、黑龙江、天津等地的异地升学考试政策从2013年起实施，并且是“一步到位”。北京和广东的异地升学考试政策也是从2013年起实施，但是执行的是过渡渐进式的“分步走”策略。北京和广东都是人口流入量较大的地区，是此次改革的关键，由于当地情况较为复杂，政策制定者的态度也更为谨慎，采取分步实施的策略，在执行政策的过程中逐渐完善政策。总体看来，只有半数省份的异地升学考试政策在2013年开始实施，这些省份在较短的时间内将政策付诸实践，有利于尽早在实践中发现政策存在的问题，以便及时修订政策，从而更好地解决随迁子女的异地高考问题，进一步推进教育公平。从随迁子女可参加异地高考的条件来看，人口输出大省和考试大省制定的条件比较宽松，相比而言，人口输入大省制定的条件比较严格，北京、上海、广东的准入条件高得令外来务工人员及其子女望而生畏。异地高考准入条件最低的是江西省，对随迁子女父母的职业、住所、社保都未做要求，外省籍务工人员随迁子女在江西省高中阶段具有一年以上学习经历并取得学籍的，即可就地报名参加高考，并享受与江西省户籍考生相同的招生录取政策。作为考试大省的山东省设置的准入条件也比较低，只要求具备本省高中阶段学校学籍并有完整学习经历即可。河南、河北、广西、江苏等地主要对学籍提出了要求，对随迁子女监护人的社保年限未做要求，但要求随迁子女监护人有合法稳定职业和住所。北京、上海、广东除对学籍、随迁子女监护人的职业和住所提出了较高的要求外，还严格要求随迁子女监护人参加社会保险达到一定年限。人口流入大省由于城市资源承载能力有限，也考虑到要尽可能规避“高考移民”，设定的准入条件普遍偏高，把许多进城务工人员随迁子女拒之门外，这一部分考生的利益诉求得不到满足。因此，准入条件的设定尚需进一步仔细斟酌、科学设计，既保障进城务工人员随迁子女的受教育权，又保护人口流入地高考考生的权益，促进教育公平。

随迁子女就地高考，历来被视作高考改革中的“硬骨头”。按照教育部的时间表，31个省、自治区、直辖市（不含港澳台）2012年年底前必须出台异地升学考试政策。与此前黑龙江、安徽等地的“一步到位”相比，北京实行的是“分步走”策略，中职、高职院校逐步向随迁子女开放。

截至2013年1月，已有北京、上海、广东、黑龙江、山东、安徽、江西、福建、重庆、河北、湖南等多个省、自治区、直辖市明确出台异地高考具体标准，均通过设定准入条件的方式对考生学籍、在当地就读时间、父母缴纳社保等条件有所限制。至此，我国各地已经出现“率先破冰”“缓冲实施”“分步落实”三种模式。

一、率先破冰型——河北、安徽等地2013年开始实施

黑龙江、安徽、河北、重庆、湖南等地推出的具体政策以“低门槛”为显著特点，这缘于这些地区大多为人口流出地，政策推行压力较轻。另一个显著特点是，这些地区的异地高考都是2013年起开始实施。黑龙江、安徽、河北、辽宁、重庆均要求父母有合法职业和合法稳定住所（含租赁），但更强调孩子的学籍。不过，上述各地对学籍的要求并不一致，黑龙江、安徽两省要求具有该省高中学籍且高中阶段连续就读3年以上，河北省则规定须有河北省2年以上高中学籍。

湖南省的规定则强调实现外省籍生源全覆盖。外省籍随迁子女接受义务教育后，可通过中考录取到流入地普通高中学习，或凭初中毕业证书通过注册入学进入流入地中等职业学校学习；自高中一年级起（含高一的第二学期）在流入地普通高中就读，取得就读学校学籍，并参加了湖南省普通高中学业水平考试的应届、往届毕业生，可凭学籍证明和其父母居住证在湖南省报名参加普通高等学校招生考试；在湖南省连续就读2年以上（含2年）的中等职业学校应届、往届毕业生，可参加湖南省普通高等学校对口招生考试。

2013年开始实施异地高考的地区中，吉林省强调家长必须参加社会保险3年以上。2013年起，一些地区开始安排随迁子女高考补报名，但辽宁省不接受随迁子女艺术类考生报名。同时，辽宁省要求考生以签“2013年辽宁省普通高等学校招生考试考生诚信高考承诺书”的形式，对所提供相关证明资料的真实性做出承诺，通过提供虚假信息获得报考资格的考生，一经查实将按照国家有关规定严肃处理，并将有关事实记入考生高考诚信档案。

在全国已公布方案的省份中，流动人口约2200万人的浙江省，异地高考准入条件比较低，只要求浙江学籍与连续3年高中在浙江省就读。

二、缓冲实施型——山东、江西、福建等地2014年起实施

对于本省生源较多，考生压力比较大的一些省份，如山东、江西、福建则选择了缓冲落地，在2014年开始实施。

山东省要求须在山东省读完高中且有学籍。山东省规定，非户籍考生要

在山东省参加高考，总的原则是在山东省高中阶段有完整学习经历，且拥有山东省高中阶段学籍。进城务工人员的职业、住所、保险年限等条件则由各市规定。

福建省则要求有高中3年完整学习经历。凡在福建省高中有3年完整学习经历的外省籍考生，都可在福建省就地报名参加普通高考，允许参加本科、专科层次录取，并与福建考生享受同等的录取政策。

江西省的要求要低一些，要求高中读满1年且取得学籍即可。外省籍务工人员随迁子女在江西省高中阶段具有1年以上学习经历并取得学籍的，可在江西省就地报名参加高考，并享受与江西省户籍考生相同的招生录取政策。

内蒙古自治区则要求，截至2014年4月1日，从区外迁入内蒙古自治区的考生，同时符合以下3个条件，可在户籍所在地参加2014年普通高考，并可参与本专科院校录取：本人具有内蒙古高中阶段学校（含中等职业学校）学籍且连续就读满2年；本人取得内蒙古户籍满2年；家长在内蒙古拥有合法稳定住所、合法职业且纳税（或按国家规定参加社会保险）均满2年。

三、分步落实型——北京、上海、广东过渡渐进

北京、上海、广东等是被视作改革重镇的人口流入量较大的地区，因情况复杂而态度谨慎，其实施细则也因此更受外界关注。

与其他多数省份以学籍、社保、固定住所等为主的条件相比，北京、上海和广东的异地高考准入条件明显要高一些。北京和广东的方案都强调过渡和渐进。根据北京市随迁子女在京参加升学考试的工作方案，2013年符合相关条件的随迁子女可以参加中等职业学校考试录取，2014年符合相关条件的随迁子女可以参加高等职业学校考试录取，大学本科的部分还没有计划开放。在广东省，符合条件的进城务工人员随迁子女从2014年开始可以报考高等职业学院，2016年可以报名参加高考。[①]广东和上海的另一项政策，是针对积分入户或者取得工作居住证的外来人员的子女。上海异地升学考试政策是，父母持有人才引进类居住证，孩子是上海学籍，即使户籍不在上海，也可在上海参加高考。上海的工作居住证分为三类，人才引进类是其中的A类，

①随迁子女在广东省参加高考报名有关问题问答[EB/OL].（2015-11-18）[2021-05-14]. http://gaokao.chsi.com.cn/gkxx/zc/ss/201511/20151118/1510028315.html.

初步明确该类人员随迁子女就地高考问题的基本思路：允许持有上海居住证A证的来沪外来务工人员子女就地高考。

据联合国儿童基金会发布的报告《2015年中国儿童人口状况——事实与数据》，中国有1亿名儿童受人口流动的影响。但是这个数据是根据2015年全国1%人口抽样调查数据和2010年第六次全国人口普查数据推算出来的。根据教育部于2018年8月发布的2017年教育统计数据进行计算发现，2017年义务教育阶段流动人口随迁子女和农村留守儿童数量分别为1897.45万人和1550.56万人，合计3448.01万人；近5年义务教育阶段流动人口随迁子女增加了283.86万人，农村留守儿童减少了576.2万人。2017年义务教育阶段流动人口随迁子女数量为1897.45万人，近5年增加了283.86万人，增幅为17.6%；其中进城务工人员随迁子女数量为1406.63万人，近5年增加了129.47万人，增幅为10.14%。流动人口随迁子女增速比进城务工人员随迁子女增速要快，说明城市之间的人口迁徙在提速，这可能与就地城镇化相关。

第二节　相关概念的界定

一、自主招生的概念界定

本书中的自主招生是一个大概念，根据2013年4月出台的《教育部关于积极推进高等职业教育考试招生制度改革的指导意见》，它一共包含以下六种类型的考生：

1.普通高考加技能考查。在普通高考的基础上增加技能考查内容，相关考试科目、内容、方式和录取办法均由省级高等学校招生委员会确定。

2.单独招生。国家示范性、省级示范性高等职业学校和现代学徒制试点学校等单独组织文化和技能考试，通过这种方式入学的考生无须参加高考。

3.中高职贯通模式。面向初中应届毕业生的三二分段制和五年一贯制招生。

4.对口单招。从中职学校毕业生中招生，以专业技能成绩作为主要录取依据。

5.技能拔尖人才免试入学。对获得国家级、省级技能竞赛奖项的拔尖人才，可由有关高职院校免试录取。

6.注册入学。主要依据考生普通高中学业水平考试成绩和综合素质评价结果录取。

二、随迁子女的具体界定

2009年10月1日起施行的《流动人口计划生育工作条例》中对“流动人口”有着如下定义：流动人口是指离开户籍所在地的县、市或者市辖区，以工作、生活为目的的异地居住的成年育龄人员。流动人口可以分为流入人口和流出人口，流入人口是指来到该地区的非户籍人口，流出人口是指离开该地区到其他地方居住的户籍人口。中国目前流动人口流动的方式主要是由农村流向城市，由经济欠发达地区流向经济发达地区，由中西部地区流向东部沿海地区。

教育部在《2015年全国教育事业发展统计公报》中注释进城务工人员随迁子女，是指户籍登记在外省（区、市）、本省外县（区）的乡村，随务工父母到输入地的城区、镇区（同住）并接受义务教育的适龄儿童少年。①这里，进城务工人员的限定在于流动人口的流入地为城区、镇区，流出地为外省（区、市）、本省外县（区）的乡村。然而，在实际中，流入到城区、镇区的流动人口，除了有农村户籍，还有非农户籍，进城务工人员不仅仅指“农民工”，还有城市与城市之间流动的务工人员。

结合以上分析，本书研究中的流动人口随迁子女是指随务工父母离开户籍所在地的县、市或者市辖区，到流入地接受教育的非本地户籍适龄儿童少年。

第三节　研究设计与研究过程

一、研究设计

1.研究目的

第一，以选取的5所高职院校为例，根据5所地方高职院校的招生统计数据、指标等信息及其他相关数据，分析随迁子女参加高考及录取的趋势及

①中华人民共和国教育部.2015年全国教育事业发展统计公报[EB/OL].（2016-07-06）[2019-04-15].http://www.moe.gov.cn/srcsite/A03/s180/moe_633/201607/t20160706_270976.html.

特征，为政策实施提供决策参考，使政府看到实施不同异地升学考试政策的情况。

第二，结合实际调研与个案解读，对5所地方高职院校自主招生的政策制度、过程实施、价值取向、设计维度等进行剖析，分析研究地方高职院校自主招生的政策特征及政策实施的路径，清楚影响政策实施的因素、环境及发展空间，有效推动地方政府、学校及家长对考试条件的预判，做好学生未来的升学与就业准备，让越来越多的随迁子女在流入地顺利参加升学考试。

第三，通过量化调查研究及3年持续动态监测，如实呈现招生群体及其家庭、社会不同利益相关群体的态度，了解高考招生招收流动人口随迁子女的真实需求和引起问题的系统原因，由此分析改进该项政策可能的突破口和聚焦点。

第四，通过与5所高职院校合作开展行动研究，对学校的自主招生政策进行探索性的设计，并对政策实践过程和结果进行监测评估，在进行政策实践、实验的基础上改进政策，最终形成随迁子女自主招生的政策设计，为促进随迁子女最大限度在当地参加高考并被自主招生录取提出切实有效的政策建议，最大限度减少政府对政策风险的顾虑。

第五，通过项目活动的实施，服务并助推国家决策，使得随迁子女更好地获得在流入地参加升学考试的机会，以推动教育公平，促进和谐社会的建设进程。

2.研究方法与技术路线

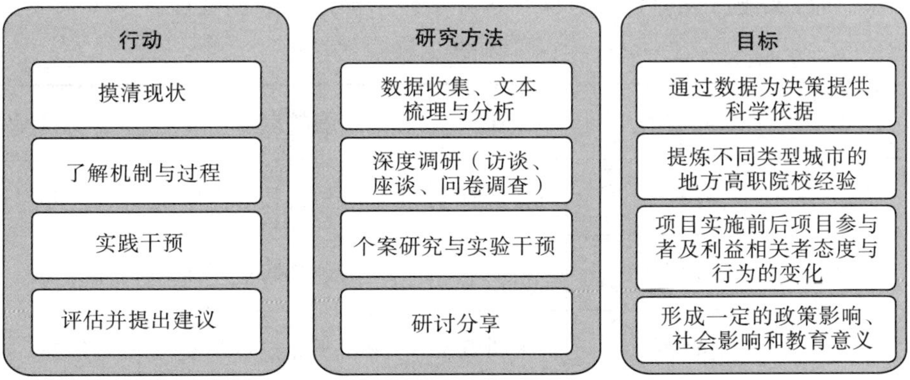

图3-1　研究方法与路线图

文献研究法。围绕高职院校自主招收流动人口随迁子女这一主题进行文献收集、整理，对相关院校的自主招生政策进行总结和分析。在对已有研究成果和文献进行系统全面的评述的基础上，提出本书研究所要解决的关键问题，所要实现的研究目标和内容，提炼高职院校自主招收流动人口随迁子女政策的执行模式。

网络问卷调查。向样本院校的教师、随迁子女和本地学生发放网络调查问卷，详细了解这三类群体对政策的认识，以及政策对不同群体带来的具体影响，深入了解政策实施的效果和存在的问题，探索政策改进的空间。

结构性访谈法。编制结构性访谈提纲，通过与教育行政主管部门领导、学校招生主管部门领导、高职院校教师、随迁子女家长和本地学生家长、随迁子女和本地学生等利益攸关群体进行面对面访谈，系统收集样本高职院校自主招生招收流动人口随迁子女的政策实施过程和实施效果等信息，对相关现象及问题进行细致总结，提炼政策执行模式，提出政策改进建议。

典型个案分析。这里的典型个案，一方面是指样本院校是公办高职院校的典型，对其自主招生招收流动人口随迁子女政策的制定及实施进行详细调查，从而了解该政策行为所产生影响的全过程并形成经验报告，并尝试对个案研究结果进行更大范围的推广和应用。另一方面是指样本院校中的典型随迁子女个案，通过结构性访谈和问卷调查，对其在政策影响下的学习经历体验进行深度挖掘分析，为推进我国异地升学考试政策的全面开放提供鲜活案例。

3.研究实施（调研任务、样本选择、样本描述、数据处理）

表3–1　调研地区及调研学校

序号	区域类型	地区	院校名称	学校类型
1	首都	北京市	北京电子科技职业学院	公办
2	首都	北京市	北京培黎职业学院	民办
3	经济特区	深圳市	深圳职业技术学院	公办

续表

序号	区域类型	地区	院校名称	学校类型
4	省会（统筹城乡综合配套改革试验区）	成都市	成都航空职业技术学院	公办
5	县城	惠水县	贵州盛华职业学院	民办

表3-2 调研任务及样本

调研对象		样本量	调研活动
教育行政部门	省/市招生考试院	1～2人	访谈
	省教育厅职教处	1～2人	访谈
学校行政管理人员	招生办	1～2人	访谈
	教务处	1～2人	访谈
	就业指导处	1～2人	访谈
教师	辅导员、授课教师	共15人，按学科、性别、年级、年龄、职称抽样	访谈（小型座谈会方式）+问卷
	授课教师	共35人	问卷
随迁子女	在校随迁子女（含中职和高职）	20人（根据实际数量计算），按学科、性别、年级、年龄分类抽样	访谈/座谈+问卷
随迁子女家长	通过学生联系家长	20人	当面访谈/电话访谈

续表

调研对象		样本量	调研活动
本地学生	在校学生	20人	座谈+问卷
	在校学生	100人，根据不同年级分类抽样	问卷
本地学生家长	通过学生联系家长	20人	当面访谈/电话访谈

二、调研地区的考试政策比较分析

表3-3　调研地区的自主招生政策比较

区域	报名时间	家长需符合的条件				学生需符合的条件	报考类型
		工作	居住证	住所	社保		
北京	11月9日—12日	√	√	6年	6年（不含补缴）	在京学籍+高中连续3年完整学习经历	高等职业学校
深圳	12月1日—10日	√	√	合法稳定	3年	3年高中阶段学籍	参加普通高考
成都	11月1日—6日	√		√	—	3年高中阶段学籍和3年完整学习经历	参加普通高考
黔南布依族苗族自治州	12月1日—15日	√	√	合法稳定	3年以上（含3年）	初中毕业证+3年高中完整学籍；户籍6年+学籍6年	参加普通高考

不同城市对于高职院校招生考试的准入条件、时间等的要求都各不相同，在一定程度上体现出生源的需求与人口流动控制之间的关系。综合比较各地而言，北京的招考要求最严格，深圳、成都和黔南布依族苗族自治州相对来讲较为宽松。北京允许学生参加高等职业学校的分类考试，并同时对家长和学生提出要求：家长需同时满足工作、居住证，住所和社保6年的要求；学生需满足具有在京学籍和高中连续就读3年的要求。深圳、黔南布依族苗族自治州要求缴纳社保的时间则相对较短，3年即可。成都对居住证和社保没有要求。总体来看，深圳、成都和黔南布依族苗族自治州允许学生参加普通高考，对于高职考试招生在程序上也更为统一和简化，北京则只允许学生报考高职院校。

由此也可以看出，城市的定位、区位和规划不同，对于人才结构和高等教育、职业教育的布局也不同。北京对于人口流动的管理更加谨慎和严格，而深圳、成都和黔南布依族苗族自治州相对来讲更加开放，对于人口流动和人才吸纳的相关政策更加积极。

第四节　调研的主要发现

一、政策知晓情况

1.随迁子女对于异地升学考试政策的知晓度低

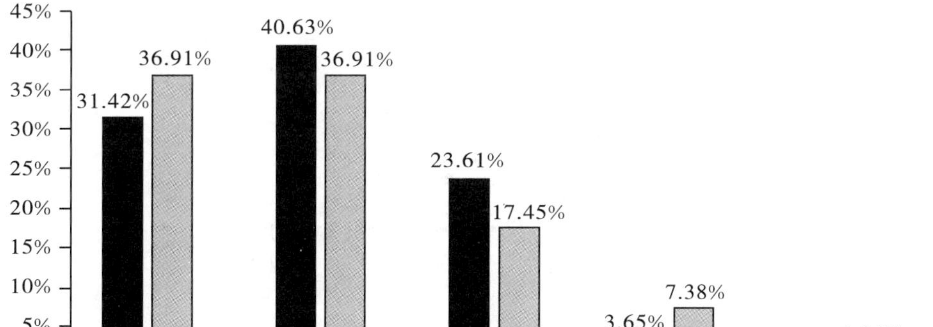

图3-2　政策知晓度整体情况

由图3–2可知，约半数随迁子女对此政策一知半解，36.91%的随迁子女对此政策完全不了解，只有极少一部分对此政策高度关注并非常了解。初步判断，这应该与随迁子女的家庭背景有较大的关系，也与其家长的社会资源、学历背景、工作类型和环境有较大关系。

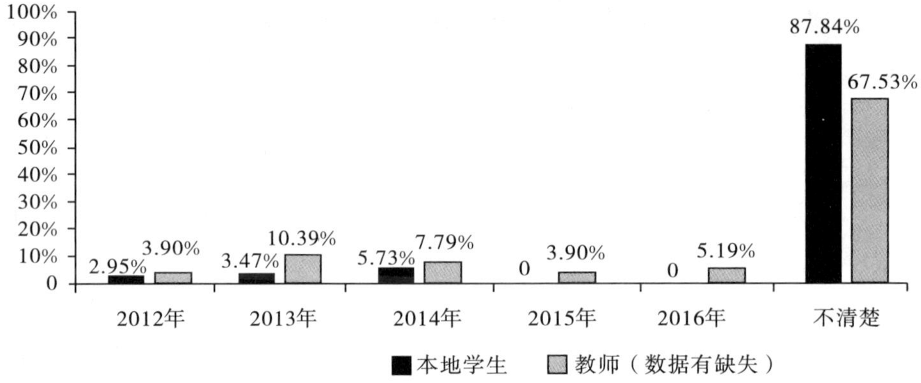

图3–3　对所在城市允许随迁子女报考高职院校的年份的知晓情况

此外，通过对是否知道“所在城市从哪一年开始允许随迁子女报考高职院校”的政策实施年份进行调查，进一步验证随迁子女的政策知晓程度。数据统计发现接近90%的本地学生和接近70%的教师对于自己所在城市从哪一年开始允许随迁子女报考高职院校并不清楚（图3–3）。

2.公众对准入条件的了解程度与准入条件实现的难易度

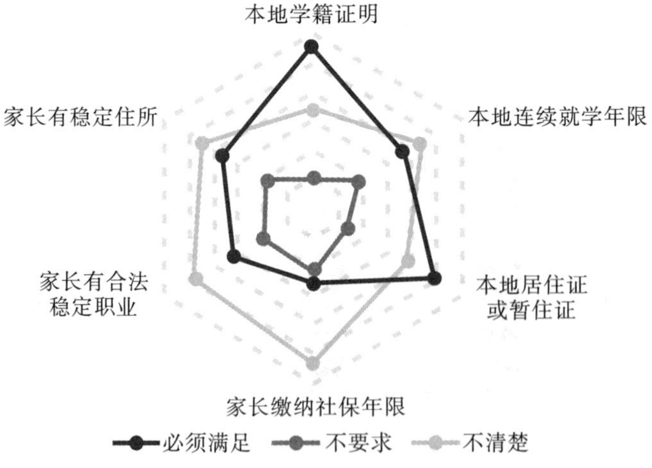

图3–4　本地学生对随迁子女报考高职院校的准入条件的了解情况

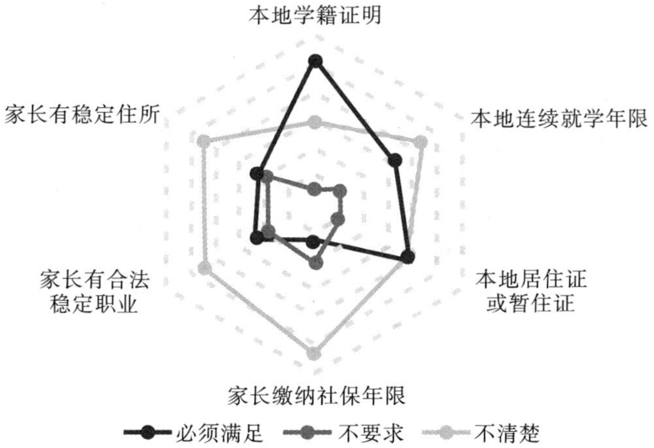

图3-5　随迁子女对报考高职院校的准入条件的了解情况

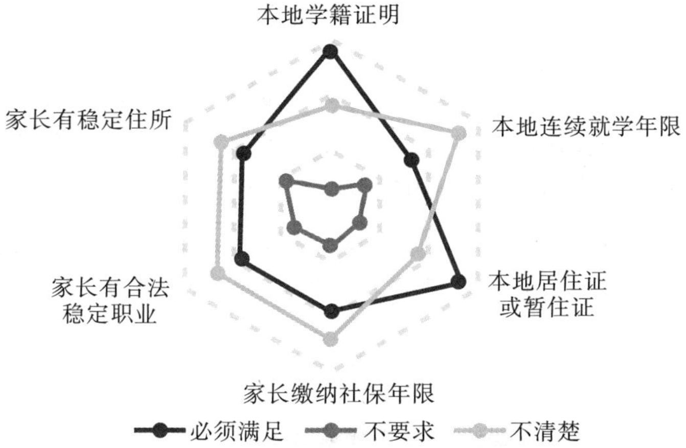

图3-6　教师对随迁子女报考高职院校的准入条件的了解情况

根据对不同利益相关群体（本地学生、随迁子女、教师）的调查发现，越难达到要求的准入条件公众对其了解得越少。在本地学生和随迁子女看来，本地学籍证明是必要性最高的要求，在教师看来，本地学籍证明、本地居住证或暂住证是最为必要的条件。教师对于政策的了解程度略优于学生，但是仍然不全面。公众认为本地学籍证明、本地居住证或暂住证是最重要的，但在政策执行过程中，家长缴纳社保年限是最难满足的条件，这种对政策理解存在的盲区和误区造成了政策制定和政策执行之间的信息不对等，使政策利益相关群体难以获益。学校和教师作为政策的传播者和解读者，由于对政策不熟悉，也无法发挥充分的作用。

3. 随迁子女了解政策的渠道

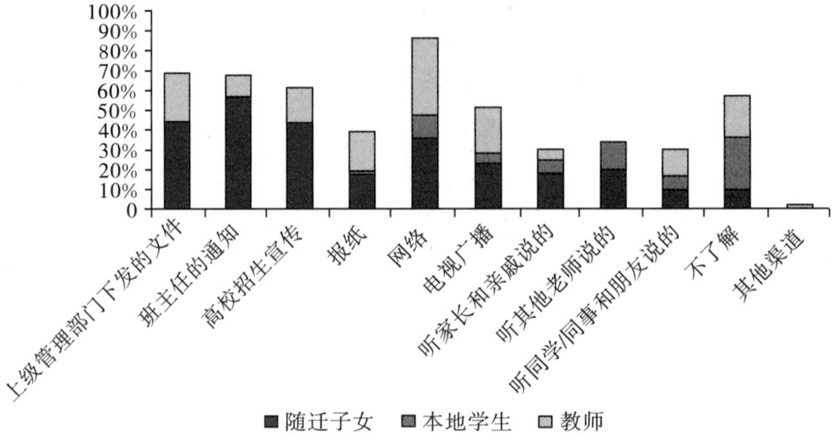

图3-7　不同群体了解政策的途径

在有限的政策信息知晓度下，政策了解渠道成为需要进一步明晰的问题。在随迁子女、本地学生和教师这三类群体中，随迁子女是最为关注这一政策的，其次是教师，而本地学生对这一政策并不关注。在宣传途径和载体方面，传统媒介（如电视、报纸）并没有发挥主要作用。这也提醒我们，在新时代和新媒体环境下，学生及其家长获取信息的渠道正在发生转变，对于高中阶段学校和教师的政策宣传，网络媒介的政策传播，以及官方媒体等新媒体投入都需要进一步加强。

二、随迁子女的升学意愿与志愿报考情况

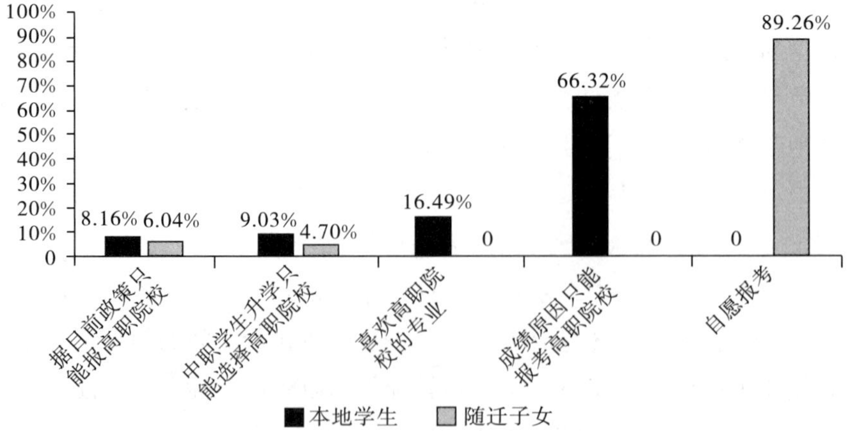

图3-8　本地学生和随迁子女对于报考高职院校的态度

随迁子女报考高职院校，大多数还是自愿报考，极少部分是由于政策条件的限制而被动报考。本地学生更多是基于自己的兴趣和学习基础来报考高职院校，66.32%的本地学生是因为成绩限制，16.49%的本地学生是喜欢高职院校的专业。这项数据统计无法显示政策的准入条件对随迁子女报考高职院校的影响和限制。

虽然有89.26%的随迁子女自愿报考高职院校，但具体查看和分析随迁子女的报考原因时，发现主要还是因为个人的考试分数较低。

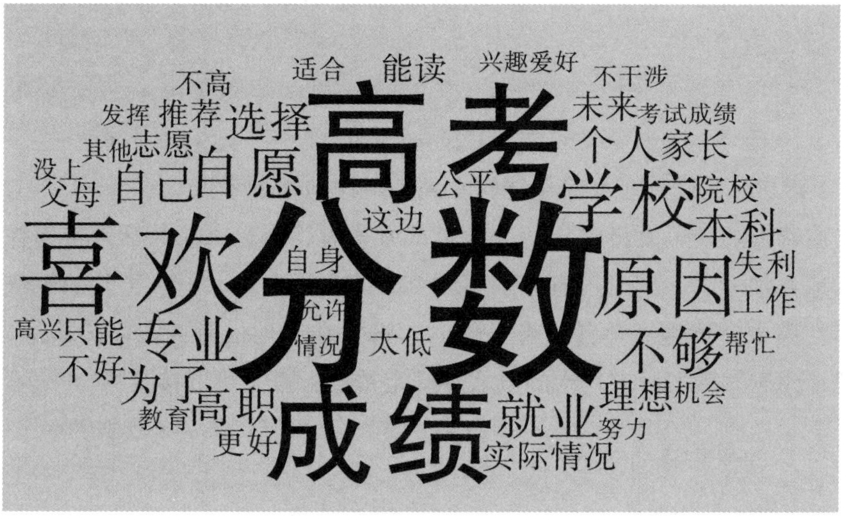

图3-9　随迁子女报考高职院校原因的词云分析

通过开放题的词云分析也发现，影响随迁子女报考高职院校的不是身份和条件，而是学习成绩。也就是说，高中阶段的教育除了关注教育机会的公平之外，还需要进一步关注教育质量和教育过程。

三、政策风险评估

1. 大多数随迁子女会根据自己学习的实际情况来报考

在相关问题的调查中发现，如果高考政策对随迁子女在当地参加升学考试完全开放，超过70%的随迁子女认为还是要根据自己的实际情况来报考，相对比较客观。

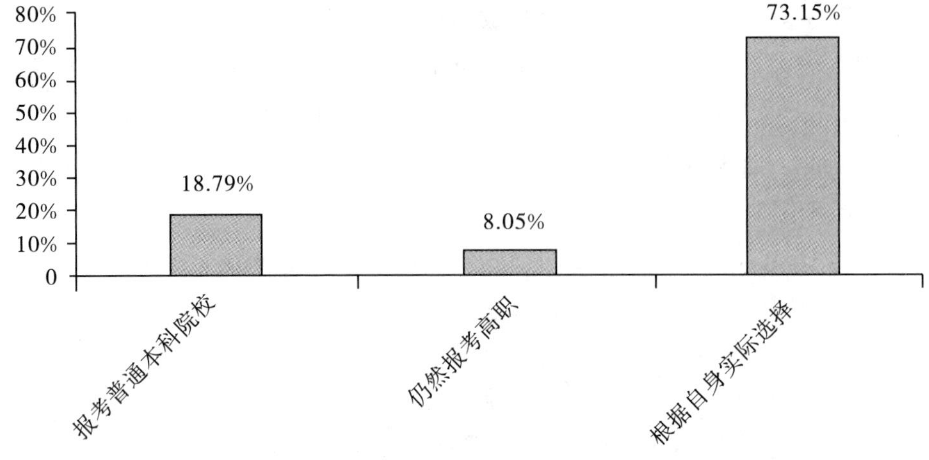

图3-10 如果异地升学考试政策完全开放，随迁子女报考的态度情况

2. 近90%的随迁子女希望能够在高中就读地参加考试

在调查随迁子女最希望的升学考试方式时，将近90%的学生希望在高中就读地参加考试。同时也有分别不到10%的学生选择“退一步”的做法，就是当在高中就读地不具备报考条件时，选择在当地借考或者回户籍地考试，也就是说，这种退而求其次的方式在一定程度上也是可以接受的。

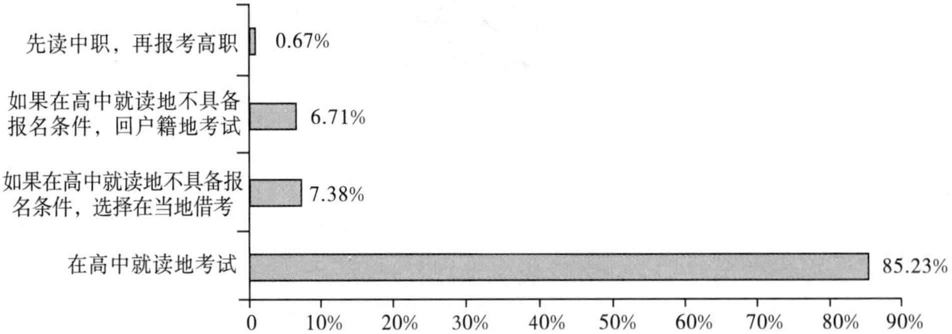

图3-11 随迁子女最希望的升学考试方式

3. 近半数本地学生认为允许随迁子女在流入地报考高职院校的政策体现教育公平原则的程度一般

对本地学生关于允许随迁子女在流入地报考高职院校的政策是否体现了教育公平原则进行了调查，将近一半的学生认为这一政策体现公平原则的程度一般，将近五分之一的学生认为体现公平原则较少，同时也有五分之一左右的学生认为这样的政策体现公平原则较多。

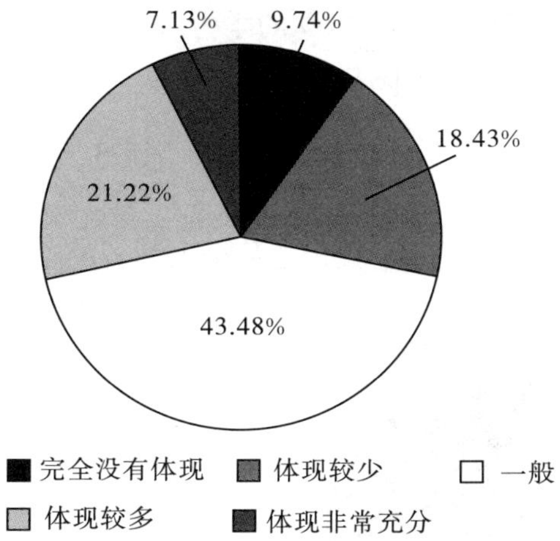

图3-12 本地学生对于随迁子女报考高职院校政策体现教育公平的态度

4. 近半数的本地学生对随迁子女在流入地报考高职院校政策持支持态度

调查本地学生对于随迁子女在流入地报考高职院校政策的态度时，将近一半的本地学生支持这一政策，还有35.48%的本地学生对这一政策持无所谓的态度。仅有不到10%的本地学生对此持反对态度。

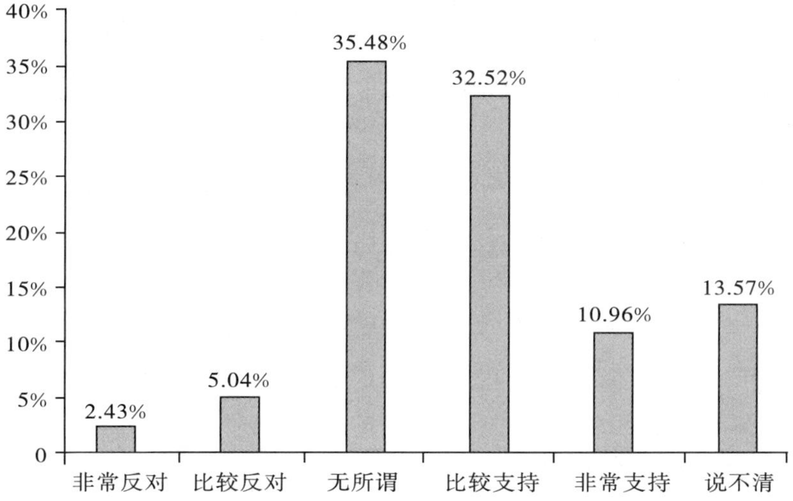

图3-13 本地学生对允许随迁子女在流入地报考高职院校政策的态度

5. 本地学生认为允许随迁子女在流入地报考高职院校有助于减轻学生的学业负担和更好地保证教育公平

探究本地学生支持随迁子女在流入地报考高职院校政策的主要原因（多选），62.15%的本地学生认为有助于减轻学生的学业负担，61.63%的学生认为能够更好地保证教育公平，43.92%的学生认为可促进人口流动从而带动本地经济的发展，27.43%的学生认为有些地区暂时不具备开放普通高校的条件。总体来讲，对于未来随迁子女在流入地参加普通高考升学等相关政策可能面临的挑战，本地学生表现得相对冷静、客观，会从城市发展、考试的指标分配等角度来考虑问题，而不仅仅是从个人利益的角度出发。

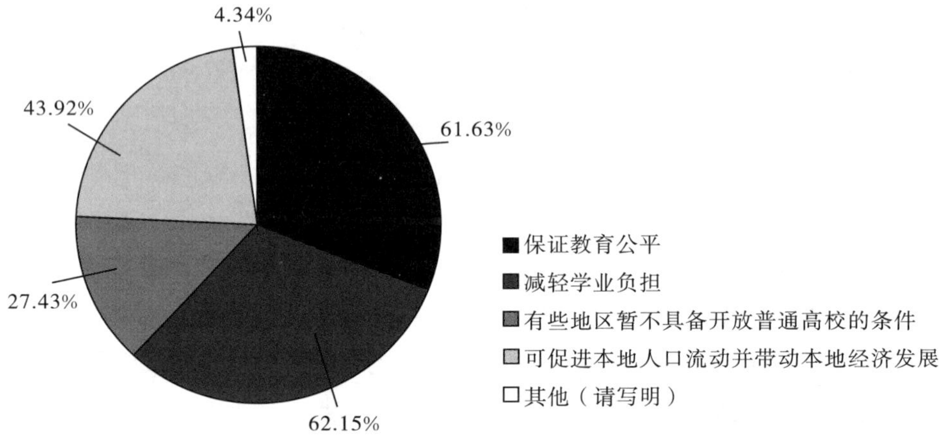

图3-14　本地学生支持随迁子女在流入地报考高职院校政策的主要原因（多选）

6.“会出现大量钻政策空子的‘高考移民’”是本地学生及其家长最大的担忧

任何政策的实施都具有两面性，本地学生及其家长的顾虑是可以理解的。当对“随迁子女在流入地参加高职院校升学考试政策在推行实施的过程中你所担心的问题”进行调查时发现，得分最高的是“会出现大量钻政策空子的‘高考移民’”，这说明本地学生及其家长担心的是由此衍生的新的教育不公平。得分排名第二的问题是“随迁子女会挤占本地学生的升学指标”，这也涉及不同利益相关群体的利益均衡问题，得分第三的问题涉及学校教育资源的配置，得分第四的则是区域人口流动的问题，最后才是随迁子女和本地学生的相处问题。对于本地学生而言，学生的相处和相互关系并不是问题，这更多源于家长和学校的一种基于经验的假设和忧虑。

表3-4 关于随迁子女在流入地参加高职院校升学考试
政策实施过程本地学生担心的问题

选 项	平均综合得分
会出现大量钻政策空子的“高考移民”	3.15
随迁子女会挤占本地学生的升学指标	2.87
本地高中（中职）学校会出现大班额现象	2.68
增加了随迁子女在本地流入的数量	2.31
随迁子女与本地学生不能很好相处	1

7.六成左右本地学生支持开放准入条件，超过三成学生认为应设置严格的准入条件

在回答“你认为，随迁子女在流入地参加高职院校升学考试的准入条件应如何设置”时，六成左右的本地学生相对开放和支持，而超过三成的学生则认为应设置严格的准入条件。这一题目的回答情况，与之前关于教育公平的题目的答案存在一定的差异。也可以看出，本地学生确实存在理念先行、行为后置的现象，在理论上、理想条件下希望能够实现教育公平，但如果关乎个人具体利益时，又会出现矛盾的态度或行为。

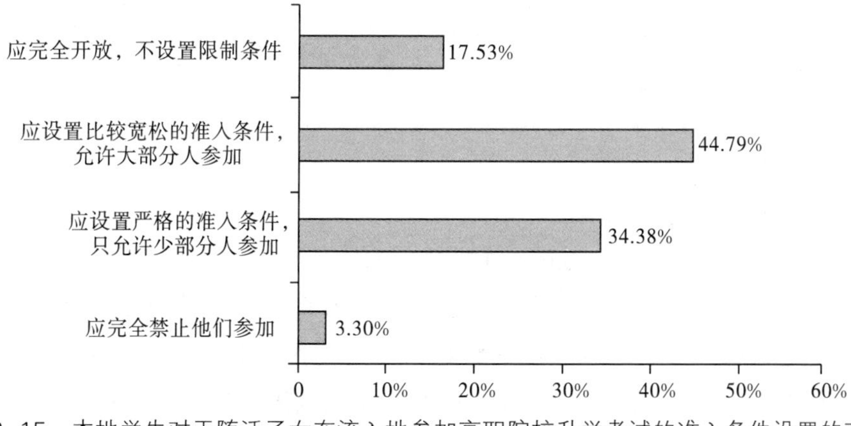

图3-15 本地学生对于随迁子女在流入地参加高职院校升学考试的准入条件设置的态度

8.高校招生录取指标是本地学生最为关注的群体直接利益

课题组成员进一步将问题延伸，即从高职院校到普通高等院校的资源级

别的上升，是对进一步政策调整的风险做初步调查。统计发现本地学生在回答“你认为未来实施随迁子女在流入地参加普通高考升学等相关政策将面临的主要挑战”时，“高校招生录取指标”是他们最为关注的问题，这一直接后果和利益是目前他们最为看重的。得分第二的是他们担心流动人口的大量增加会导致城市超负荷，本质上也是担心切身利益会受到影响。得分第三的是“增加了本地考生的升学竞争压力，可能会导致本地户籍人口与非本地户籍人口的利益冲突”，这是由教育资源产生的社会矛盾。得分第四的是目前已有的制度难以突破。最后才是导致大量的“高考移民”。这一道题恰恰体现出，如果高考完全开放，也就是随迁子女同样可以就地报考普通高等学校的话，本地学生的反对态度可能会更为强烈。

表3–5　本地学生认为未来实施随迁子女在流入地参加普通高考升学等相关政策将面临的主要挑战

选　项	平均综合得分
高校招生录取指标要重新分配，难以平衡	2.89
流动人口大量增加会导致城市超负荷	2.75
增加了本地考生的升学竞争压力，可能会导致本地户籍人口与非本地户籍人口的利益冲突	2.63
户籍制度难以突破	2.42
会导致大量“高考移民”	1.31

四、政策成效反馈

总体而言，异地升学考试政策实施后对高职院校的影响并不显著。

随迁子女异地升学考试政策的实施对试点学校的招生规模、生源补充、生源质量和招考方式均有一定的影响，但是就目前来看，影响作用不明显，同时区域差异较大。这一政策的实施对广东和四川的积极作用较大，对贵州产生了一定的积极影响，对北京的影响较小。

政策成效这部分的调查主要是针对调研的5所学校的教师进行的，分别就随迁子女学生规模变化、生源数量、生源质量、自主招生的作用等四个方面进行了描述性统计分析。

1.政策实施后高职院校随迁子女学生规模没有明显变化

对“自政策实施后，贵校招收随迁子女学生规模的变化情况”进行统计，近六成的教师认为该校随迁子女学生规模并未有明显变化（变化一般），还有三分之一的教师直接给出了否定（没有变化和变化比较小）的回答。由此反映出这一政策在学校具体执行的过程中并没有取得很好的实效。

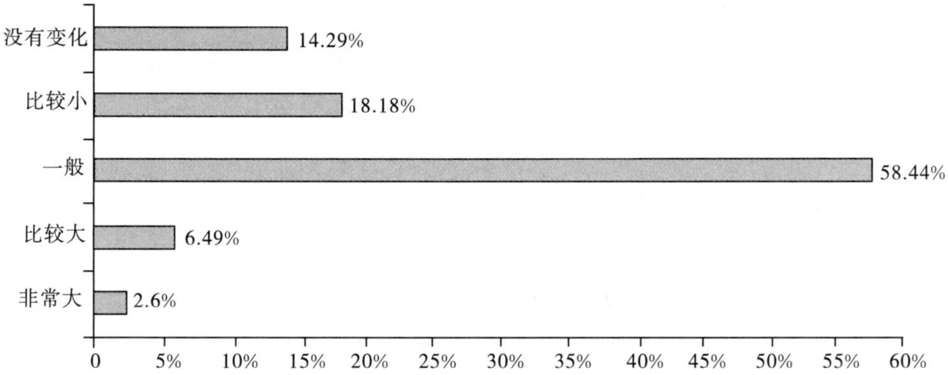

图3-16　高职院校随迁子女学生规模的变化情况

2.允许随迁子女在流入地报考高职院校对补充高职院校生源有一些帮助，但作用不大

当对“允许随迁子女在流入地报考高职院校后，您认为是否对补充生源有帮助”进行统计时，发现40.26%的教师认为招收随迁子女对于补充学校的生源有一些帮助，与此同时也有大约等量的教师认为没有明显的帮助。

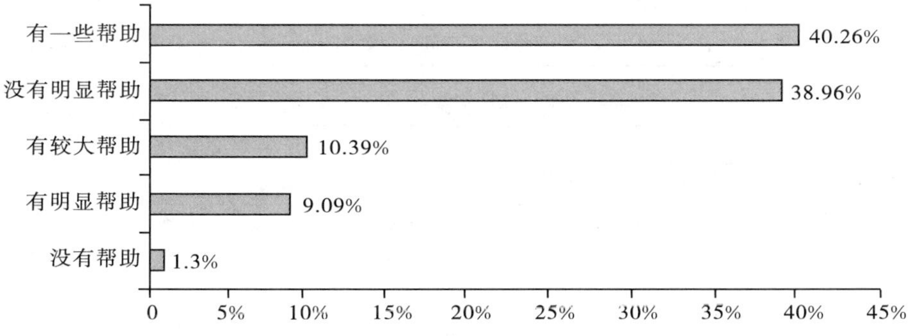

图3-17　随迁子女对高职院校生源的补充作用情况

3.允许随迁子女在流入地报考高职院校后教师对生源质量的评价各异

对“允许随迁子女在流入地报考高职院校后，贵校生源质量情况”进行

统计，发现一半的教师认为对生源质量没有明显的影响，有十分之一左右的教师认为对生源质量有负面影响，但大约三分之一的教师认为有正面的影响，也就是说生源质量有提高。综合而言，招收随迁子女对于高职院校的生存和发展是具有一定积极意义的。

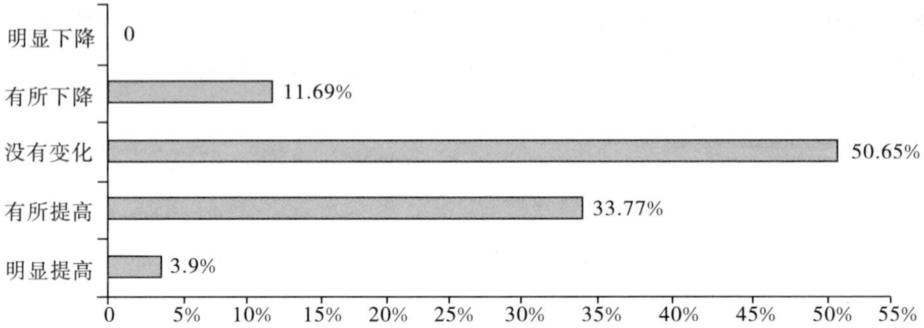

图3-18　随迁子女对高职院校生源质量的影响情况

4.教师对高职院校自主招生招收随迁子女的政策作用大小评价不一

对“为了针对性地招收更多的随迁子女入学，您认为自主招生方式能够发挥多大作用”进行统计，发现有约三分之一的教师认为自主招生对于招收随迁子女有作用，有约三分之一的教师认为作用一般，还有约三分之一的教师认为没有作用或作用不大。这一结果与各个高职院校的招生政策以及所在省市的人口流动政策、招生政策紧密相关。

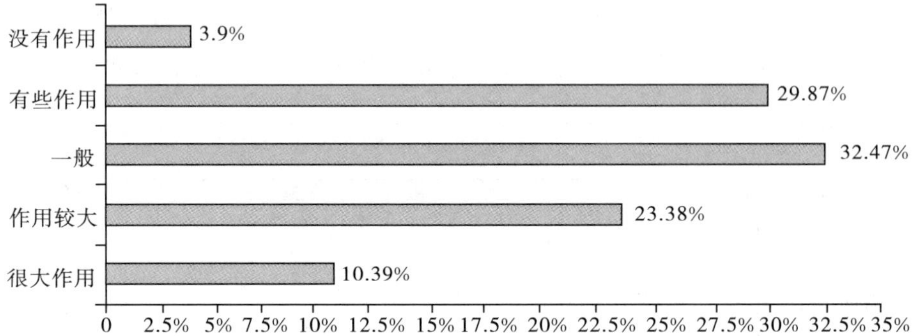

图3-19　自主招生对于高职院校招收随迁子女的作用

5. 随迁子女入学后融入情况良好，人际关系和生活适应能力表现突出，学习态度表现一般，职业发展目标不尽清晰

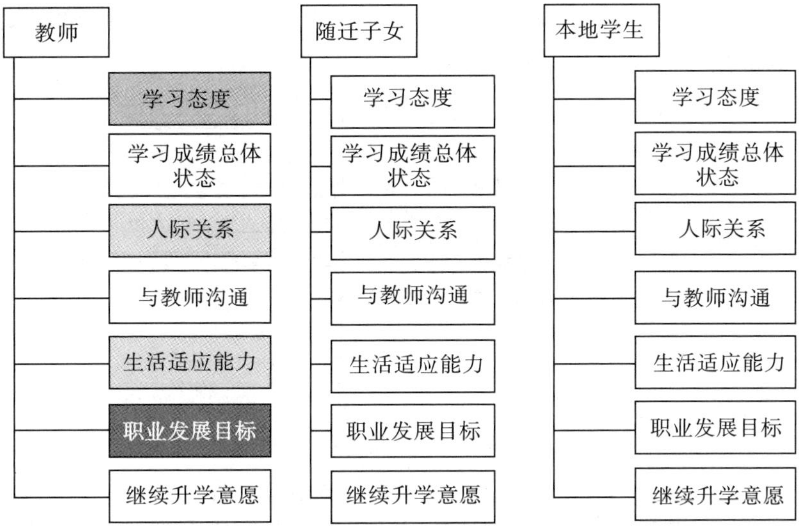

图3-20　各群体对随迁子女入学后融入情况的认知评价

随迁子女入学后的融入和适应情况，是影响招生这一入口的重要因素之一。通过对教师、本地学生和随迁子女的三方相互验证性调查发现，在教师的评价中，随迁子女的生活适应能力得到了最高的评价和认可，同时他们具有较强的社会交往能力，人际关系表现尚佳，但是学习态度表现相对一般，职业发展目标不太清晰，这成为困扰学校和教师的问题。在图3-20中，用深浅不同的颜色予以呈现，浅灰色表示优良，深灰色表示警示，且颜色越深程度越大。在随迁子女的自评和本地学生的他评中，并没有明显差异（在图中用无色表示）。

五、政策调整需求与设想

政策调整需求与设想具体聚焦在招考途径、指标设定、政策完善层级，这三方面均需要进一步深化完善。

1. 教师认为普通高考是效率与质量最高的招生方式，自主招生是较适合高职院校的特殊性质的招生方式

对接收随迁子女的学校来说，从日常教学和管理的角度出发，教师认为普通高考是效率与质量最高的招考方式，但是如果从职业教育的应用学科和

技能教育来讲，他们认为学校的自主招生能够找到意愿强、动手能强、学习动力持久的更适合高职院校的学生。同时，他们也提出，更希望在区域的招生指标上能够有进一步的调整，给学校更大的自主空间；在省级招生政策的层面，能够给予更多具体、明确的政策和支持性的条件配套。

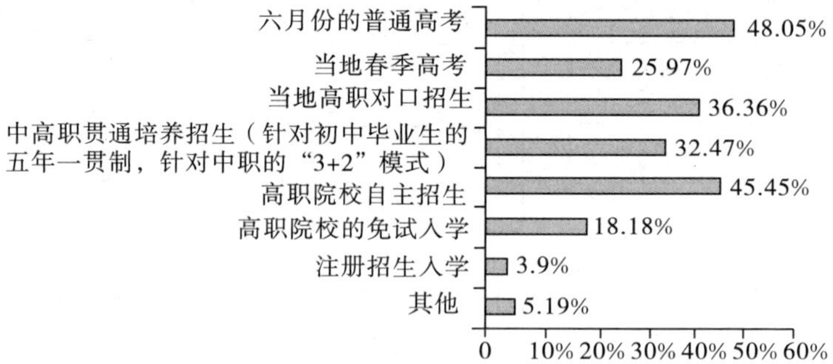

图3-21　高职院校教师对于招考方式的选择

表3-6　教师对于考试录取方式的选择评价得分

选　项	平均综合得分
六月份的普通高考	4.91
高职院校自主招生	2.82
当地高职对口招生	2.66
当地春季高考	2.53
高职院校的免试入学	1.14
中高职贯通培养招生（针对初中毕业生的五年一贯制，针对中职的“3+2”模式）	0.92
注册招生入学	0.22

考试录取是目前我国选拔学生的主要方式，在体现公平、效率的同时也逐渐关注质量以及学生与学校相互选择的双向性。在对高职院校关于“最希望接纳哪一途径招来的学生”进行调查时发现，教师还是普遍认为普通高考

是最可靠的，其次是高职院校的自主招生，而对注册招生入学的认同度最低。在访谈、座谈过程中，高职院校的领导、行政人员和教师都一致认为，招生不能没有门槛。

2.教师认为区域招生指标是亟待调整的政策内容

在对招生政策的具体调整方面进行调查时发现，教师们认为高职院校对于专业设置、招生总量、区域招生指标和招生分数等方面都存在不同程度的调整需求，其中需求最集中的是区域招生指标。在座谈中教师们也反复提到这个问题，他们指出高职院校受到所在地的招生考试院的政策约束，只能通过自主招生招收本地户籍的学生，因此大大削减了对于外地户籍生源的吸纳，这样在一定程度上形成了供需不匹配。

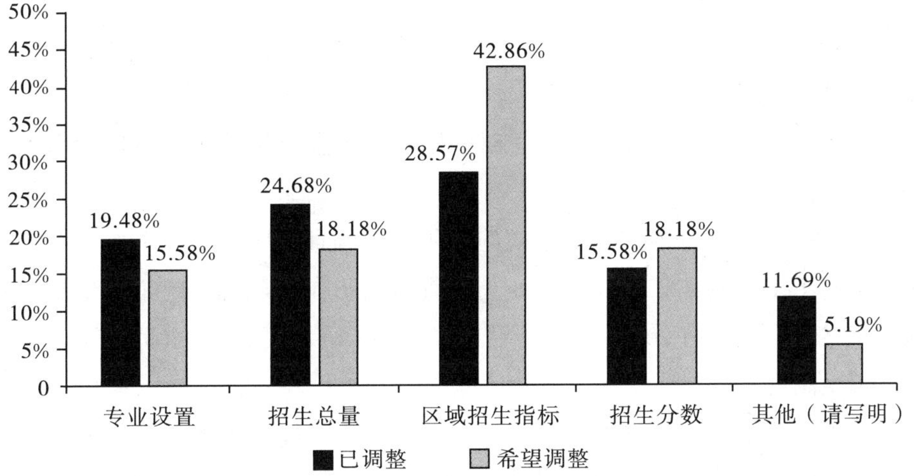

图3–22　高职院校招生政策的调整情况

3.教师反映省级层面的招生政策起到关键作用，需要及时调整

进一步追溯招生政策在制定层面和执行过程中可能存在的问题时，高职院校的教师们反映，为了更好地有针对性地招收随迁子女，省级层面的招生政策是最需要完善和调整的，其次是随迁子女入学后的配套政策的落实。在高职院校自主招生过程中，学校层面的政策执行空间很小，因此，省级政策的承上启下的作用非常关键。

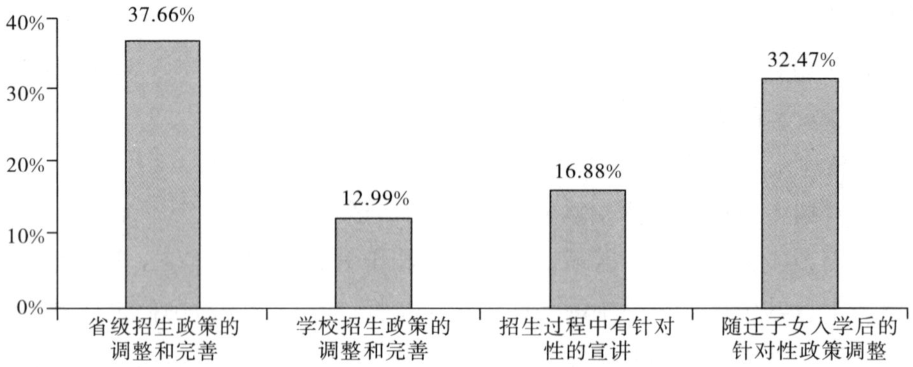

图3-23　教师关于政策调整的态度

六、现存主要问题

随着我国高职院校自主招生政策的深入实施，产生了今后改革过程中需要重视并加以解决的问题。

1. 在宏观层面，社会相关群体对高职院校自主招生政策的价值和内容知晓程度较低

尽管高职院校自主招生政策实施多年，但调查表明社会相关群体对此项政策了解不多。例如，浙江省的一项调查表明，在高职院校自主招生制度实施几年之后，仍然有20.2%的调查对象表示从未听说过，92.4%的人不太了解自主招生制度。

为了高职教育的更好发展，为了每一位学生都能找到适合自己的专业教育，为了给社会发展选拔出高素质技能人才，各级教育行政部门、中等学校和教师都有义务为考生正确传达相关政策精神，使有需要的学生和家长能够真正熟悉高职院校的自主招生政策，以便做出符合自身利益的最佳选择。

2. 在中观层面，省级政策的制定与出台需要进一步科学推进，提高对随迁子女学生入学的准确预判

对于随迁子女义务教育后的升学问题，各地的政策态度差异很大。这是基于各地的地理位置，所拥有的资源，社会、政治、经济、教育发展的综合情况而定的。在对调研地的政策落实过程进行调查时发现，成都市和深圳市的政策是呈现接纳和开放的态度的，其他几个地区则相对保守和谨慎。

目前各方政策利益相关者的复杂矛盾成为各地政策出台的障碍。同时个

别地方省级层面的教育与人力资源社会保障部门的沟通，教育行政部门、教育教学部门以及考试招生部门的工作还存在一定的脱节现象。而由此产生的可能由于政策开放带来的“高考移民”问题，异地升学考试政策相关的协同配套政策问题，政策执行过程中的监督和评估问题等，都是亟待解决的。

3.在微观层面，高职院校的自主招生权有限，自主招生规模占学校招生总数比例偏低，自主招收中职毕业生的人数偏低

从政策规定看，高职院校的考试招生已经从中央下放到省级政府，但高职院校作为独立招生主体的地位还不明显，虽然在自主命题和自主测试等方面拥有了一定自主权，但还比较有限，同时在自主招生规模占学校招生总数的比例、自主招生的专业选择、自主招生的报考资格等方面还存在着很多的统一限定，这些限定制约了高职院校自主招生权的落实，不利于高职院校根据社会经济发展的实际需要来调整自己的办学行为。

目前，绝大部分地区对自主招生规模都有明确的总量限制，自主招生的专业也主要限制在示范性和骨干院校的若干特色专业上，招生的主要对象还是普通高中毕业生，而且高职院校自主招生受制于当地统一高考报名政策。以浙江省2011年的自主招生为例，其中8所代表性的院校自主招生的人数占各自学校招生总数的比例为4%～21%，总量上自主招生的学生只占到招生总数的10%左右，比例明显偏低。浙江省同年的数据显示，高职院校自主招生计划的中职生数量只占到当年自主招生总量的21.6%，中职生生源数量偏少。[①]这种情况明显不符合国家政策中要逐步扩大中职学生进入高职院校的比例这一要求，高职院校在未来的自主招生中还需着力提高中职毕业生的招收数量。

4.高职院校自主招生相对忽视学生的正当权益，具体制度有待进一步改进

在当前自主招生的制度设计中，许多地方政府和高职院校对考生所报院校数量和专业调剂等都有明确、严格的限制，有的地区甚至规定只能报考一所参加自主招生的院校，这限制了学生的选择权。同时，由于高职院校自主招生工作在高考前进行，考生被确认录取并办理正式录取手续后将不能再参

①丁建洪.高职院校自主招生：问题与策略：基于浙江省高职院校的现状调查[J].教育发展研究，2012（19）：8-12.

加高考及录取，或即使能参加高考和录取，对参加录取的批次和范围也有明确的限制，这就使得很多考生担心参加自主招生且录取后不能参加高考，于是有希望考取本科院校的考生会放弃报考高职院校自主招生，也有考生担忧若在自主招生考试中发挥失常会影响到此后的高考复习。

因此，高职院校在制订具体招生制度时还必须认真为学生考虑，减少学生因参加自主招生带来的各种忧虑。

5.高职院校自主招生考试评价的科学性和公平性有待提升

一般来讲，高职院校自主招生考试大部分采取“文化基础测试+综合素质评价+技能测试”的评价模式，主要是通过笔试和面试的形式进行。其中笔试普遍参照普通高考的形式，即把语文、数学、外语等文化课成绩作为主要评价指标，只有少数院校会加入专业知识及综合文化知识的考查。面试多以个人陈述、专家提问、考生现场回答的形式进行，由于招收人数多、工作量大，高职院校参与面试的考官素质参差不齐，考官对评价标准把握的尺度不一，面试试题的规范性与灵活性难以协调等原因，面试的科学性和公正性也容易遭到质疑。

此外，综合素质测评是自主招生过程中必不可少的一项内容，而且在录取总成绩中所占比例也较大，但由于我国个人征信体系尚不完善，招生院校很难对学生提供材料的真实性做出有效判断。同时，不同的学校所提供的教师评语、考生的“学生综合素质评价手册”也存在差异，因此只能凭主考官的主观评价进行考评。考试评价中的另一个隐性问题是，不同地区之间、相同地区的城乡之间由于经济文化的差异，会造成不同地区考生素质的差异，而当前高职院校的自主招生在测试内容和组织形式上更有利于来自城市的学生和办学质量好的学校的学生。比如，在职业技能的测试方面，经济欠发达地区的学生由于经济和教育条件限制，在许多方面比不上经济发达地区的学生，这也势必造成自主招生中的不公平现象。

从招收的生源对象来讲，由于自主招生院校的数量有限，而且不少学校都是高中生、“三校生”统一测试，统一录取，在制订录取标准时又偏重文化成绩总分，因此势必造成“三校生”劣势明显，而他们的技能优势在竞争中又难以发挥出来。

第五节 政策建议

从目前全国各地出台的流动人口随迁子女异地升学考试政策最新规定来看，随迁子女异地升学考试已经取得了明显进展，但同时还有一些问题值得探索，具体操作有待明确，准入条件设置需要更加科学合理。异地升学考试问题说到底是高等教育资源，尤其是优质高等教育资源不足引起的。加之历史原因导致高等教育资源在地区分布上不平衡，在现有高考录取与户籍挂钩的体制下，异地升学考试问题便凸显出来。随迁子女异地升学考试问题的解决，是一项系统、复杂的社会工程，要很好地解决这一问题不是靠一项政策就能轻易完成的，而是需要建立包含政策价值、政策目标、政策原则、政策内容规定和系统配套政策保障制度等在内的完整政策体系。

一、坚持促进教育公平的政策价值导向，依法保障随迁子女的升学考试权利

党的十八大报告中明确提出，要逐步建立以权利公平、机会公平、规则公平为主要内容的社会公平保障体系，保证人民平等发展的权利。《关于做好进城务工人员随迁子女接受义务教育后在当地参加升学考试工作的意见》的第一条中也明确提出，进一步做好随迁子女升学考试工作，是坚持以人为本、保障进城务工人员随迁子女受教育权利、促进教育公平的客观要求。这些政策文件都明确无疑地宣示，解决随迁子女异地升学考试问题是从促进教育公平，保护公民基本教育权利的价值立场出发，这是推进异地升学考试政策完善的根本指导方向。因此，异地升学考试政策的制定，要为保障随迁子女作为公民的权利、作为受教育者的权利提供公平规则。这就从根本上要求，随迁子女平等参加升学考试的权利不能因父母职业的差异和稳定与否而有所不同，不能因学生由于社会发展而导致的教育经历变动而有所不同，更不能因为城市功能定位和产业结构的布局不同而有所不同。解决随迁子女异地升学考试问题，最根本在于以怎样的价值理念和标准来设计相关的政策制度。如果不能站在随迁子女的角度来理解他们的行动、面临的真实困境和期待更好发展的诉求，就很难从根本上解决这一时代发展带来的问题。

随迁子女异地升学考试政策的制定需要在依法保障随迁子女受教育权的视野下，以积极主动的保护意识和举措，保障其受教育权能在流入地得到充分的体现，避免陷入立法者或执法者不能主动履行义务。

二、强化中央政府的统筹和监督责任，确保异地升学考试政策在地方的切实推进

由于我国高等院校分为部属和地方所属两部分，同时还存在大量的民办院校，部属高校直接归教育部管理，地方无权管理，因此，在随迁子女异地升学考试的政策制定和实施中，迫切需要中央政府发挥更为积极的主导作用，对事关全局的相关政策制度进行顶层设计，统筹教育资源。通过政府整体统筹，实现区域经济、社会和教育的协调发展，从教育系统的改革入手，立足城乡区域公平，创设良好的教育生态环境，逐步调整高等教育区域布局，综合协调教育、就业、人口和户籍等体制的改革，渐进向促进教育公平的理想目标努力。

在国家统筹规划的前提下，中央政府还需要大力监督地方政府异地升学考试政策的实施过程，对各地政策的实施效果进行评估，特别是北京、上海等流动人口较多的重点地区，同时地方政府可以在坚持推进中央政府政策指导方向的前提下结合本地情况出台具体的异地升学考试方案。中央政府可以调动调研部门对现行的全国各地的异地升学考试政策进行分析和实地取证，切实了解随迁子女是否真正能在当地参加高考，有多少随迁子女在当地参加了高考等各方面的政策实施效果信息，在此基础上进行系统分类、统计和分析，运用相应的评估方法，权衡各地异地升学考试政策的准入条件和实施方式的利弊，客观公正地反映出异地升学考试政策的实际效果。进而利用监督评估的结论来指导政策的修正、调整和完善，以便切实保障随迁子女的受教育权。

中央政府和地方政府之间还存在政策实施经费的分担问题，应尽快建立中央和地方的教育经费分担机制，形成义务教育阶段随迁子女教育投入的跨省转移机制。

三、统筹制定合理的政策准入条件，体现目标群体的利益诉求

在进行随迁子女异地升学考试政策的统筹设计时，需要进一步完善政策制定流程。对此，政府不仅需要为利益相关群体提供畅通的利益表达渠道，更需要为政策制定提供可遵循的规则，从而保障政策制定能够健康、有序地进行。例如，公共政策制定中形成的专家咨询论证制度、听证会以及社会公示制度都是保证公共政策制定科学民主化的重要举措。同时，还可以通过广泛开辟各种渠道，如接待日、协商对话、民主评议、电子信箱、博客、微信等，将更多现代化信息载体和手段有效运用到公共政策制定过程中来。只有在政策制定过程中充分了解民意，尊重民众的知情权，让政策利益相关群体清楚了解公共政策制定的相关内容和制定过程，解决政策制定过程中的信息不对称问题，才能真正制定出符合政策目标群体利益的内容，尤其是在政策准入条件的设计上，才能体现目标群体的利益诉求。

本研究的调查显示，教育行政管理部门、学院行政管理者、教师、辅导员和本地学生及家长都表示，赞成随迁子女异地升学考试应该有一定的准入条件，但设置准入条件的初衷是为了顺利推行异地升学考试政策，在保障本地考生的权益下，尽可能让真正符合条件的随迁子女能够顺利在就读地参加升学考试，以实现教育公平。

四、高职院校需基于入学机会公平的原则深入改革招生录取方式

在分析异地升学考试政策推行的阻力时发现，户籍制度改革无疑成为公众相当关注的问题。逐渐放宽户籍对随迁子女在异地就学的限制是推进异地高考的重要一步，同时需要高考招生方式改革来配合。由于我国高等教育资源分配不均衡，导致各个区域的教育资源差异较大，而高考录取方式是各地划分固定的名额，因此高校的“地方保护主义”导致本地考生比外地考生享有更多的机会。分省定额的招生方式和户籍制度的限制在一定程度上损害随迁子女享受公平的受教育权利。

改革高考招生制度，一方面要打破教育资源丰富地区存在的“地方保护主义”，而另一方面要允许经济欠发达、教育资源薄弱的地区存在区域间差异，并继续给予教育补偿，即在原有招生名额的基础上适当增加招生名额，

以此弥补因缺少优质教育资源而造成的落差，从而使各地的高等教育入学的机会相对公平。

异地高考问题，要与整体推进高考制度改革相结合。异地高考不仅是在什么地方考试的问题，更与考试制度、录取方式密切相关。异地高考制度改革的方向应当是建立民主、科学、法治的高校招生制度，努力促进教育公平，改变高等教育资源分配不均的现状。可以考虑恢复全国统一命题考试。统一考试是高考制度的根本特征，因为统一考试具有公平、高效和具有可比性的特点。为了实现高考公平与效率的最大化，最终应形成以全国统一命题高考的大格局。当然，全国统一命题考试应考虑到各个地区的差异和全国性的考试安全问题，命制不同版本的高考试卷。为了解决招生录取中的公平问题，有必要根据高等院校的举办者性质，按全国大学、地方院校、民办院校、高职高专等分类处理。对于全国大学，作为全国性准公共产品，应该面向全国所有受教育者招生；对于地方政府举办的院校，可以作为地方性准公共产品，主要面向当地居民提供高等教育服务；对于民办院校，可以根据学校的办学定位，制订全国和地方招生方案；对于高职高专，从学校的办学需求出发，采取适合自身发展需求的自主招生方式。

总之，流动人口随迁子女异地升学考试问题的解决，需要中央和地方各级政府切实转变观念，坚持教育公平取向，坚持依法治国的基本方略，确保每一个公民都享有平等的受教育机会。

第四章　北京市高职院校自主招生招收随迁子女的政策分析与实践研究

自2012年《关于做好进城务工人员随迁子女接受义务教育后在当地参加升学考试工作的意见》颁布之后，北京市也相继出台了相关落实文件。首都北京作为超大城市①，在随迁子女异地升学考试的政策推进和院校实际招收随迁子女的实践中面临着诸多困难。通过详细分析北京市高职院校自主招收随迁子女的相关政策，探究相关高职院校招收随迁子女的实际状况和面临的困境，能为北京市随迁子女异地升学考试政策的进一步完善提供可行性思路。

第一节　北京市随迁子女异地高考调研背景

一、北京市社会经济发展现状与特征

北京是我国的首都，承担着首都的核心职能。2014年，中共中央总书记习近平在北京市考察工作并发表讲话，对北京的核心功能，做出过明确的城市战略定位，要求坚持和强化北京作为全国政治中心、文化中心、国际交往中心、科技创新中心的核心功能，深入实施人文北京、科技北京、绿色北京战略，努力把北京建设成为国际一流的和谐宜居之都。

在我国总体加快转变经济发展方式的攻坚时期，尽

①超大城市是中国官方划分的城市规模的分类之一。根据2014年国务院发布的《国务院关于调整城市规模划分标准的通知》，城市规模划分标准以城区常住人口为统计口径，城区常住人口1000万以上的城市为超大城市。

管北京也面临着较大的挑战，但北京积极主动调控，近年来经济社会发展在调结构、转方式、惠民生等方面取得较大的成就，创新能力与生态建设力度持续增强，城乡区域协调发展，社会建设全面推进。另外，北京的经济增长对传统领域的依赖进一步减弱，科技发展对经济社会的支持与促进作用日益凸显，以培育战略性新兴产业的高端化、服务化、集聚化、融合化、低碳化发展引领首都经济的转型升级与快速发展，“高精尖”经济结构已在北京初露头角。

当前，北京市的经济运行持续平稳、健康发展，经济增长速度趋于合理，增长的质量和效益稳步提高。2019年，北京市实现地区生产总值35371.3亿元，按可比价格计算，比上年增长6.1%。其中，第一产业增加值113.7亿元，下降2.5%；第二产业增加值5715.1亿元，增长4.5%；第三产业增加值29542.5亿元，增长6.4%。三次产业构成由上年的0.4∶16.5∶83.1，变化为0.3∶16.2∶83.5。按常住人口计算，全市人均地区生产总值为16.4万元。①

二、北京市人口流动与发展趋势

随着我国城市化进程的推进，北京市流动人口规模急速扩大，特别是进入21世纪以来，北京市流动人口的增长尤为突出。北京作为超大城市，吸引大量的流动人口，是全国流动人口三大聚集区之一。

北京市流动人口的分布呈现出集聚性特点，并逐渐由城市中心向近郊区扩展。

1.流动人口呈快速增长趋势

改革开放以来，北京市流动人口数量的变化与发展大致分为三个阶段：第一阶段为1978～1992年，流动人口数量和流动人口比重变化不大，处于平稳状态；第二阶段为1992～2000年，北京市作为全国经济、文化中心，步入了改革发展的新阶段，流动人口数量迅速增长；第三阶段为2000年至今，北京市流动人口数量呈现稳步增长态势，特别是2008年以后，北京市流动人口数量增长趋势明显增大，出现了激增的现象。②

①北京市统计局，国家统计局北京调查总队.北京市2019年国民经济和社会发展统计公报[EB/OL].（2020-03-02）[2021-4-30]. http://tjj.beijing.gov.cn/tjsj_31433/tjgb_31445/ndgb_31446/202003/t20200302_1673343.html.

②许学珍.北京市流动人口对经济增长影响的实证研究[D].北京：首都经济贸易大学，2013：15.

2014年末，北京市常住人口为2151.6万人，其中常住外来人口为818.7万，占常住人口38.1%。[①]与2010年第六次全国人口普查相比，流动人口增加114.2万。2016年，北京市常住人口为2172.9万人，比上年末增加2.4万人，其中，常住外来人口807.5万人，占常住人口37.2%。2016年，北京常住外来人口占常住人口比重首次下降。然而，人口规模总量增长并未停止，调控与疏解人口的压力依然较大，城市管理与服务依然面临严峻挑战。

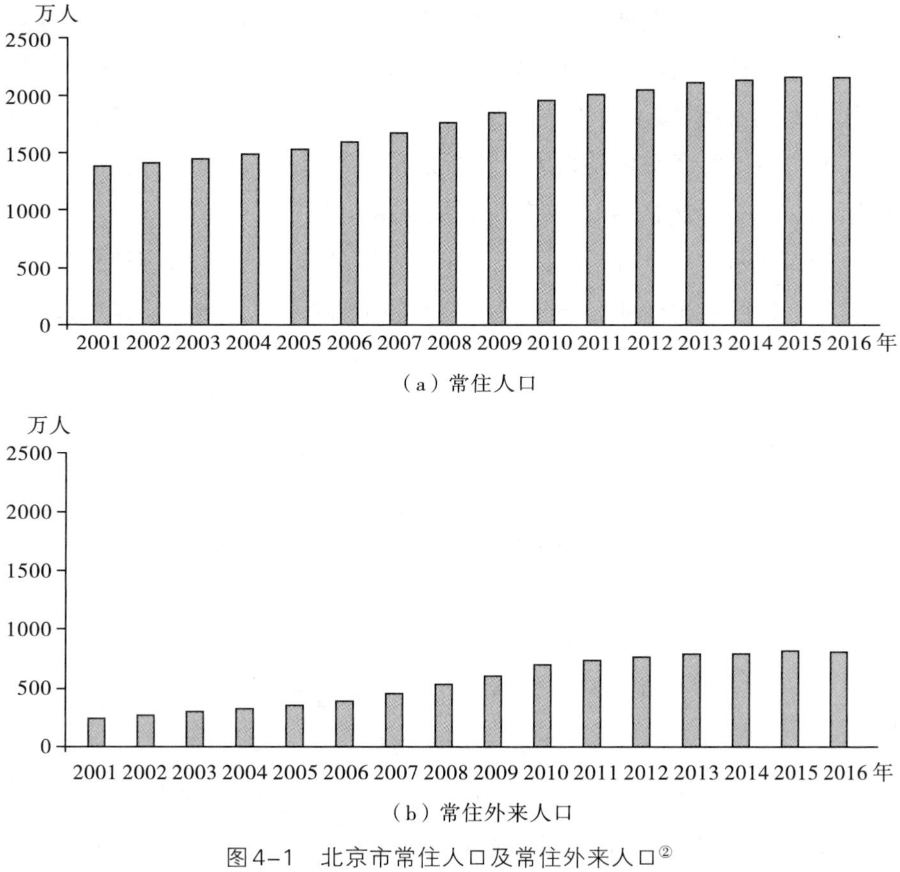

图4-1 北京市常住人口及常住外来人口[②]

2.流动人口主要分布在城市功能拓展区和城市发展新区

北京市按照城市功能划分为首都功能核心区、城市功能拓展区、城市发展新区、生态涵养发展区。北京市的流动人口主要分布在城市功能拓展区和

①北京市统计局，国家统计局北京调查总队．北京市2014年国民经济和社会发展统计公报[J]．北京市人民政府公报，2015（10）：24-48.

②根据北京市相关统计信息绘制．

城市发展新区，2013年这两个功能区域的流动人口分别占北京市流动人口总数的53.1%和36.1%，合计高达89.2%。

根据北京市统计局的数据，首都功能核心区和生态涵养发展区的常住外来人口在2014年和2015年均有下降，首都功能核心区常住外来人口总量减幅更大，2014年和2015年分别减少1.4万人和2.3万人。2011～2014年，城市功能扩展区常住外来人口增幅保持在10.4万人以上，2015年增幅骤减至1万人。2011～2015年，城市发展新区常住外来人口增幅总量为62.2万人，居四个功能区之首。同时，城市发展新区常住外来人口增幅逐年递减，常住外来人口增幅从2011年的增幅17.7万人下降到2015年的增幅5.3万人。2011～2015年，城市功能扩展区常住外来人口增幅总量58.3万人，在北京四个功能区中位居第二。2011～2015年，城市功能扩展区中朝阳区常住外来人口增幅最大，为32.5万人，且只有朝阳区常住外来人口总量逐年递增，但同时增幅也逐年减少。2011～2015年，城市功能扩展区中海淀区常住外来人口增幅位居第二，增加23万人。

三、北京市教育发展基本情况

1.北京市基础教育发展情况

北京市基础教育坚持优先发展、统筹协调、优质育人、改革创新。基础教育阶段，2018年北京市普通小学在校生91.3万人，普通初中在校生27.9万人，普通高中在校生15.5万人，各类中等职业教育在校生9.1万人。[①]北京市教育普及水平逐步提升，教育资源优质均衡不断推进，教育质量持续提高，素质教育持续深化，教育综合改革向纵深发展。

北京是全国高等教育资源最丰富的地区之一，2018年全年本专科在校生达到58.1万人[①]。2017年北京本科录取率高达66.87%[②]，居全国本科录取率之首，这意味着在北京超过一半的考生能考上本科。北京教育资源之丰富、录取率之高，大大提高了对外来流动人口的吸引力。

从教育财政方面看，2015北京市公共财政教育支出847.43亿元，高出全

①北京市教育委员会. 2018—2019学年度北京教育事业发展统计概况[EB/OL].（2019-05-15）[2020-4-20]. http://jw.beijing.gov.cn/xxgk/zfxxgkml/zwjyjfzx/202003/t20200325_1734095.html.

②中国教育在线.2017年全国各省高考录取人数与录取率汇总[EB/OL].（2017-08-23）[2020-4-20]. https://baijiahao.baidu.com/s?id=1576499872808218279&wfr=spider&for=pc.

国平均水平约57.68万元，在全国排名（从高到低）第11位。上海市、天津市公共财政教育支出分别为739.52亿元、464.23亿元，在全国排名分别为第18位、第27位。北京市公共财政教育支出占公共财政支出的比例为14.77%，低于全国平均水平约1.10%，在全国排名（从高到低）第20位。天津市、上海市公共财政教育支出占公共财政支出的比例分别为14.36%、11.94%，在全国分别排名第22位和第30位。北京市公共财政教育支出属于全国中上水平。①

2.北京市随迁子女义务教育发展情况

北京市在解决随迁子女义务教育问题中始终坚持国家提出的“两为主”政策。2002年4月，北京市教委出台了《北京市对流动人口中适龄儿童少年实施义务教育的暂行办法》，规定了随迁子女在京接受义务教育的条件，使北京市随迁子女义务教育工作开始步入规范化道路。2012年，北京市教委颁布《北京市教育委员会关于2012年义务教育阶段入学工作的意见》，规定非京籍适龄儿童、少年，因父母或者其他法定监护人在北京市工作或者居住，需要在北京市接受义务教育的，由其父母或其他法定监护人持本人在京暂住证、在京实际住所居住证明、在京务工就业证明、户口所在地乡镇政府出具的在当地没有监护条件的证明、全家户口簿等证明、证件，经居住地所在街道办事处或者乡镇人民政府审核确认后，到居住地所在区县教委确定的学校联系就读。简而言之，非京籍的适龄儿童、少年需提供“五证”方可进入公办学校就读。据北京市教委发言人介绍，2012年，北京市义务教育阶段非京户籍学生41.9万人，约占全市义务教育阶段在校生的40.9%，随迁子女进入公办学校学习的比例达到74.7%，市级财政每年投入超过10亿元，用于保障随迁子女平等接受义务教育。②

据光明网2016年报道，在北京市接受义务教育的非京籍学生每年约40万人，占义务教育阶段学生总数的40%以上，其中在公办学校就读的学生人数逐年增加，比例逐年提高，2015年已达到84%，符合条件的非京籍学龄人

①教育部 国家统计局 财政部关于2015年全国教育经费执行情况统计公告[EB/OL].（2016-11-04）[2019-04-10].http://www.moe.gov.cn/srcsite/A05/s3040/201611/t20161110_288422.html.

②马晖，罗剑平.北京异地高考职教先行 意在减轻财政负担[N/OL].21世纪经济报道，2013-01-05[2019-04-10].https://edu.qq.com/a/20130105/000132.htm.

口义务教育权利得到了很好的保障，初步实现了户籍与非户籍学龄人口共享优质教育。[①]

近年来，北京市进一步加强统筹规划，通过扩大总量、优化存量的方式，增加公办义务教育学位资源；对公办学校无法满足的入学需求，继续探索采取政府委托办学、购买服务等方式保障随迁子女在依法举办的民办学校接受教育，保障符合条件的随迁子女在京接受义务教育。

第二节　北京市随迁子女异地升学考试政策

一、北京市随迁子女异地升学教育的政策演进及举措内容

1.北京市随迁子女异地升学考试政策演进

2008年全国人民代表大会首次提出解决城市外来务工人员子女的异地高考问题，代表们就异地高考进行了激烈的争论和探讨。2010年颁布的《国家中长期教育改革和发展规划纲要（2010—2020年）》指出："把促进公平作为国家基本教育政策。教育公平是社会公平的重要基础。教育公平的关键是机会公平，基本要求是保障公民依法享有受教育的权利，重点是促进义务教育均衡发展和扶持困难群体，根本措施是合理配置教育资源，向农村地区、边远贫困地区和民族地区倾斜，加快缩小教育差距。教育公平的主要责任在政府，全社会要共同促进教育公平。""坚持以输入地政府管理为主、以全日制公办中小学为主，确保进城务工人员随迁子女平等接受义务教育，研究制定进城务工人员随迁子女接受义务教育后在当地参加升学考试的办法。"于是，随迁子女异地升学考试政策被正式提上日程，而且被视为实现保障困难群体受教育权的重举。2010年12月，教育部开始了异地高考改革试点，然而试点选择了湖南、山东等省份，并非人们企盼的北京、上海、广州等地。

2011年，时任教育部部长袁贵仁在列席十一届全国人大四次会议接受采访时，明确表示教育部正在研究异地高考问题，因为涉及的人比较多，所以该问题比较复杂，北京、上海都在研究办法，教育部则主要和接收这些学生比较多的地方逐步共同推进异地高考。因此，异地升学考试政策处于酝酿阶

①北京市教委：非京籍学生在公办学校就读人数逐年增加[EB/OL].（2016-04-16）[2019-04-10]. http://www.sohu.com/a/69610122_120802.

段。2012年3月，在全国政协十一届五次会议开幕会上，袁贵仁表示异地高考改革方案到了最后冲刺阶段，方案将在十个月内出台。2012年6月14日，教育部正式颁发《国家教育事业发展第十二个五年规划》，在第六部分“扩大和保障公平受教育机会”中提出“切实保障进城务工人员子女就学”，就保障进城务工人员随迁子女享受基本公共教育服务权利做出明确规定，指出“推动各地制定非户籍常住人口在流入地接受高中阶段教育，省内流动人口就地参加高考升学以及省外常住非户籍人口在居住地参加高考升学的办法”。这时，异地升学考试政策的实施初露端倪。2012年7月，国务院同意了异地高考改革方案。

2012年8月30日，国务院办公厅转发了教育部等四部门《关于做好进城务工人员随迁子女接受义务教育后在当地参加升学考试工作的意见》（以下简称“异地升学考试政策”），提出充分认识做好随迁子女升学考试工作的重要性，做好随迁子女升学考试工作的主要原则，因地制宜制定随迁子女升学考试具体政策，统筹做好随迁子女和流入地学生升学考试工作，加强组织领导和协调配合，同时明确规定“各省、自治区、直辖市有关随迁子女升学考试的方案原则上应于2012年年底前出台”。至此，异地升学考试政策正式颁布并予以实施。

继2012年8月30日国家层面整体出台异地升学考试政策之后，各地政府先后制定了随迁子女在当地参加升学考试的实施方案。2012年12月29日，北京市人民政府办公厅转发了市教委、市发展改革委、市人力资源社会保障局、市公安局等四部门制定的《进城务工人员随迁子女接受义务教育后在京参加升学考试工作方案》，明确规定了随迁子女接受义务教育后在京参加中考、高考需满足的条件及政策实施时间。北京市作为全国随迁子女较为聚集的一线城市代表，在随迁子女异地考试的具体方案中，明确提出实行过渡期升学考试措施，即在北京市出台随迁子女在京升学考试办法之前和新办法公布后三年内实行过渡措施，允许符合一定条件的进城务工人员随迁子女在京参加中考、高考，为随迁子女接受义务教育后在京继续上学提供了可能。但北京市的政策仅限随迁子女报考职业学校，且对报考条件做出了相对苛刻的限制，是随迁子女异地升学考试政策准入条件较为严格的城市之一。

2. 北京市随迁子女异地升学考试政策内容

表4-1 北京市随迁子女在流入地升学考试方案的具体内容

地区	方案进度	实施时间	主要内容
北京	已公布过渡方案细则，仅明确中高职考试办法	2013年开始分步实施	①自2013年起，允许符合条件的随迁子女报考北京中等职业学校。条件：进城务工人员持有有效北京市居住证明，有合法稳定的住所，合法稳定职业已满3年，在京连续缴纳社会保险已满3年，其随迁子女具有本市学籍且已在京连续就读初中3年学习年限。 ②自2014年起，允许符合条件的随迁子女报考北京高等职业学校。条件：进城务工人员持有有效北京市居住证明，有合法稳定的住所，合法稳定职业已满6年，在京连续缴纳社会保险已满6年，其随迁子女具有本市学籍且已在京连续就读高中阶段教育3年学习年限。 ③自2014年起，北京对符合条件的随迁子女提供高考文化课在京借考服务，学生回户籍所在省参加高校招生录取。条件：进城务工人员持有有效北京市居住证明，有合法稳定职业及合法稳定住所，其随迁子女具有本市学籍且已在京连续就读高中阶段教育3年学习年限。

2013年9月27日，北京市招生考试委员会发布了《2014年进城务工人员随迁子女在京参加高等职业学校招生考试实施办法》，并将随迁子女在京参加高等职业学校招生考试需符合的条件归纳为以下5条：进城务工人员持有在有效期内的北京市暂住证或工作居住证；进城务工人员在京有合法稳定住所；进城务工人员在京有合法稳定职业已满6年；进城务工人员在京连续缴纳社会保险费已满6年（不含补缴）；随迁子女具有本市学籍且已在京连续就读高中阶段教育3年学习年限。该文件与2012年《进城务工人员随迁子女接受义务教育后在京参加升学考试工作方案》中有关在京报考的条件一致，仅

在阐述上进一步细化了关于缴纳社会保险的规定。

二、北京市随迁子女教育的问题与挑战

1. 日趋紧缺的教育资源难以满足随迁子女的教育需求

北京市作为随迁子女数量庞大的超大城市，面临的最大问题是公共教育资源的日趋紧缺与迅速增长的随迁子女教育需求之间的矛盾。北京市公共教育资源接近饱和状态，义务教育阶段随迁子女必须满足一定条件才能按规定进入公办学校就读，因此北京市在实现国家提出的将随迁子女全部纳入城镇义务教育的要求时仍面临巨大挑战。优质教育资源和流动人口都很集中的北京市，在异地升学考试政策的完善与推进中面临种种困难，一方面要防止因政策不合理带来的流入北京的人口的激增，另一方面更要尽可能保障随迁子女在北京接受义务教育后的受教育权利。

2. 现行的异地升学考试政策难以满足随迁子女的教育需求

北京市的异地升学考试政策准入条件十分严格，符合条件的随迁子女数量极少。部分随迁子女即使符合条件也不愿意在北京报考高职院校，而一些真正想上高职院校的随迁子女却因条件不符合而不能在北京报考。北京现行的异地升学考试政策并不能满足大多数随迁子女继续升学的教育需求。

三、北京市高职院校自主招生政策的分析

1999年6月，《中共中央国务院关于深化教育改革　全面推进素质教育的决定》中第一次提出大力发展高等职业教育，于是，以培养技能型、应用型人才为核心的高职高专教育作为高等教育的一种形式在全国轰轰烈烈地发展起来，对于高等教育入学考试方式的研究和改革也随之深入开展。2010年7月，《国家中长期教育改革和发展规划纲要（2010—2020年）》（以下简称《教育规划纲要》）发布，并明确提出要“以考试招生制度改革为突破口，克服一考定终身的弊端，推进素质教育实施和创新人才培养”。就这样，分类考试、综合评价、多元录取的考试招生制度成为以人为本、大力发展学生个性特长教育背景下必需的高等教育招生方式。北京市作为全国高等教育最发达的地区之一，经过多年的改革试点，形成了高会统招、单考单招、五年制高职招生和自主招生等多样化的高职教育招生方式。

2013年，教育部提出，逐步使高职教育考试招生与普通高校本科考试分离，重点探索“知识+技能”的考试评价办法，为学生提供多样化入学形式。

表4–2　北京市升学考试类型

考试类型	主要特点
夏季高考	统考招生
单考单招	统考招生，高职单招分为13大类
中高职贯通	初中应届生的三二分段制、五年一贯制，有一定的专业倾向性
对口单招	只面向中等职业学校
自主招生	院校单独考试招生
有条件注册入学	2014年试点2所院校

对于高职院校举办的自主招生，考生只要通过校考即可被志愿学校录取，录取效力与高考录取相同，被录取的考生不用再参加当年高考。高职院校自主招生作为招生方式的一种，是指高等职业教育专科层次招生由高等学校依法自主进行入学测试，自主确定入学标准和自主实施招生录取。考生通过院校考核即可被录取，未通过考核的考生可继续参加当年高考。

2006年3月，经教育部批准，北京市教委和北京教育考试院发布《2006年北京市部分高等职业教育院校实行自主招生改革试点方案》，北京信息职业技术学院、北京汇佳职业学院和北京培黎职业学院作为当年试点院校，精选13个专业参与招生，计划招生630人。①

随后，北京市高职自主招生计划逐年增加。到2014年，高职自主招生院

①北京教育考试院. 2006年北京市部分高等职业教育院校实行自主招生改革试点方案[EB/OL].（2006–03–11）[2020–4–20]. https://news.zxxk.com/article/15900.html.

校增加到26所，高职自主招生计划7105人。[①]近年来，高职院校自主招生计划占专科总招生计划总体比例基本稳定，保持在16%～20%。北京市每年都会颁布《北京市高等职业教育自主招生实施办法》，2017年参加高职自主招生的院校有28所，招生计划12892人，报名条件是已参加北京市2017年高考报名的考生；2018年参加高职自主招生的院校有29所，招生计划13343人，报名条件是已参加北京市2018年高考报名的考生。[②]

随迁子女报考高职自主招生的政策在《北京市高等职业教育自主招生实施办法》中有所体现，参加北京市高考报名的考生（包括随迁子女），凡符合当年《进城务工人员随迁子女在京参加高等职业学校招生考试实施办法》规定条件的，通过资格审核就可顺利参加当年的高考报名。高考报名成功后，就可参加高职院校不同形式的招生考试，如自主招生或单考单招，以及夏季统一高考。

四、北京市政策实施进展与存在的问题

1.北京市异地升学考试政策实施进展

2014年是北京开放异地高考的第一年，在连续6年缴纳社保等准入条件限制下，当年共有409名随迁子女提出申请，经市教委、市公安局、市人力资源社会保障局和各区（县）街道、乡镇政府等相关部门的共同审核，符合条件的考生有121人，其中114人参加了高考报名。[③]纵观2014年至2017年的报名情况，在北京报名且符合申请条件的随迁子女考生数量非常少。2014年北京符合要求的随迁子女报名者仅为114人，2017年为243人。四年里，累计在北京报考高职院校的随迁子女人数仅为750人。[④]

①北京市教育委员会.北京教育委员会关于2014年北京市进行高等职业教育自主招生工作的通知[EB/OL].（2014-02-28）[2020-4-20]. http://jw.beijing.gov.cn/xxgk/zxxxgk/201602/t20160225_1444970.html.

②具体参见北京教育考试院（https://www.bjeea.cn）历年《北京市高等职业教育自主招生实施办法》。

③ 2014年北京异地高考实际报名114人[EB/OL].（2014-02-23）[2019-04-10]. http://china.caixin.com/2014-02-23/100641939.html.

④吴付平.异地高考五年：北京730人 广东3万人[EB/OL].（2017-11-03）[2019-04-15]. http://gaokao.eol.cn/zhengce/baokao/201711/t20171103_1564100.shtml.

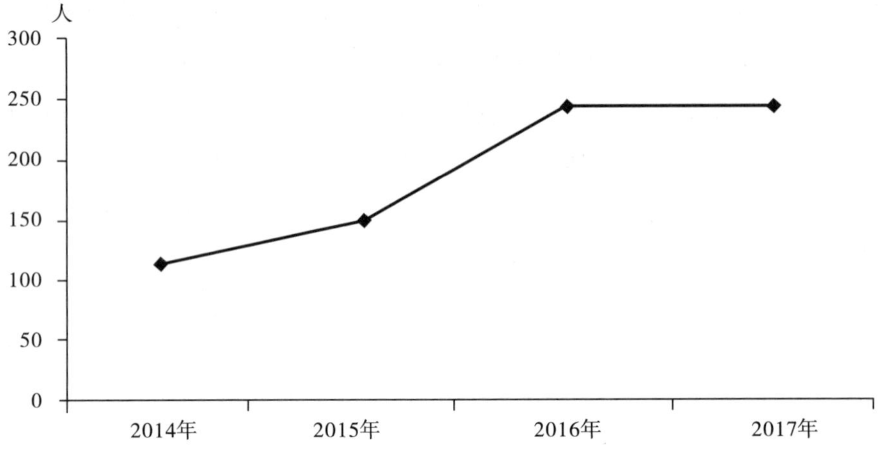

图4-2　2014～2017年北京市异地高考报名人数①

据人民网报道，2014年是北京实施异地高考的第一年，首批在京参加异地高考的非京籍考生为114名，由于北京部分高职院校实行了自主招生和注册入学，在考试录取时间提前，专业选择余地大的优势影响下，很多非京籍考生都选择提前参加当年3月高职院校组织的自主招生。2014年参与自主招生的高职院校共有26所，计划招生7105人。北京劳动保障职业学院通过自主招生和注册入学共录取了9名非京籍考生。该校招生就业处处长介绍，2014年该校提前录取的学生共有730余人，非京籍学生仅占很小一部分。在自主招生中，非京籍学生的考核与京籍学生完全一样，都要经过语文、数学、外语的笔试和面试。②

自2014年北京异地升学考试政策实施后，每年确实有随迁子女通过该政策升入高职院校就学，但能真正享受政策福利的随迁子女数量非常少，该政策的推进缓慢，没有解决大部分随迁子女的升学就学需求。

2. 北京市异地升学考试政策实施过程中的问题

（1）异地升学考试政策惠及的随迁子女数量非常有限

从市教委、市公安局、市人力资源社会保障局和各区（县）街道、乡镇政府等部门统计的相关情况来看，北京市异地升学考试政策推行难度较大，能真正享受此政策的随迁子女人数非常有限。首批在京参加异地高考的非京

①具体参见北京教育考试院（https://www.bjeea.cn）历年《北京市高等职业教育自主招生实施办法》。

②非京籍考生首次在京圆梦高考[EB/OL].（2014-06-17）[2019-04-15]. http://edu.people.com.cn/n/2014/0617/c1053-25158494.html.

籍考生为114名，仅占全市高考报名人数的千分之一点六。在京参加高考的随迁子女数量远远不及真正在京生活学习的随迁子女人数。

同样是外来人口大省的广东，异地高考从2016年起全面开放，当年报名参考的随迁子女有9570人，到了2017年则高达1.7万人。[①]相较于广东，北京市异地升学考试政策惠及的随迁子女数量非常有限。

（2）政策实施后随迁子女报考中职学校的门槛提高

在异地升学考试政策实施之前，北京市中等职业教育是面向非本地户籍学生招生的。2004年，北京市打破了以往只招收北京市本地学生的传统，以中等职业教育为突破口，北京市国家级和部分省部级重点中等职业学校面向东北、华北和西部地区招生，毕业生直接为北京市经济发展服务。在这样的政策背景下，北京市的随迁子女只要符合中职学校的入学要求，就可以直接报考，有的还可以登记入学，不需要经过北京市统一的中招考试。

然而在异地升学考试政策颁布后，北京市随迁子女报考中职院校的准入条件提高了，要求随迁子女父母有合法稳定的职业满3年，在京连续缴纳社会保险3年，且要求随迁子女在京连续就读初中3年学习年限。由于这“三个3”条件的限制，很多原本可以考中职的随迁子女在政策施行后反而无法报考了。

2013年北京有8.6万名考生参加中考，仅约3000名非京籍考生符合条件可以报考北京中职学校。全市2.43万非京籍初中毕业生中，有2万多学生选择了借考、借读或回户籍地。

在石景山区，2013年有700多名随迁子女初中毕业生，符合政策的只有50多人。北京中心城区的一所职业学校负责人透露，该区通过审核的学生不足70人，严重影响了学校招生。

某位校长说，中职学校最大的招生群体是随迁子女，真正北京户籍的生源非常少。学校以往每年有1/3的外地生源，2013年可招的这部分生源杯水车薪。[②]

①吴付平.异地高考五年：北京730人 广东3万人[EB/OL].（2017-11-03）[2019-04-15]. http://gaokao.eol.cn/zhengce/baokao/201711/t20171103_1564100.shtml.

②安苏.北京异地中考放开后 中职学校招生“发愁”[N/OL].北京青年报，2013-07-19[2018-09-15]. https://edu.qq.com/a/20130719/011469_all.htm.

北京市异地升学考试政策实施后，随迁子女报考中职学校的门槛反而升高了，导致大量学生因条件不足而无法报考，中职学校也因在流入地升学考试政策的实施而遭遇生源短缺的危机。

第三节　研究设计与研究过程

一、研究目的

第一，全面了解北京市高职院校行政领导、招生工作人员、专职辅导员、专业课教师等群体在面向随迁子女进行自主招生时的具体政策认知和政策参与行为。

第二，弄清高职院校在面向随迁子女招生政策通道开放后，北京市本地户籍学生对这一政策的态度。

第三，结合上述信息，深入认识面向随迁子女招生的政策对高职院校发展带来的具体影响以及高职院校在落实相关政策时的具体做法。

第四，厘清高职院校在自主招收随迁子女政策实施过程中存在的问题和困难，为高职院校更好更多地招收随迁子女提供基于实际调查研究的建议。

第五，发现和总结高职院校面向随迁子女开放后形成的一些政策实践经验，为探索如何进一步完善和优化北京市随迁子女异地升学考试政策提供一些启示。

二、研究实施

1.调研的维度和内容

调研的内容侧重从高职院校不同层面教育主体对北京市随迁子女异地升学考试政策的总体背景认知，高职院校自主招收随迁子女政策实践过程认知，以及对推进随迁子女异地升学考试政策的展望和建议等三个维度开展访谈和问卷调查，每一个维度根据教育行政管理者、专职辅导员和教师、本地户籍学生等三种不同的具体身份细化为具体的访谈问题或调查题目。（具体问卷、访谈提纲参阅附录）

2.调研的对象和方式

本次调研主要定位在北京市考试行政部门领导、高职院校主管招生的行政管理人员、学院招生工作人员、教师、本地户籍学生、随迁子女这六个对象群体。

调研学校：北京电子科技职业学院（简称“DK学校”）

北京培黎职业学院（简称“PL学校”）

子课题负责人：谢真子

子课题组成员：吴霓、杨庆文、王学男、杨颖东

表4-3　北京市高职院校调研情况

调研对象		调研数量	调研形式	调研时间	备　注
考试行政部门领导	市教育考试院处长	1人	提纲访谈	2018.3	访谈录音（约26000字）
高职院校行政管理人员	DK学校招生就业处处长	1人	提纲访谈	2017.5	访谈录音（约5000字）
	PL学校招生就业处处长、助理	2人	提纲访谈	2015.1	访谈录音（29079字）
教师	DK学校某学院招生就业处教师	2人	提纲访谈	2017.5	访谈录音（约6000字）
	其他教师	17人	问卷调查	2016.6 2017.9	
学生	本地户籍学生	146人	问卷调查	2016.6 2016.11 2017.9	
	DK学校随迁子女	5人	提纲访谈	2017.5	访谈录音（约9000字）
	随迁子女	5人	问卷调查	2016.4 2017.9	

3.调研情况

2015年1月，为初步了解案例院校基本情况，研究者与PL学校招生就业处工作人员进行了交流和沟通。研究者从项目研究产生的背景、项目实施的阶段和主要工作任务、项目预期实现的核心目标等几个方面向PL学校招生就业处的两位老师做了重点介绍。两位老师就北京市高职院校自主招生政策、学校自主招生中异地户籍录取的生源情况以及学校自主招生政策实施的现状和困难进行了详细的介绍。此次基本情况调研为后续相关研究奠定了良好的基础。

研究人员分别于2016年和2017年对PL学校和DK学校进行了问卷调查，共有146名本地学生、5名随迁子女、17名教师参与了网络问卷调查。2017年5月，研究人员重点对DK学校的行政领导和管理人员、辅导员、专业课教师、本校学生进行了结构性访谈，并有幸联系到了DK学校的随迁子女代表参加访谈。这些随迁子女回答了研究人员提出的个人经历、高职报考形式、对异地升学考试政策的看法、对目前就学的满意度、对未来发展的想法等有关问题。此次调研获得了有关随迁子女的重要信息。

三、案例学校基本信息及招生情况梳理

1.学校基本信息

（1）北京电子科技职业学院

北京电子科技职业学院是北京市教育主管部门直属的，为北京现代制造业、高新技术产业和现代服务业培养高素质技能型人才的高等职业院校。2010年被教育部、财政部批准为国家示范性高等职业院校。

学院建校于1958年，是国家首批独立设置的高职学院，位于北京经济技术开发区凉水河畔。学院坚持以服务为宗旨，以就业为导向的高职办学方针，秉承“求实、创新、厚德、重艺”的校训，以学生为主体，工学相融，校企合作，培养技能型人才，服务首都产业，取得了显著办学成果。建校以来已累计为社会培养高素质技术技能人才10万余名。

学院搭建了“政校企行”多元合作平台，牵头组建了北京现代制造业职业教育集团和多个不同形式、不同功能的校企合作联合体。学校与多个单位建立了定向、订单班培养，订单培养学生占在校生的比例已经达到44%。学

校引入IHK、IMI等多种国际化职业人才培养和技能认证体系，与国际知名企业合作，建有戴姆勒中国汽车学院、思科网络学院和航空工程技术学院等；与德国、英国合作组建了中德职业技能培训中心、英国汽车工业学会职业资格认证中心和电子信息技术考试中心等；引进国际资格认证项目，形成国际化人才培养标准和人才培养模式。

（2）北京培黎职业学院

北京培黎职业学院是经北京市人民政府批准，教育部备案，具有独立颁发国家承认学历的市属全日制民办普通高校，开展高等职业教育（专科）。学院的前身是创建于1983年5月的北京培黎职业大学，系我国改革开放中最早创立的民办大学之一。

近年来，国际竞争日趋激烈，我国社会经济结构大环境快速变化，高等职业教育尤其是民办高等职业教育的发展面临着环境与政策、招生与生源、资金与收入、升格与发展、质量与生存等现实困境。“推动内涵建设，提高教育质量”已成为新时期我国高等教育发展的核心诉求和着力点。学院领导迎难而上，因势利导，着力推进办学定位转型、专业建设转型。深化教育教学改革，涌现出会计（ERP软件实施与服务——金蝶定向培养）、金融与证券（商业银行定向班、金融理财管理、保险事务管理）、汽车技术与服务（定向培养）、市场营销、电子商务（移动电子商务）、工商管理（航空管理与服务）、工程造价、商务英语（学前双语教育方向、枫叶国际学校蒙特梭利定向培养班）等一批质量高、特色明显、备受学生和企业看好的特色和优势专业。

为了使学生享受到优质国际教育资源，面对经济发展的新常态和北京城市发展的战略布局调整，学院践行国际化的教育理念和全面发展的办学理念，确立了“以开放促改革，以改革促创新，以创新促发展”的办学思路。学院以为学生提供优质的就业为重点，提出在校学生就读期间要有一定时间去境外交流学习，积极开展与美国、新西兰、加拿大、英国、西班牙、日本等国外高等院校及教育机构的合作、交流。学院以中国和新西兰的合作办学项目为龙头，拓宽合作领域，深化合作内容，通过选派教学、管理骨干等方式，进一步提高教学和管理水平，为拓宽学生视野和促进学生全面发展奠定基础。学院走出了一条抢抓发展机遇，实现转型发展和特色发展的可持续办学之路。

根据经济和社会发展需要，学院优化和调整专业结构，加强内涵建设；围绕金融企业、汽车产业优化升级和幼儿教育对高素质技能型人才的需求，与多家企业开展订单式培养、顶岗实习等多种形式的合作。不少学生毕业后留在顶岗实习的单位工作，收入可观。学院的社会公认度明显得到提升。

学院在26个省、自治区、直辖市投放统招招生指标，按照各省、自治区、直辖市高校招生办公室规定统一录取学生。

2.学校招生情况梳理

（1）学校近五年的招生政策内容梳理与分析

北京市自2015年开始推出高端技术技能人才贯通培养试验改革项目，DK学校是第一批贯通培养试验改革项目招生的院校之一。2015～2018年共有约3000名初中毕业生选择了贯通培养项目进入DK学校学习。招生对象是当年具有中考升学资格的本市户籍学生。贯通培养方式主要包含2年基础教育阶段，3年高等职业教育阶段，2年本科教育阶段。2015年贯通培养的实施意味着DK学校在中职阶段不再单独招收中专学生，随迁子女也没有资格报考贯通培养。而在高考招生方面，DK学校主要通过自主招生、单考招生、统考招生的形式展开。

PL学院是2006年北京市高职院校进行自主招生试点的首批3所院校之一。多年来，该校以自主招生为契机不断深化招生改革，招生方式以高考统招和自主招生为主，占招生总数的94.45%，以单考单招和对口招生为补充，占招生总数的5.55%。以2014年为例，学院计划招生1360人，其中，自主招生计划300～500人，占整个计划的22%～37%。2014年学院招生专业为22个，其中普通高考招生专业22个，自主招生专业10个，单考单招招生专业5个，并成功组织实施了2个中高职衔接改革试点“3+2”的招生。

（2）异地升学考试政策颁布后学校招生政策中涉及随迁子女、异地升学考试政策的梳理与分析

北京正式实施异地升学考试政策后，每年都会出台《进城务工人员随迁子女在京参加高等职业学校招生考试实施办法》，其内容基本与2013年版的相同，每年的该文件都会成为高考报名的引用文件，即历年的《北京市普通高等学校招生工作规定》在报名一项中都会明确指出“具有北京市正式户

口，或符合《××××年进城务工人员随迁子女在京参加高等职业学校招生考试实施办法》（京招考委〔××××〕×号）规定条件的进城务工人员随迁子女”。在自主招生政策方面，北京教育考试院每年都会出台《北京高等职业教育自主招生实施办法》（简称《自主招生实施办法》），其中报名条件规定为已参加北京市××××年高考报名的考生。在北京教育考试院出台《自主招生实施办法》后，各高职院校也会出台各自的自主招生章程。由此看来，在北京市正式实施异地升学考试政策后，从市级的高考报名文件到高职院校自主招生文件，从上到下逐层执行随迁子女升学考试报考办法。

DK学校从2015年开始，在历年的自主招生简章中，在报名条件中明确指出："具有北京市正式户口，或符合《××××年进城务工人员随迁子女在京参加高等职业学校招生考试实施办法》（京招考委〔××××〕×号）规定条件的进城务工人员随迁子女。”DK学校2018年自主招生简章的描述中有了一些变化，报考条件指出“具有2018年北京高考资格的考生。具有北京市正式户口，或符合北京市高招政策审核通过的非京籍考生”，这里没有明确指出“随迁子女”，只是统称为“符合北京市高招政策审核通过的非京籍考生”。

PL学校自主招生简章中的报考条件为“已参加北京市高考报名的考生”，当然这里就包括符合当年《进城务工人员随迁子女在京参加高等职业学校招生考试实施办法》规定条件的进城务工人员随迁子女。

要特别指出的是，这两所学校在异地升学考试政策颁布后，虽然在招生文件中提示满足条件的随迁子女可报考，但招生工作依旧按照原路径展开，并没有针对异地升学考试政策开设新的招生路径或方式。

（3）异地升学考试政策颁布后的招生数量、结构与趋势的统计与分析

PL学校是北京市教委在2006年选择的第一批试点自主招生学校之一，作为最早开始自主招生的学校，PL学校积累了多年的招生经验。据学校领导介绍，PL学校早年自主招生的数量是十分充足的，但随着高职院校自主招生的大规模开放，从2015年开始，学校自主招生开始出现困难，招生不满，遭遇生源短缺危机。异地升学考试政策的颁布并没有给PL学校带来很大的影响，在2015年入校调查时，该校并没有随迁子女生源。

DK学校是一所办学资质较好的公办高职示范校，因此多年来一直生源良

好。在异地升学考试政策颁布后，该校也招收到了随迁子女生源，并参与了本研究的调研访谈，但随迁子女学生的数量是十分有限的。总的来说，政策的实施并未带来两所高职院校随迁子女招生数量的明显增加。

（4）学校招生困境和需求的分析

北京市高职院校如今面临着国家战略和首都发展规划带来的新问题。为缓解北京城市人口膨胀、城市交通拥挤、资源紧张、大气污染等突出问题，北京市政府采取疏解北京人口、调整职业教育发展、压缩非京籍招生计划等举措。在这样的大背景下，北京市高职院校尤其是民办院校遭遇严重的生源短缺危机。另外，人口出生率的变化引起高考生源数量持续下降，生源短缺危机正成为全国各类高等学校共同面临的问题。

应用型转向已成为整个高等教育面临的时代课题，高等教育的应用性正在逐步确立，地方本科院校加快推进应用型或技术本科教育建设，高职院校面临着新的外部竞争环境。

同时，民办和公办高职院校还存在着不公平的竞争环境。尽管国家相继出台了促进民办高等教育发展的政策，但民办高职院校依然会遭遇不公平待遇，民办高校在艰难地求生存和发展。

第四节　调研发现

一、政策知晓情况

1.北京高职院校学生对随迁子女异地升学考试政策知之甚少

在被调查的学生中，多数人不了解异地升学考试政策。在学生群体中，对于异地升学考试政策的直接利益相关者——随迁子女的调查结果也令人感到震惊：没有随迁子女很了解该政策，只有20%的随迁子女表示知道该政策但了解很少，各有40%的随迁子女表示“不知道有此政策”和“知道但并不了解”（见图4-3）。有38%的本地学生“完全不了解”该政策，另有38%的本地学生“不太了解”（见图4-4）。

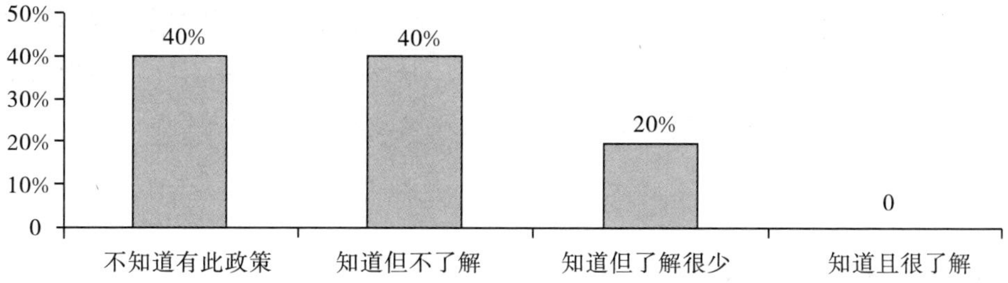

图4-3　随迁子女对异地升学考试政策的知晓情况

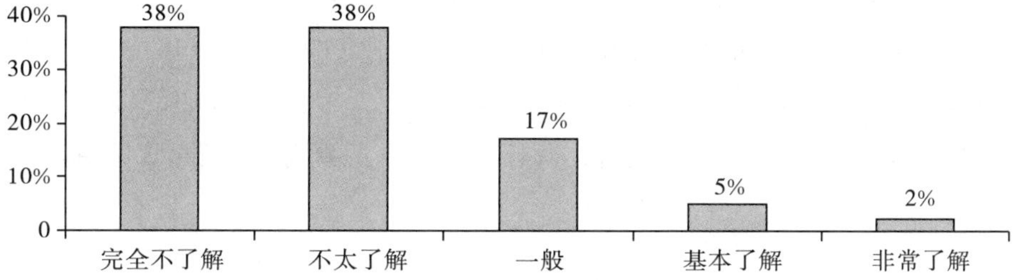

图4-4　本地学生对异地升学考试政策的知晓情况

2.北京高职院校教师对随迁子女异地升学考试政策不甚了解

作为高考政策信息传播者的教师，对于北京市异地升学考试政策的细节也是不甚了解。例如，教师在被问及北京异地升学考试政策是从哪年开始实施时，高达71%的教师表示“不了解”，仅有6%的教师知道异地升学考试政策开始实施的年份（2014年）（见图4-5）。

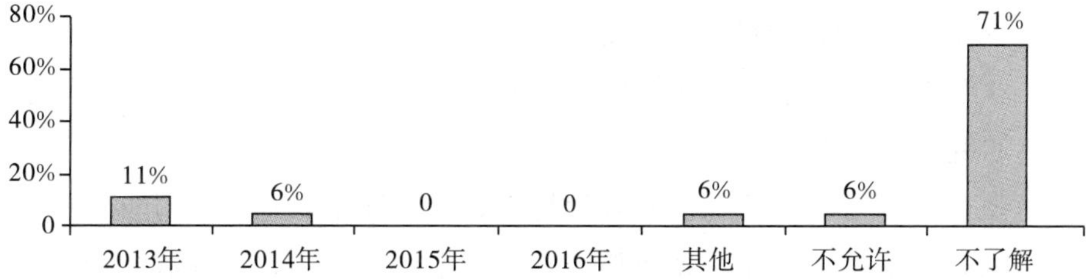

图4-5　教师对北京异地升学考试政策的知晓情况——异地高考开始实施的年份

在教师访谈中，多位教师表示，自己对随迁子女异地升学考试政策“并不是太清楚”，有的中职教师因为学生主动提出自己符合条件要报考才被迫了解该政策，有的因为本次调查才开始了解该政策。总的来说，教师对于随迁子女异地升学考试政策的知晓度很不乐观。而本研究的另一组数据显示，教师是随迁子女获取政策信息的主要来源之一，他们对政策的知晓度在很大程度上直接影响随迁子女对该政策的知晓度。

但在与学校领导或行政人员的沟通中，研究者能明显感觉到，他们对随迁子女异地升学考试政策是知晓并清楚的，那究竟是什么原因导致领导层面知晓政策而教师和学生不知晓呢？为什么政策没有下沉式传播呢？这是需要继续深入探讨的问题。

二、政策实施情况

1.开放异地高考对高职院校及相关群体影响不大

高职院校通过异地升学考试政策招收随迁子女的措施实施后，对高职院校发展及相关群体产生了一定影响，但影响不大。大部分高职院校教师认为允许随迁子女异地参加高考之后，对补充本校生源是有帮助的。（见图4–6）

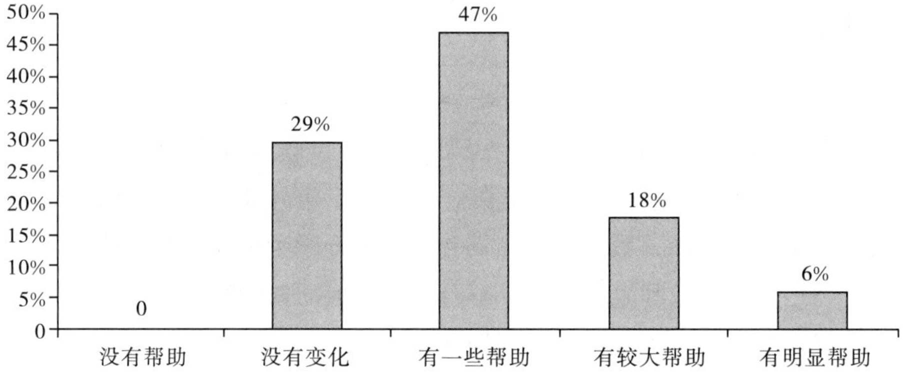

图4–6　异地升学考试政策对高职院校补充生源是否有帮助（教师观点）

2.自主招生是随迁子女进入高职院校的主要途径，普通高考是本地学生进入高职院校的主要途径

对随迁子女的调查发现，所有参与调查的随迁子女都是通过自主招生的方式进入高职院校的。在对高职院校本地学生的调查中，发现大部分本地学生（52%）是通过普通高考进入其目前所在的学校学习的，在其他入学方式中，通过高职院校自主招生入学的比例也较大（12%）（见图4–7）。

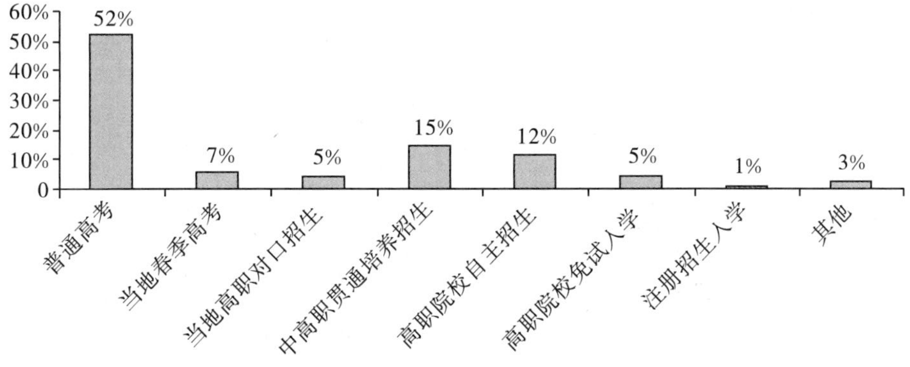

图4–7 本地学生进入高职院校的途径

通过对随迁子女访谈发现，大部分学生是通过自主招生进入现就读学校的。在访谈中，有学生提到自己的初中同学大部分因为不满足异地高考报名条件而不得已回到户籍地考试升学，或初中毕业直接参加工作。这些情况说明，北京异地升学考试的条件是十分严格的，并不能满足大部分随迁子女升学的需求。

三、政策传播途径及效果

学生了解异地升学考试政策的主要途径是高校自主招生宣传和网络宣传。

调研发现，在政策获知渠道方面，学生们（包括随迁子女和本地学生）了解异地升学考试政策的主要渠道是高校自主招生宣传和网络宣传。高校自主招生宣传是学生了解异地升学考试政策最主要的途径，占17%，其次13%的学生是通过网络途径获取政策信息的。另外值得注意的是，口头传播也是学生了解政策的一种主要形式，学生会通过高中（中职）老师、同学、朋友、家长的口头传播了解政策的相关信息。遗憾的是，有30%的学生对异地升学考试政策是完全不了解的。（见图4–8）

通过调研数据可知，较多学生通过高职院校自主招生宣传获取报考信息，因此高职院校应该把握住自主招生宣传的机会，争取让更多学生尤其是随迁子女了解异地升学考试政策，以此扩展随迁子女生源。

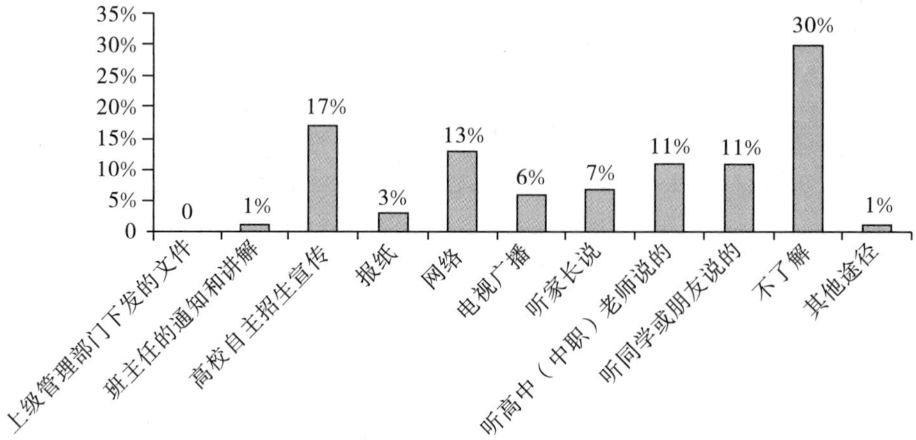

图4-8　学生了解异地升学考试政策的渠道

四、政策利益相关者对政策的态度和评价

1.大部分高职院校的本地学生对随迁子女异地升学考试政策持支持或中立态度

在被问及“对允许随迁子女报考本地高职院校持怎样的态度”时，北京市高职院校的本地学生中，48%持中立态度，认为“无所谓”或“说不清”，42%持支持的态度，即“比较支持”或“非常支持”，仅有10%持反对的态度（见图4-9）。在“允许随迁子女在北京报考高职院校是否体现教育公平”的问题中，29%的本地学生认为这并没有显示教育公平，31%的本地学生认为这体现了教育公平，其余学生对这一问题没有明确的态度（见图4-10）。

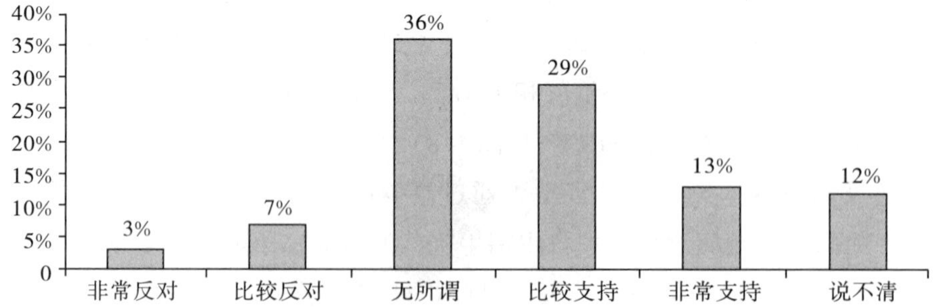

图4-9　本地学生对随迁子女异地升学考试政策的态度

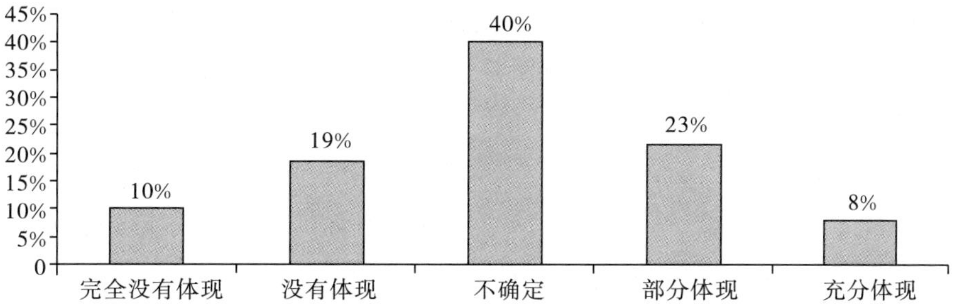

图4-10　本地学生对允许随迁子女在北京报考高职院校是否体现教育公平的看法

2.高职院校随迁子女认为异地高考对个人有较为积极的影响

对高职院校随迁子女的调查显示，他们认为北京的异地升学考试政策对其个人的发展是有影响的，其中80%的随迁子女认为这一政策的影响是有利的，20%的随迁子女认为影响并不大（见图4-11）。总的来说，已经在高职院校就读的随迁子女对这一政策是认可的，无论是政策对学生本人产生的影响，还是对就读院校和专业的影响，都是满意度比较高的。

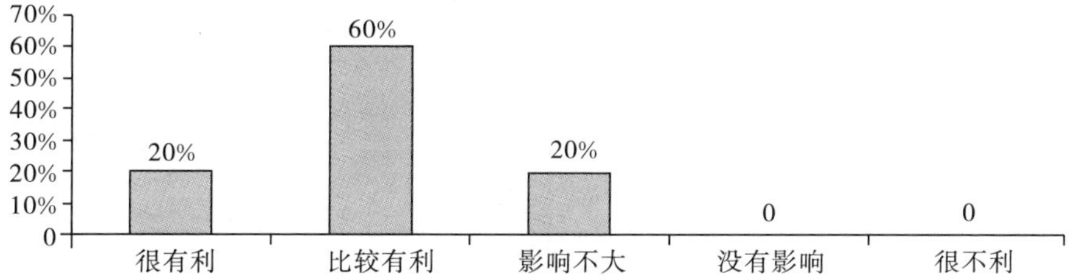

图4-11　随迁子女认为异地升学考试政策对个人的影响

本研究访谈的学生对象是通过异地升学考试录取进入北京高职院校就读的，在访谈中，他们难掩自己内心的庆幸，认为自己能够在北京读完初中后继续升学是幸运的，即便是只能读中职也满足，而对能够在北京继续读高职更是感到满意，尤其是就读于DK学校这样一所教学质量高、社会声誉好的高职院校。他们还多次提到自己初中或中职的同学，因主观或客观的原因回到户籍地参加考试继续升学，但继续教育情况并不理想。可见，通过北京异地升学考试政策进入高职院校继续学习的随迁子女，是这一政策真正的获益者。

3.高职院校随迁子女对现就读的高职院校和专业都比较满意

对随迁子女就读高职院校和专业的满意度调查显示，80%的随迁子女对目前就读的学校是比较满意的（见图4-12），60%对目前就读的专业是满意的（见图4–13）。在被问到“有没有想过要回原籍地考大学本科”和“如果再给你一次选择的机会，重新选择升学路径，你还会选择通过中专升大专吗”时，学生们的回答是非常一致的，他们表示不会回到原籍地考试，并且会选择中专升大专，选择职业教育。一方面是回到原籍地参加考试给学生带来很大的不便和不利，另一方面是学生已经对职业教育有了比较客观的认识，充分认可职业教育的价值，不再盲目排斥职业教育。

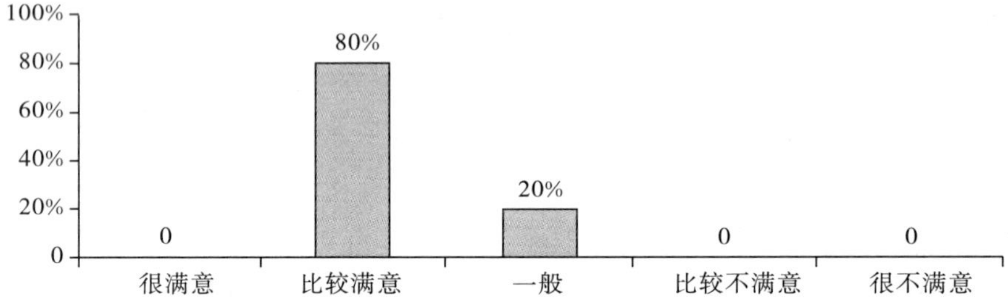

图4–12　随迁子女对现就读高职院校的满意度

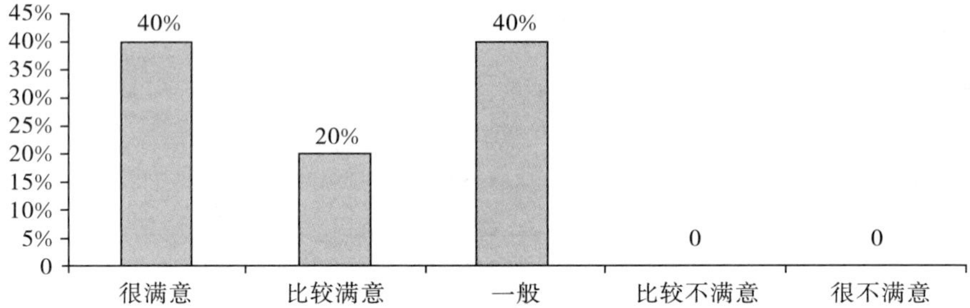

图4–13　随迁子女对现就读专业的满意度

4. 在随迁子女异地升学考试政策实施后，超半数的本地学生表示有心理压力

随迁子女异地升学考试政策实施后，虽然大部分本地学生持支持或中立的态度，但对于他们来说，还是产生了不小的竞争压力。调研显示，46%的学生感到“比较有压力”，10%的学生感到非常有压力，不过也有44%的本地学生表示无压力（见图4–14）。

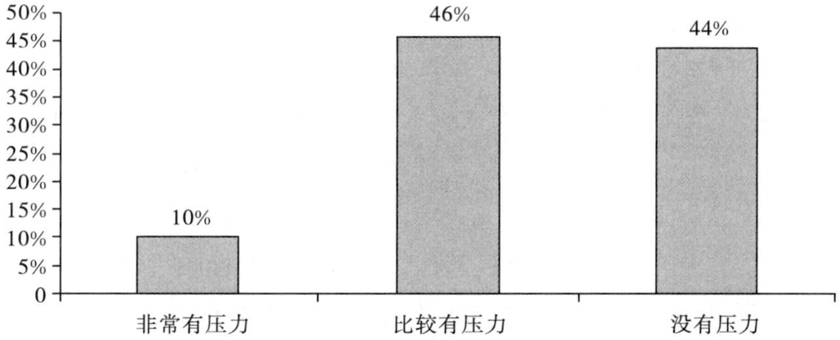

图4-14 本地学生在随迁子女异地升学考试政策实施后的心理变化情况

5. 开放异地升学考试政策后，本地学生最担心出现“高考移民”问题

异地升学考试的开放使本地学生感到有压力的主要原因是他们担心政策推行后可能会出现一些问题。例如，本地学生担心最多的是政策推行后会出现大量钻政策空子的“高考移民”（72%），担心本地高中（中职）学校会出现大班额现象从而影响教学质量（71%），担心随迁子女数量会因此而大量增加（67%），以及随迁子女会挤占本地学生的升学指标（60%）（见图4-15）。本地学生最不担心的是与随迁子女的相处问题，交往问题并不会成为本地学生排斥随迁子女的因素之一。

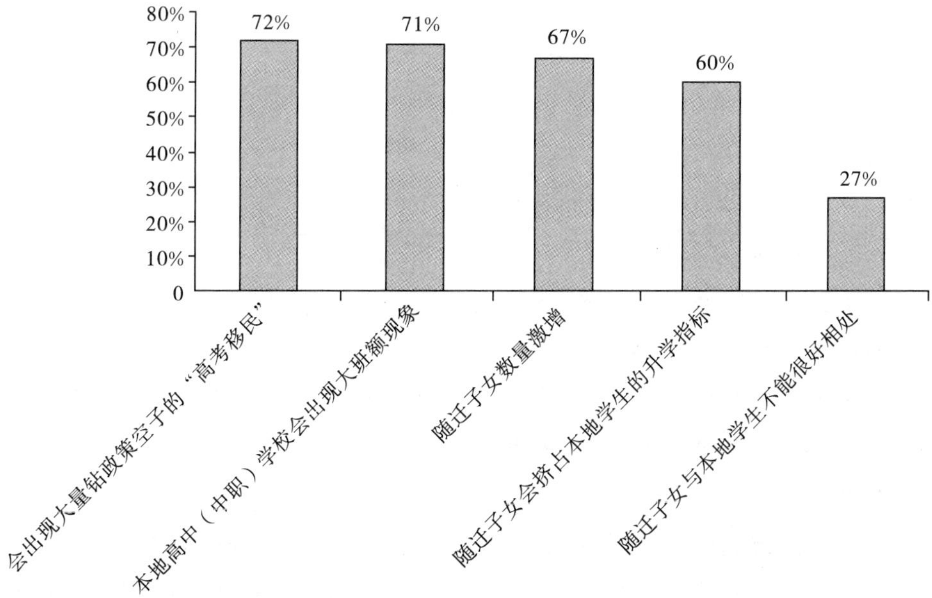

图4-15 异地升学考试政策推行后本地学生担心会出现的问题

五、随迁子女在校的综合表现和职业发展规划

1.高职院校教师认为随迁子女入校后学习很认真，学习成绩中等偏上

本研究希望通过对北京市高职院校教师进行问卷调查以了解随迁子女的在校表现情况，但事实是目前在北京市高职院校就读的随迁子女非常少，有47%的教师在学校工作中未接触过随迁子女，余下的接触过随迁子女的教师（53%）认为随迁子女的学习成绩是中等偏上的，随迁子女中不乏优秀的学生（见图4–16）。在对随迁子女学习态度的调查中，30%的教师认为随迁子女对待学习是认真的（见图4–17）。

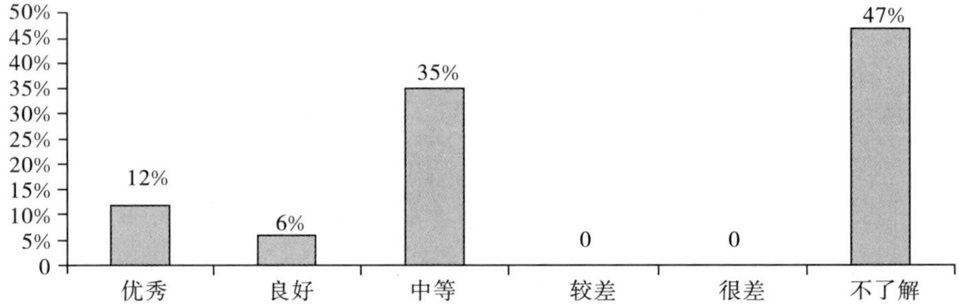

图4–16　教师认为随迁子女的学习成绩情况

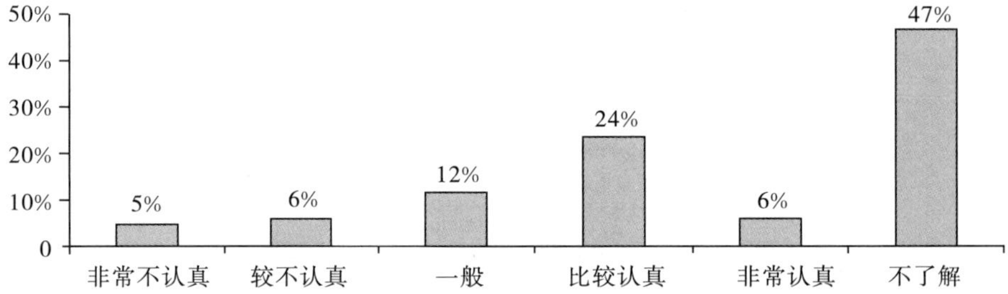

图4–17　教师认为随迁子女学习的认真程度

通过与高职院校行政人员和教师的访谈得知，他们认为随迁子女很刻苦、爱学习。在北京的随迁子女进入高职院校就读后，大都十分珍惜继续升学的机会，在校表现也是得到学校和教师认可的。

2.超半数的随迁子女对未来发展比较迷茫

对在北京市高职院校就读的随迁子女的职业发展规划的调查显示，60%的随迁子女对未来发展的感受是“说不清楚”，认为前途不太明朗，不知道该说是乐观还是不乐观（见图4–18）。这显示出超半数随迁子女在高职院校

就读阶段是比较迷茫的，认为未来具有不确定性，不清楚高职毕业后的发展前景，缺乏职业生涯发展规划。

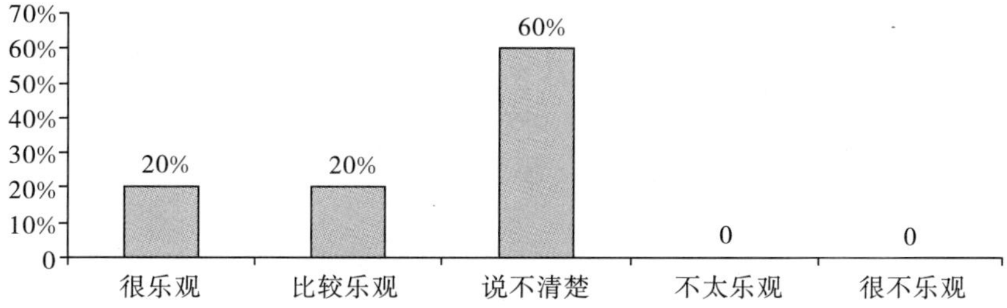

图4–18 随迁子女对未来发展的感受

3.多数在高职院校就读的随迁子女希望毕业后能升本科

60%的随迁子女打算在高职毕业后继续升学考取本科，40%选择就业，不再升学（见图4–19）。实际上，每年符合高考报名条件的随迁子女数量并不少，仅报考高职院校这一条件就使很多人放弃了异地高考，回到户籍所在地参加高考，目的就是想要考取本科学校。因此，留在北京参加异地高考的随迁子女就不多了，而这些随迁子女也是抱着“专升本”的希望留下来的，即先上高职再考本科是他们理想的升学路径。无论是回户籍地高考的随迁子女，还是留在北京参加异地高考的随迁子女，考取本科都是他们当中大多数人最终想要达到的目标。

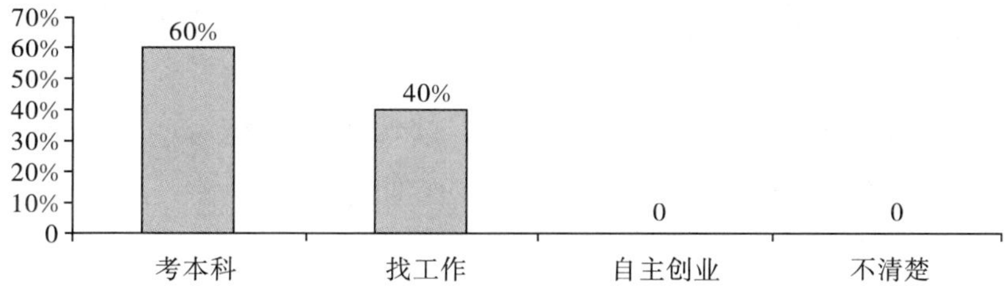

图4–19 随迁子女高职毕业后的打算

4.超半数随迁子女认为现有条件难以实现北京高职院校学生考本科

对于考本科这项选择，60%的随迁子女认为虽然考本科有通道，但还是比较难以实现的，而40%的随迁子女则认为考本科的通道较多且可以实现（见图4–20）。结合实际情况，由高职考取本科并不是没有通道，但确实有一定难度。

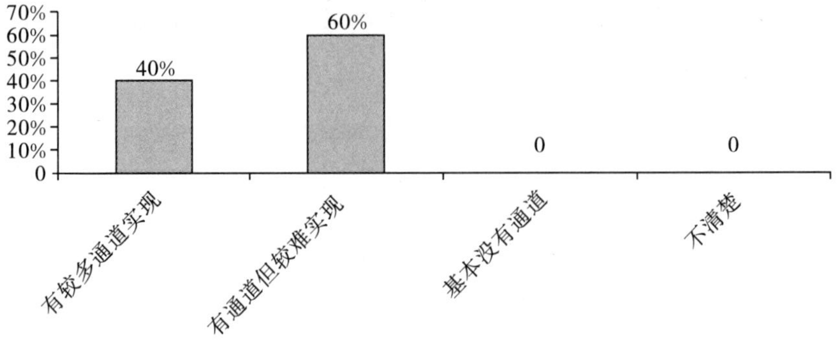

图4-20　随迁子女认为考取本科现有的条件

有趣的是，随迁子女普遍谈到是父母或家人非常期望他们可以继续读本科，似乎显示出一些被强迫的情绪，而他们却有自己的想法。这些学生经过在高职院校学习的几年，对高等职业教育有了更加客观和深入的认识，对职业教育的就业和发展方向都有了新的认识，本科学历对于他们的职业规划究竟有怎样的作用，就业还是升学，该如何选择，确实需要重新考量。

六、政策设想与需求建议

1.近七成随迁子女认为家长连续社保缴纳年限证明是最难达到的条件

在北京参加异地高考有严格的条件限制，在报名材料审核的过程中，究竟有多少随迁子女因材料不足而丧失高考报名资格，这个数量我们无从知晓。但本研究中的这些在北京高职院校就读的随迁子女都是经过层层资料审核才获取报名资格的，那么在他们看来，报名条件中究竟哪些是最难达到的呢？67%的随迁子女选择了“家长连续社保缴纳年限”，33%的学生选择了“本地居住证或暂住证”（见图4-21）。

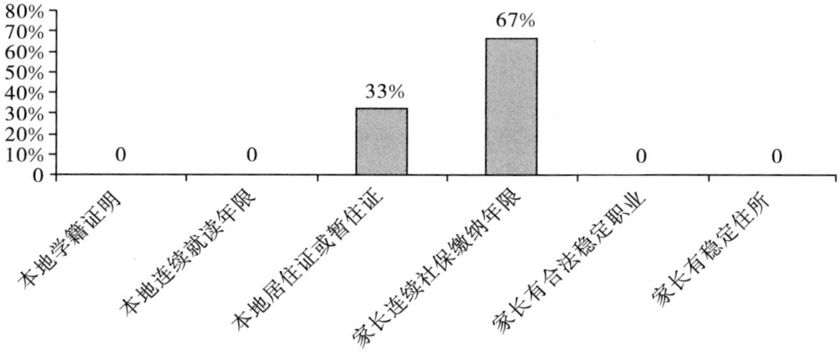

图4-21　随迁子女认为高考报名时最难达到的条件

2.随迁子女认为本地学籍证明、本地连续就读年限、本地居住证明是异地高考报名条件中较合理的

学生们认为报考条件中，较合理的是本地学籍证明、本地连续就读年限、本地居住证明，分别有7%和6%的随迁子女认为家长连续社保缴纳年限和家长有合法稳定职业是合理的报考条件（见图4-22）。

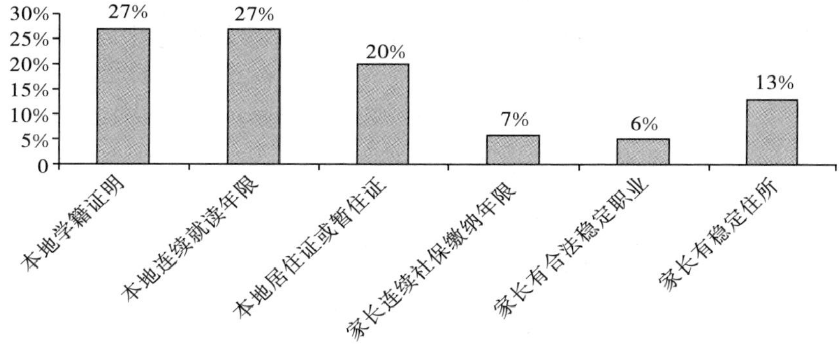

图4-22　随迁子女认为合理的报考条件

3.约三成随迁子女认为异地高考报名条件中最不合理的一项是家长连续社保缴纳年限

家长连续社保缴纳年限是随迁子女认为最不合理的条件，有34%的参与调查的随迁子女选择了这一项条件（见图4-23）。同时，问卷调查结果在访谈调查中也得到了印证，被访谈的随迁子女提到，高考报考时印象最深刻的条件就是学生家长的社保缴纳年限，很多同学未能如愿继续升学，就是因为家长的社保缴纳情况不符合条件。

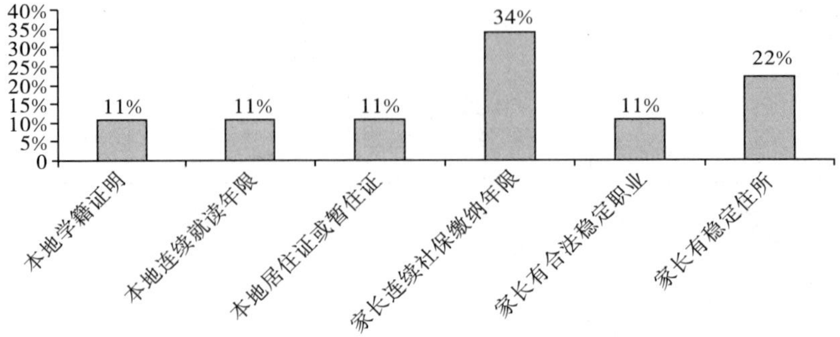

图4-23　随迁子女认为不合理的报考条件

4.随迁子女认为高职院校招生宣传是最方便了解政策的渠道

在政策信息获得渠道方面，25%的随迁子女认为高职院校招生宣传是最方便的获取信息的方式，除此之外，高中（中职）就读学校管理部门下发的文件、班主任的通知和讲解、听别人（家长、同学等）说的、网络等，都是随迁子女获取政策信息的途径（见图4-24）。这一结果应该引起相关人员的重视，无论是高职院校负责招生的教师，还是高中阶段的学校管理人员和教师，都应当积极主动地传播政策信息，帮助更多有需要的随迁子女。

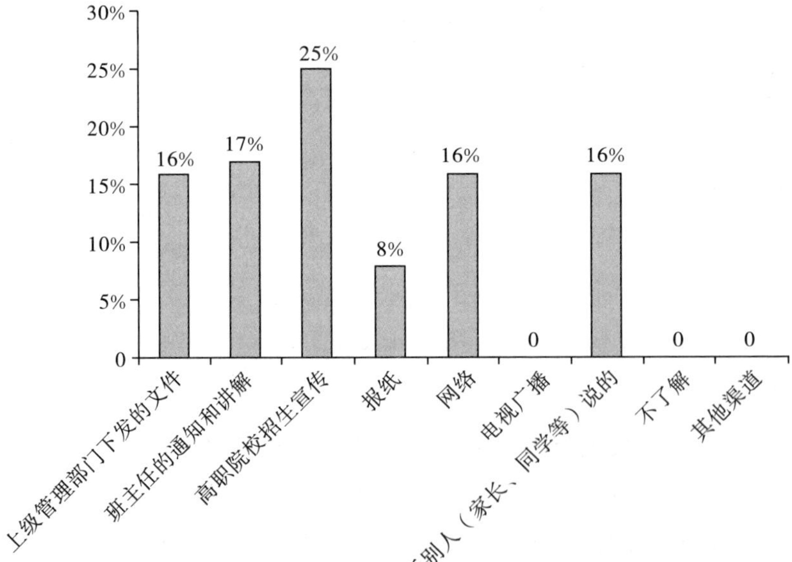

图4-24　随迁子女了解政策的渠道（数据有缺失）

5.超半数随迁子女希望高职院校在自主招生方式上做出调整

在政策建议的调研中，随迁子女希望今后高职院校在自主招生、免试入学和春季高考（单招）等方面能做出调整，其中60%的随迁子女希望高职院校在自主招生中做出调整（见图4-25）。具体做出怎样的调整，还有待进一步的深入调研。

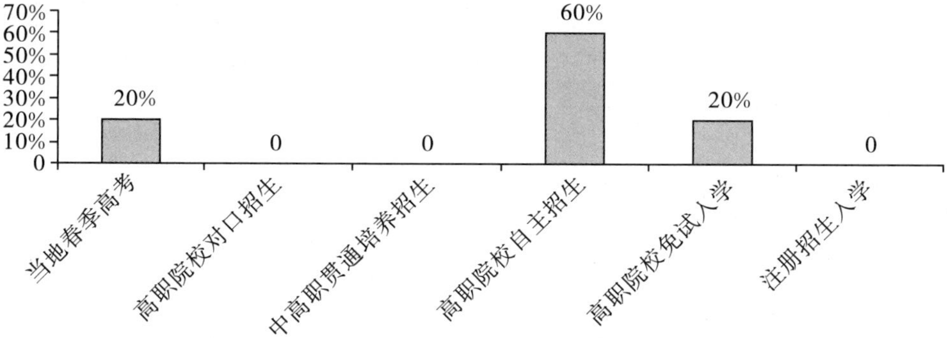

图4-25　随迁子女认为可以做出调整的高职院校招生方式

6.超半数高职院校教师认为高职院校自主招生的方式能更有效地招收随迁子女

在对教师进行“何种招生方式能更有效招收随迁子女”的调查中，结果显示超过半数（53%）的教师认为高职院校自主招生是较有效招收随迁子女的方式，此外普通高考、当地春季高考、中高职贯通培养招生、高职院校免试入学等方式也都能够有效招收随迁子女，可以说教师们认为可以开拓多种招收随迁子女的方式（见图4-26）。

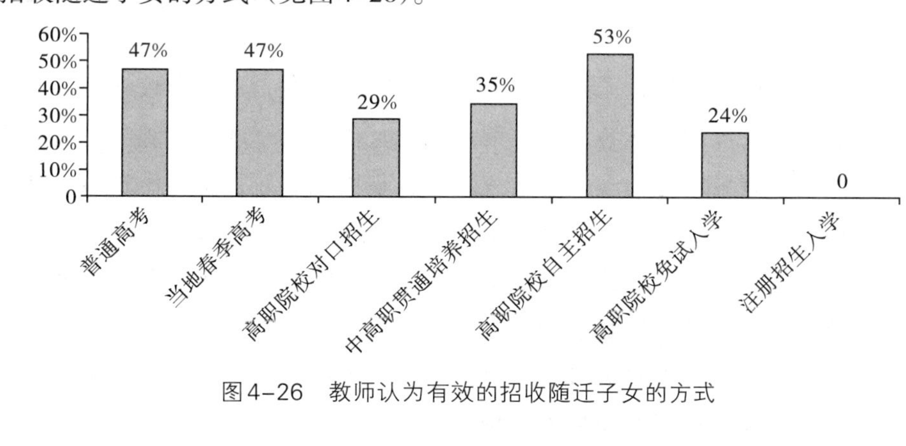

图4-26　教师认为有效的招收随迁子女的方式

7. 高职院校教师建议应当进一步完善当地招生政策，在学校自主招生过程中加强对随迁子女有针对性的宣讲

在随迁子女异地升学考试政策完善层面，53%的教师认为北京市针对随迁子女的招生政策需要调整和完善，同时招生过程中针对随迁子女的宣讲也是需要进一步加强的（见图4-27）。这一结果和前文的调查结果是相对应的，不论是随迁子女，还是本地学生或教师，对随迁子女异地升学考试政策都是知之甚少的，依此也可证明政策的宣传推广是不够的，政策宣传覆盖面是不足的，亟需加大宣讲力度，扩大宣传范围。

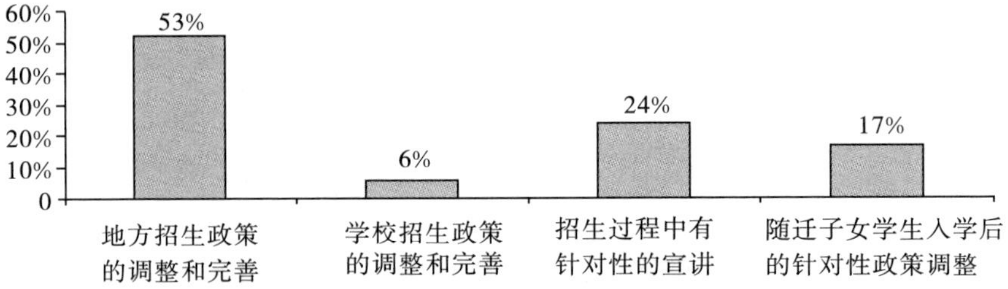

图4-27　教师认为政策需要完善的方面

第五节　分析与讨论

一、政策执行过程中的问题与需求

1. 相关群体对北京市随迁子女异地升学考试政策知晓度不高，知晓途径有限

从调研中可以发现，无论是本地学生、随迁子女，还是学校教师，对于北京市随迁子女异地升学考试的政策都知之甚少，对于政策的细节更是不清楚。他们获取政策信息的途径也是有限的，集中在高校自主招生宣传、网络传播和口头传播。高校自主招生的宣传工作目前还不完善，宣传范围有限，而网络传播和口口相传的信息的准确性得不到保障。随迁子女及家长掌握异地升学考试政策的及时性和准确性会直接影响他们的判断和决策。因为家长和随迁子女对北京异地升学考试政策不了解，所以多数随迁子女选择回原籍地参加高考，这不仅耗费大量人力物力，而且不同的教材和高考命题方案也

给考生回原籍地参加考试带来较大的不便。

2.异地升学考试准入条件过于严格，随迁子女教育需求无法满足

目前北京市的异地升学考试政策使得大量随迁子女面临着进退两难的困境，选择一是在流入地考试，选择二是回到原籍地考试，但这两条路都是困难重重的。首先，在北京市高职院校自主招生和随迁子女报考高职院校的过程中，首要的问题就是准入条件过于严格，存在“想来的来不了”现象，这里“想来的”指的是想要报考高职院校的随迁子女，“来不了”则是说报考高职院校的过程困难重重。北京的随迁子女异地升学考试政策是非常严格的，不仅限制了报考的学校类型，还规定了较为严格的准入条件。随迁子女在北京参加高考学生必须满足学籍和家长必须满足居住证明、稳定住所、稳定职业、连续缴纳社会保险等条件。从2014年政策实施以来的报考情况看，每年符合报考条件的学生数量非常有限。在对学生的调查中，他们普遍认为家长连续缴纳社保年限这一项条件是最难达到的，也是最希望政策调整的。其次，随迁子女升学的第二个选择是回原籍地参加考试，但这不仅存在学籍等诸多条件的限制，还会遇到教材衔接困难、学习和生活不适应、无家人照顾等一系列难题。在调查中研究者了解到回原籍地的随迁子女的一些实际情况。回原籍地考试的学生还是希望能够考回北京的高校来，但因受教育情况和两地考试结构不同等原因，回原籍地的学生很难考回北京，此外在北京高职院校招生规模缩减的情况下，想要考北京高职院校也是难度非常大的。有的学生因回原籍地后面临各方面的困难，考试成绩很不理想，成绩好一点的能在原籍地或其他地方上大学，成绩差的最终连大学都考不上。

北京市目前实施的异地升学考试政策满足了一小部分随迁子女的需求，但还远远无法满足大部分随迁子女的需求。

3.高职院校生存发展遭遇困境

接受访谈的高职院校行政人员和教师多次反映高职院校生存发展的困境，表现为“能来的不想来”。“能来的”指有条件报考高职院校的本地学生，“不想来”说明很多本地学生不愿意报考高职院校，这反映了高职院校招生和生存的发展危机。社会对职业教育的误解导致学生不愿报考高职院校，近年来在北京市疏解非首都核心功能的大形势下，职业教育整体发展受限，本科院校扩招与中职规模缩减，自主招生的形式下民办学校与公办学校

存在着不公平的竞争环境等，都威胁着高职院校的生存和发展。

（1）社会对职业教育的认知仍存在误解

首先，高等职业教育面临的首要困境就是社会对职业教育的误解，即职业教育的作用和价值未被社会广泛认可。长期以来，人们的传统观念认为成绩不好的学生才会接受职业教育，成绩好的学生应该考大学本科。在现实中也是如此，凡是有条件上本科院校的学生基本不会报考高职院校，而报考高职院校的学生似乎都是被迫选择的。我国长期将高职教育定位于专科层次，强化了社会对职业教育人才培养的认识误区，职业教育总是被认为是一种低水平的、低成本的、低层次的教育。多种因素的影响下，高职教育的社会地位较低，社会、家庭和学生误认为高职教育的地位低于普通高等教育，致使高等职业教育的吸引力缺乏，生源质量难以保证。在访谈中，PL学校招生办主任也谈到了这个问题："学生的家长，对民办学校肯定还是有偏见的。能上本科的学生不会上专科，就算是上专科，有公办的学校绝对不上民办的学校。"

（2）北京市相关政策对职业教育的发展有限制

北京市人口出生率的变化，导致近年来高考报考生源数量持续下降，进而导致高等院校尤其是高职院校的生源短缺危机严重。同时，本科院校也在加快推进应用型或技术型教育建设的工作，不断扩招，很大程度上吸纳了高职院校的生源，高职院校生存空间正在被逐步压缩。

依据《北京统计年鉴》相关数据整理而成的2013~2017年北京市中职学校和高职院校在校生人数变化情况如表4–4所示。因北京市出台相关控制政策，北京市中职学校在校生人数逐年递减，由2013年20.9万人减少至2017年的9.2万人，五年间下降了56.0%。相应的，北京市高职院校的在校生人数也不断减少，由2013年10.7万人减少至2017年的7.8万人，五年间下降了27.1%。

表4-4　2013~2017年北京市职业教育在校生人数变化情况①

单位：万人

	2013年	2014年	2015年	2016年	2017年
中职学校在校生人数	20.9	16.7	13.4	12.1	9.2
高职学校在校生人数	10.7	10.5	9.8	8.7	7.8
合计	31.6	27.2	23.2	20.8	17.0

《北京市人民政府关于加快发展现代职业教育的实施意见》提出要优化发展多层次职业教育，到2020年，中职教育在校生规模6万人左右，专科层次高职教育在校生规模10万人左右，高职与本科衔接职业教育在校生规模1万人左右。结合疏解北京非首都功能要求，逐步压缩中等职业教育规模，全市中等职业院校调整到60所左右，稳定专科层次高等职业教育规模，积极发展本科层次职业教育，稳步扩大以职业需求为导向，以实践能力培养为重点，以产学结合为途径的专业学位研究生教育。②中职院校的控制和缩减，在很大程度上削减了高职院校的生源。从访谈中得知，PL学校对口招生的一所中职院校就面临着被疏解的情况，对口中职的疏解极大影响了该校的生源。

（3）自主招生的不公平竞争

在自主招生环节，公办和民办高职院校存在着不公平的竞争环境。在自主招生报考过程中，学生可以选择三所学校，通常学生都会优先选择公办高职院校，最后一个选择才是民办高职院校。录取结果会依次从第一选择开始通知，如此一来，如果学生被前两所公办学校录取了，就不会再考虑民办学校了。在这样的报考和录取机制下，民办高职院校处于极其不利的竞争地位。另外在访谈中，PL学校的招生办主任还提到："每年北京的20多所学校自主招生录取之前，有一个咨询会的活动，解答学生的问题。以前不管是公办学校还是民办学校，都是一块参与招生咨询会的。从2015年开始就只允许公办学校参加，不让民办学校参加了。"这种将民办学校排斥在外的做法是极其不公平的，亟待有关部门进行工作的调整。

①数据来源于历年北京统计年鉴。

②北京市人民政府关于加快发展现代职业教育的实施意见[J]. 北京市人民政府公报，2015（47）：6-16.

二、政策的地方经验与成效

1. 满足符合条件的随迁子女的升学需求，已上高职的随迁子女满意度较高

对于符合北京市异地升学考试政策报考条件的随迁子女，政策满足了他们继续求学的需求，解决了返回户籍地造成求学上的不便和不利问题。对在高职院校就读的随迁子女的调查显示，他们认为异地升学考试政策对其个人的发展是有影响的，大多数随迁子女认为这一政策的影响是有利的。80%的随迁子女对目前就读的高职学校是满意的，60%对目前就读的高职专业是满意的。已经在高职院校就读的随迁子女对这一政策是认可的，对政策对于学生本人、就读院校和专业的影响，都是满意度比较高的。接受访谈的随迁子女表示即便再给一次机会，他们也不会回到原籍地去考试，还是会选择在北京中专升大专，选择高职教育。

2. 自主招生是随迁子女升入高职院校的主要途径

在对高职院校学生的调查中发现，通过高职院校自主招生入学的学生比例是较大的，尤其是参与调研的随迁子女，他们全都是通过自主招生的方式进入高职院校的。新闻报道中也有印证，据《北京青年报》报道，2014年是北京开放异地高考第一年，不少异地考生却放弃了高考“大战场”，选择了提前招生，其中京西某区县的异地考生就全部选择了提前自主招生。①

三、影响政策成效的因素分析

1. 国家战略和北京市疏解非首都功能规划的制约

2015年印发的《京津冀协同发展规划纲要》（以下简称《纲要》）明确了北京作为“全国政治中心、文化中心、国际交往中心和科技创新中心”的城市发展战略定位，要求北京有序疏解非首都功能，优化提升首都核心功能，解决“大城市病”问题。为了将2020年北京市常住人口控制在2300万人以内，缓解“大城市病”问题，《纲要》明确将一部分教育服务功能作为非首都核心功能，列入疏解对象。2017年年初，北京市人民政府颁布了《北京

①林艳，闫洋洋，匡辰. 北京“异地高考”第一年[N/OL]. 北京青年报，2014-06-07[2018-09-15]. http: //edu. sina.com.cn/gaokao/2014-06-07/0721422097.shtml.

市人民政府关于组织开展“疏解整治促提升”专项行动（2017—2020年）的实施意见》。2017年，北京市公布了城市总体规划，计划在2020年后将人口长期控制在2300万以内。由此看来，以疏解非首都功能为北京城市规划建设的重要举措正在开展，并成为首都发展的前提与战略任务。

疏解非首都功能是北京市目前刻不容缓的任务，在此背景下随迁子女在京异地升学考试政策的调整和完善，必须要服从国家大局，这也是北京这样的超大城市确定严格的异地高考准入条件的难点所在，因此还需要进一步的政策实践探索。

2.北京市职业教育发展规划限制高职院校的发展

当前，北京市正处在有序疏解非首都功能，加快治理“大城市病”的重要时期，必须全力做好人口疏解及职业教育发展转型工作。北京市已经制定了一系列有关职业教育疏解人口的“控”与“疏”措施。在“控”的方面，《北京市新增产业的禁止和限制目录（2015年版）》明确提出，不再新设立中等职业学校，不再扩大中等职业学校教育办学规模，中等职业学校不再新增占地面积；不再扩大普通高等学校成人教育、网络教育、自考助学的面授教育规模，不再新增招收京外生源的成人教育机构和办学功能。[①]在“疏”的方面，2015年出台的《北京市人民政府关于加快发展现代职业教育的实施意见》提出，引导东城区、西城区中等职业学校向郊区疏解，支持其他有条件的职业院校通过搬迁、办分校、联合办学等方式向外疏解；到2020年中职教育在校生规模6万人左右，专科层次高职教育在校生规模10万人左右，高职与本科衔接职业教育在校生规模1万人左右。[②]2016年初，北京市专门成立了教育和培训机构功能疏解工作小组，具体负责推进职业教育疏解工作。

随迁子女可在北京升学只能报考中职学校、高职院校，但目前北京市职业教育面临着缩减的任务，中高职学校都在被压缩，这给异地升学考试政策在北京的实施带来了额外的阻力。

①北京市人民政府办公厅关于印发市发展改革委等部门制定的《北京市新增产业的禁止和限制目录（2015年版）》的通知[EB/OL].（2015-08-24）[2019-12-15]. http://www.beijing.gov.cn/zhengce/zhengcefagui/201905/t20190522_58709.html.

②北京市人民政府关于加快发展现代职业教育的实施意见[J].北京市人民政府公报，2015（47）：6-16.

3.异地升学考试政策准入条件设置的合理性

在地方出台的异地升学考试政策中，北京的方案属于准入条件较为严格的方案之一，不仅限制了报考的学校类型，还规定了较为严格的准入条件。随迁子女在北京参加高考学生必须满足学籍和家长必须满足居住证明、稳定住所、稳定职业、连续缴纳社会保险等条件。就目前北京异地升学考试政策的实施状况来看，仅有少数随迁子女家庭符合所有准入条件，其中家长连续缴纳社会保险的年限要求最难实现。准入条件的设置，直接影响了异地升学考试政策可以惠及的群体范围，很多随迁子女家长尤其是进城务工人员，缴纳社保的条件很难满足。

第六节　政策建议

一、政策层面

1.拓宽政策信息传播渠道，加大政策宣传力度

当前，相关利益群体对北京市随迁子女异地升学考试政策知晓度不高，知晓途径有限，多局限于高校自主招生宣传、网络传播和口头传播，政策的宣传渠道不畅和宣传力度不够在一定程度上影响了政策实施的成效。

随迁子女在流入地参加升学考试是国家和地方政府以及教育行政部门高度重视的问题，为了进一步增强利益相关者对政策的理解和把握，及时做出规划和选择，各级政府及教育行政管理部门应加强宣传力度。北京市政府相关部门以及社会各界在进行宣传工作时需要继续利用大众传媒的优势，如电视、广播、报刊、网络等，并且侧重政策要点的宣传和解读，有效提高政策的准确知晓度。在校学生获得政策消息的途径较为单一，对他人口头传播的依赖性较强，因此应重点针对传播者进行宣传，如学校教师、家长等。学校需要广泛发动相关人员加强政策宣传，多渠道、多方位让学生知晓政策。

在具体宣传措施上，北京可借鉴其他城市或地区的好的做法或经验，如重庆市设立了“农民工日”和“阳光重庆”直播节目，先后组织了以“同一片蓝天下”“关心关爱、共同成长”等为主题的大型宣传咨询活动，发放宣传手册，接待群众咨询，帮助随迁子女解决在就学方面存在的困难和问题。关爱随迁子女的良好氛围，需要在政府的引导下由全社会共同来创造。

教育系统内各部门间也要形成共识，积极解决随迁子女教育问题，努力创造条件，加大政策的宣传力度。如在访谈中，有负责招生的老师提到“招生简章的制作要上报，包括我们印制的资料、招生简章等，都必须上报民办教育处，民办教育处通过以后才允许印刷”，那么民办教育处就可以充分利用这项职能，要求各高职院校在印制招生简章时增加允许符合条件的随迁子女报考的条目，以此方式扩大政策的宣传途径。

2.科学预测随迁子女数量，落实地方高职院校的可接收学生数，制定合理准入条件

当前北京市的随迁子女异地升学考试政策是非常严格的，只允许随迁子女报考高职院校，并且设置了比较严格的准入条件。从2014年政策实施以来的报考数据看，每年符合报考条件的学生数量极为有限。不可否认，作为一个超大城市，大量随迁子女的流入给北京市政府和教育部门带来了巨大的压力，但北京市不同教育阶段、不同类型教育形式对随迁子女的接收能力到底有多大？目前看来还不是很明确，在访谈中相关学校就存在着“吃不饱”的现象：教育资源足够接纳更多随迁子女，然而却因升学通道不畅无法招收到随迁子女。因此，这就要求北京市政府部门在城市发展总体规划、人口控制目标的基础上，充分考虑现有教育资源的布局及承载能力，对异地升学考试政策实施后可能出现的学生数量变化进行科学评估和预测，从政策设计的初衷出发来规范引导更多的随迁子女在流入地接受更高质量的教育。

北京市异地升学考试政策的准入条件过高、过严在一定程度上影响了政策的实施，调整准入条件设置的合理性是未来北京市异地升学考试政策改进和完善的主要方向。在准入条件的设置中，应当以随迁子女学籍和就读年限作为关键的准入条件，家长缴纳社会保险年限这一条件应适当予以放宽。在有条件的情况下，北京市教育行政部门应当深度调研符合不同准入条件的随迁子女的数量，如符合家长缴纳6年社会保险的随迁子女有多少人，符合家长缴纳4年或5年社会保险的随迁子女又有多少人，并结合当年高职院校的学生接纳能力，制定更加科学合理的准入条件。

二、学校层面

在国家和城市战略的大背景下，高职院校应当寻求符合自身发展的合理

路径。通过此次调研发现，北京市的高职院校目前面临着生存与发展的困境，高职院校作为随迁子女唯一可报考的学校类型，其发展状况直接影响着随迁子女异地升学考试政策的制定与实施。在北京市疏解非首都功能的背景下，职业教育整体发展受限。在学校发展方面，本科院校的扩招，自主招生过程中公办院校与民办院校之间的不平等竞争，中职教育规模的缩减，这些严峻的现状迫切要求高职院校寻求符合自身发展的合理路径，提高自身办学质量，抓住自主招生的主动权，满足更多随迁子女报考的需求。

1.发展符合首都定位的“高精尖”专业，培养符合发展需要的高技能人才

表面上看，人口疏解政策的实施似乎给北京市职业教育发展带来了诸多负面影响，集中表现在生源减少。但实际上，人口疏解政策的实施为北京市职业教育转型发展带来了前所未有的机遇。在疏解非首都功能的背景下，高职院校要提高自身价值，发展符合城市发展定位的专业方向。“十三五”期间，北京市依靠创新驱动构建“高精尖”经济结构。创新驱动的核心是人才，北京市要推动职业教育转型发展，构建符合首都特点的现代职业教育体系。高职院校也应当及时顺应北京市发展的需求，加快学校开设专业的转型，适应产业的变化，立足人力资源市场需求，不断调整专业设置，适应北京市“高精尖”经济建设需求的功能定位。

2.打通职业教育从下至上的贯通培养通道，满足学生学历提升的需求

《北京市人民政府关于加快发展现代职业教育的实施意见》提出，要拓宽职业人才发展通道。高职院校应当积极开展中职、高职与本科教育贯通培养、联合培养，打通中职、高职教育与应用技术型本科教育的培养渠道。

高职院校作为职业教育发展的中间环节，应当起到承上启下的作用。向下来说，高职院校应当向下打通学生来源的通道，建立与中职院校的固定合作关系，包括签约贯通培养和招生报名宣传等方式，从中职阶段起提前培养生源。尤其是可以针对随迁子女生源进行异地升学考试报名宣讲，让他们在初中毕业时就明确将来留京升学的意向，并积极帮助随迁子女做好异地高考的准备工作。向上来说，打通向上的优质贯通培养通道，为学生未来发展提供可能。一方面基于北京市人力资源市场高职以下学历人员供应充足、本科以上学历人员需求逐步增加的现实，另一方面基于学生对高层次学历的强烈

需求，高职院校应打通专科升本科的培养通道，甚至将硕士研究生层次的培养也纳入计划中。例如，本研究的案例学校PL学校建立了专升本、专升硕的留学项目，与英国、日本、西班牙合作办学，DK学校也建立了与多个国家之间的合作，在高职期间开设相应的语言课程，学生毕业后可以直接到合作国家留学，获得学士、硕士学位。张帅等通过研究也提出建议，北京市应大幅度压缩中职教育和高职教育（专科层次）发展规模，扩大本科及硕士以上层次职业教育。①

3.把握自主招生的主动权，紧抓潜在生源，针对随迁子女制订宣讲计划

据报道，2014年是北京异地高考第一年，不少随迁子女考生都选择了高职院校自主招生的途径，京西某区县的异地考生全部都选择了提前招生。②同时，本研究的问卷调查结果也显示，通过高职院校自主招生宣传获取信息的学生比例是相对较高的，占到了17%，而且参加本研究问卷调查的所有随迁子女都是通过自主招生途径进入高职院校的。可见高职院校的这种形式的宣传效果是十分明显的，高职院校应当把握住自主招生宣传的机会，开展针对随迁子女的宣讲计划，让更多随迁子女了解异地升学考试政策，扩大本校的生源。

另外，在与高职院校领导的访谈过程中，PL学校提出，可以将随迁子女异地升学考试与民办高职院校招生相结合，既可以解决随迁子女升学难甚至辍学的问题，又可以缓解民办高职院校生源紧张的状况，推动高职院校的发展。

三、个体（及家庭）层面

当前，随迁子女及其家庭对异地升学考试政策的知晓度不高，因对报考信息不了解，对报考材料准备不充分而丧失考试升学机会的情况多有发生。另外，因对职业教育存在偏见，不少满足报考条件的随迁子女及其家庭主动放弃报考高职院校的权利，回到原籍地参加考试，从而面临教材衔接困难、

①张帅，孙雯雯，闫志利.人口疏解背景下北京市职业教育发展策略研究[J].河北科技师范学院学报（社会科学版），2016，15（3）：96-100.

②林艳，闫洋洋，匡辰.北京“异地高考”第一年[N/OL].北京青年报，2014-06-07[2018-09-15].http://edu.sina.com.cn/gaokao/2014-06-07/0721422097.shtml.

学习生活不适应、无家人照顾等一系列难题。

1.随迁子女及家长应当通过多渠道积极了解政策信息

进城务工家庭应当积极从多种渠道充分获取随迁子女异地升学考试政策，了解政策细节。家长是流动家庭中重要的信息获取者和决策者，家长应当帮助孩子积极主动地通过多种渠道获取相关信息，加强对政策细节的深入了解，对相关规定不清楚的地方要通过教师、学校、教育主管部门、正规网站等方式多方求证。

2.随迁子女及其家长应当提前做好升学规划，正确认识职业教育

在了解清楚政策规定后，随迁子女及家长应当针对自身情况，提前做好充分的准备，尽早为学习和职业发展做好长期规划。如果决定选择职业教育，就要按照政策规定的报考条件提前准备好材料。如果选择回原籍地继续接受教育，那么同样需要提前规划，如办理转学和学籍变动事宜等，同时如何安置孩子回原籍后的生活，家长如何协调两地工作等，都是需要提前考虑的。不同地区有不同的课程设置和考试倾向，一旦确定回原籍地考试，学生就应当尽早返回原籍地接受当地的教育，尽早回当地备考。无规划地贸然回原籍地考试，不能反映学生的真实学习水平，只会让子女继续升学的利益受损。

在教育规划中，父母和随迁子女应当建立对职业教育客观正确的认识，不要盲目排斥职业教育，要妥善权衡在京接受职业教育和回原籍地学习考试两者之间的利弊。近年来，北京市高职院校面向首都经济社会建设“主战场”，努力探索特色办学，不断进行专业结构调整，因而北京市高职院校保持了较高的就业率，大多数学校的就业率超过了90%。普通教育与职业教育是两条不同的路，职业教育注重技能的培养，也注重培养国家急需的专业人才。因此，流动人员家庭应充分认识职业教育的重要性，提前选择适宜子女发展的教育。

四、社会层面

目前，社会对流动人口及其子女以及对职业教育的偏见与误解，在一定程度上成为影响随迁子女异地升学考试政策实施的阻力。一方面，一些本地户籍居民对流动人口持排斥态度，对开放异地高考持反对态度，不利于异地

升学考试政策的推进。另一方面，除了异地升学考试政策的利益相关者，社会中也普遍存在着对职业教育的误解，职业教育的作用和价值未被社会广泛认可，固有认知和社会舆论在一定程度上影响了随迁子女异地报考的决定。

1.营造积极的舆论导向，促进流动人口及其随迁子女的社会融合

社会中一些错误的舆论导向，将本地户籍人口与外来人口形成对立的利益群体，认为允许随迁子女就地参加高考就一定会损害本地居民的利益。其实不然，本次调研发现，北京市开放异地升学考试政策并不会压缩本地学生升学报考的空间，数据也显示本地学生和随迁子女相处融洽。调研还发现，开放异地高考确实会对本地学生造成一定的压力，不过压力也能产生动力，在一定程度上可提升本地生源的质量。实际上，本地户籍人口和非本地户籍人口并非利益对立面，他们都是本地的常住人口，都为城市的建设与发展做出贡献，常住人口之间的互相理解和认同，有利于社会的和谐发展和经济的长效发展。相关部门应积极发挥引导作用，向社会传递融洽包容的社会关系，为随迁子女异地升学考试政策的推进及高考制度的改革营造和谐的社会氛围。例如，对优秀务工人员或经营业主的优秀事迹展开宣传，提高社会对于流动人员及其随迁子女的接受度，从侧面助力随迁子女异地升学考试政策的宣传。

2.转变社会公众对于职业教育的偏见与误解

顾明远教授指出，“基本上每个人的成长最终都要走向一份职业，从广义上来讲，所有的教育都是职业教育”。①没有哪一种教育低人一等，陈旧的观念亟待转变。职业教育肩负着培养多样化人才，传承技术技能，促进就业创业的重要职责，必须高度重视，加快发展。在对职业教育的舆论传播方面，政府也应当对社会大众做出正向的指引，通过各类媒介向公众肯定职业教育的价值，努力打破公众对职业教育固有观念的禁锢，鼓励符合条件有意愿的学生报考职业院校。

①教育学家顾明远：“授渔计划”为职业教育发展注入新活力[EB/OL].（2016-11-10）[2019-12-15].http://qnzs.youth.cn/tsxq/201611/t20161110_8831474.htm.

第五章　四川省高职院校自主招生招收随迁子女的政策分析与实践研究

随着我国市场经济的快速发展，流动人口数量急剧增加，随迁子女的就学升学问题随之凸显出来。尤其是义务教育阶段过后，随迁子女能否享有平等的升学机会，应在制度上予以解决。在异地高考还不能完全开放的情况下，高职院校招收随迁子女是一条暂行的道路。通过高职院校自主招生实现随迁子女继续深造，可以为异地高考的完全开放进行政策试水，有利于该政策科学有效的实施。四川省是人口大省，也是随迁子女较多的省份，调研四川高职院校自主招生的情况，对其经验和问题进行梳理分析，对完善政策具有重要的价值。

第一节　四川省随迁子女异地高考调研背景

一、四川省社会经济发展现状与特征

四川，简称“川”或“蜀”，省会成都，位于中国西南，长江上游地区，北连陕西、甘肃、青海，南接云南、贵州，东邻重庆，西衔西藏，地貌以山地为主，具有山地、丘陵、平原和高原4种地貌类型。四川省共辖1个副省级市、17个地级市、3个自治州。截至2016年底，常住人口8262万人。四川省土地肥沃、物产富饶、资源富集、风景优美，被誉为“天府之国”。四川是中国重要的经济、文化、工业、农业、军事、旅游大省，是中国第三批自由贸易试验区之一，中国西部综合交通枢纽，中

国西部经济发展高地，长江经济带组成部分。

2016年，四川省认真贯彻落实党中央、国务院稳增长决策部署，坚持稳中求进工作总基调，积极推进供给侧结构性改革，全面推进稳增长、促改革、调结构、惠民生、防风险各项工作，经济发展的基础不断夯实，经济增长的内生动力逐步增强，产业结构、创新驱动、民生改善等领域均出现了积极变化，经济运行呈现总体稳定、稳中有进、稳中有好的发展态势，实现了“十三五”良好开局。经国家统计局审定，2016年四川省实现地区生产总值（GDP）32680.5亿元，按可比价格计算比上年增长7.7%，增速比全国平均水平高1个百分点。其中，第一产业增加值3924.1亿元，增长3.8%；第二产业增加值13924.7亿元，增长7.5%；第三产业增加值14831.7亿元，增长9.1%。三次产业对经济增长的贡献率分别为6.0%、42.5%和51.5%。人均地区生产总值39695元，增长7.0%。三次产业结构由2015年的12.2：44.1：43.7调整为12.0：42.6：45.4。

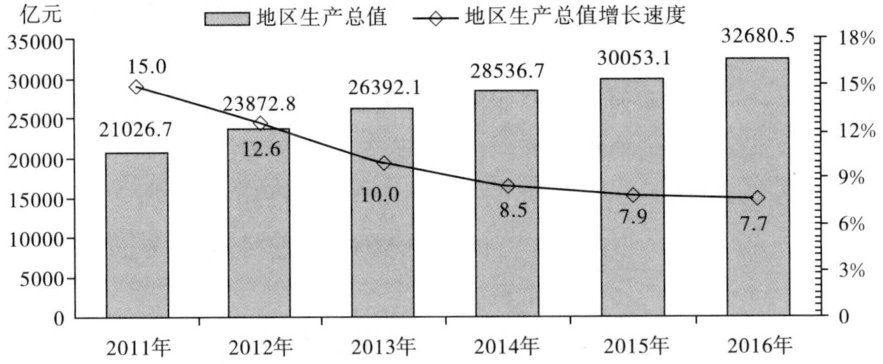

图5-1 2011~2016年四川省地区生产总值和增长速度[①]

①2016年四川省国民经济和社会发展统计公报[EB/OL].（2017-03-06）[2019-05-25]. http：//www.sc.gov.cn/10462/10464/10465/10574/2017/3/7/10416360.shtml.

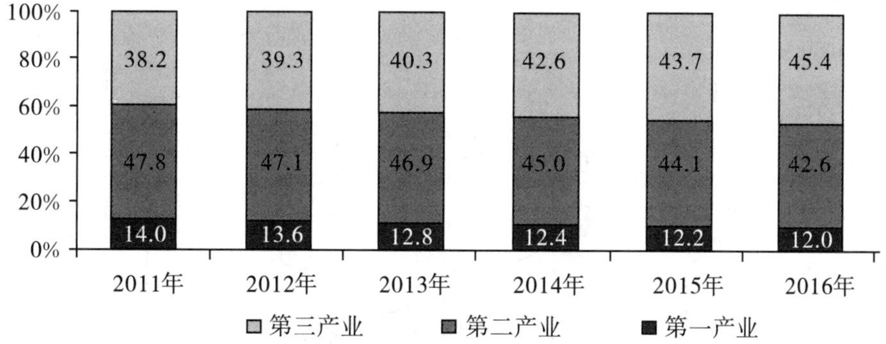

图5-2 2011~2016年四川省三次产业增加值占GDP比重①

作为四川省省会，成都市在党中央、国务院和省委省政府的领导下，全市经济社会呈现运行平稳、稳中提质、稳中趋好、活力增强的发展态势，实现了“十三五”良好开局。具体来讲，“稳”是基础，“进”是目标，“统”是关键，政府着力统筹处理五对关系：一是处理好增长速度与发展质量的关系，确保经济换挡不失速，量增质更优；二是处理好传统产业提升与新兴增长点培育的关系，通过育新、革旧双管齐下，推动产业层次全面迈向中高端水平；三是处理好需求端管理与供给侧改革的关系，促成供需对接、供需平衡、同频共振，推动经济协调发展、行稳致远；四是处理好内生型增长与外生型增长的关系，确保经济增长始终平稳有力；五是处理好促进发展与增进和谐的关系，努力实现相互促进、良性循环。

2016年，成都市实现地区生产总值12170.2亿元，按可比价格计算，比2015年增长7.7%。其中，第一产业实现增加值474.9亿元，增长4.0%；第二产业实现增加值5232.0亿元，增长6.7%；第三产业实现增加值6463.3亿元，增长9.0%。按常住人口计算，人均地区生产总值76960元，增长6.2%。第一产业、第二产业、第三产业比例关系为3.9：43.0：53.1。②

①2016年四川省国民经济和社会发展统计公报[EB/OL].（2017-03-06）[2019-05-25]. http://www.sc.gov.cn/10462/10464/10465/10574/2017/3/7/10416360.shtml.

②成都市统计局，国家统计局成都调查队. 2016年成都市国民经济和社会发展统计公报［EB/OL］.（2017-05-24）［2019-05-25］. http：//www.cdstats.chengdu.gov.cn/uploadfiles/02011001/2016年成都市国民经济和社会发展统计公报.pdf.

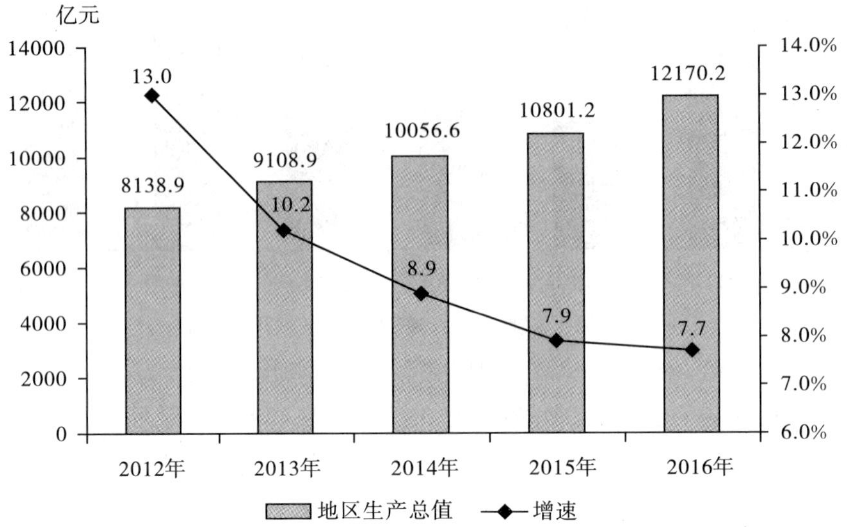

图5-3 2012～2016年成都市地区生产总值及增长速度①

二、四川省人口流动与发展趋势

1.四川省人口状态

《2016年四川省国民经济和社会发展统计公报》显示，根据2016年全国1%人口抽样调查资料测算，四川省全年出生人口86.1万人，人口出生率10.48‰；死亡人口57.4万人，人口死亡率6.99‰；人口自然增长率3.49‰。2016年末常住人口8262万人，比2015年末增加58万人，其中城镇人口4065.7万人，乡村人口4196.3万人。常住人口城镇化率49.21%，比2015年末提高1.52个百分点。同年，全省常住人口中，居住地与户口登记地所在的乡镇街道不一致且离开户口登记地半年以上人口为1253万人，同2010年第六次全国人口普查相比，居住地与户口登记地所在的乡镇街道不一致且离开户口登记地半年以上人口增加79万人，增长6.73%。全省户籍人口中，流出省外半年以上的人口为1028万人。

①成都市统计局，国家统计局成都调查队.2016年成都市国民经济和社会发展统计公报［EB/OL］.（2017-05-24）［2019-05-25］.http：//www.cdstats.chengdu.gov.cn/uploadfiles/02011001/2016年成都市国民经济和社会发展统计公报.pdf.

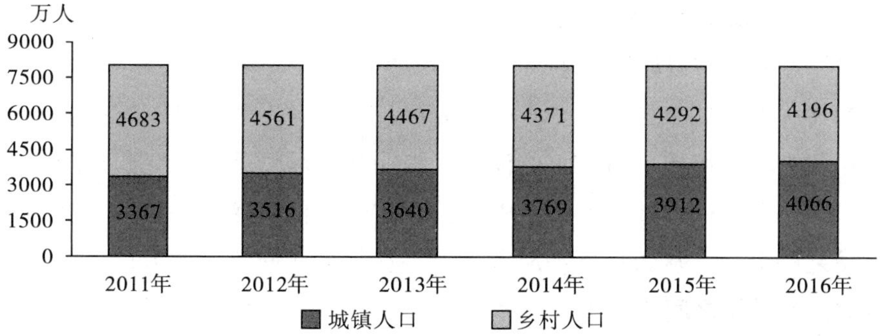

图5-4　四川省2011~2016年常住人口[①]

2016年末，成都全市常住人口1591.8万人，全市城镇化率达70.6%。2016年末全市户籍人口1398.9万人，其中城镇人口784.6万人，乡村人口614.3万人。[②]成都一、二、三圈层人口密度分别为10388人、1172人、543人，一圈层核心区人口密度甚至达到1.4万人，而三圈层仍处于人口净流出阶段。

2.四川省流动人口基本情况

人口流动，作为人类活动的基本行为，是政治、经济、社会、文化及环境等各种因素综合作用的结果。四川省人口流动有着悠久的历史，在20世纪80年代以前，同国内其他地区一样，四川省人口流动主要是计划体制下由政府行为所驱动的指令性流动，其规模及流向与政府计划有着密切的关系。改革开放以来，特别是进入21世纪以来，随着四川工业化、城镇化快速推进，大量农村人口向城市和经济较发达地区聚集，人口流动日趋活跃，变化更趋复杂，规模不断增大，在人口发展中的作用，特别是在新型城镇化建设中的重要作用越来越被政府及社会各界广泛关注。

根据2010年人口普查，四川省外出人口达2091.4万人，占四川省人口总数的26%，其中外出省内1040.8万人，外出省外1050.6万人，分别占外出人口总数的49.8%和50.2%。省外流入112.8万人，占外来人口总数的9.8%。[③]

①2016年四川省国民经济和社会发展统计公报[EB/OL].（2017-03-06）[2019-05-25]. http://www.sc.gov.cn/10462/10464/10465/10574/2017/3/7/10416360.shtml.

②成都市统计局，国家统计局成都调查队. 2016年成都市国民经济和社会发展统计公报［EB/OL］.（2017-05-24）［2019-05-25］. http://www.cdstats.chengdu.gov.cn/uploadfiles/02011001/2016年成都市国民经济和社会发展统计公报.pdf.

③哪个外省的四川人最多？北京上海没进前五[EB/OL].（2016-02-01）[2019-05-25]. http://www.sc.gov.cn/10462/12771/2016/2/1/10367169.shtml.

3. 四川省流动人口特点及发展趋势

（1）城乡分布以城镇为主

2010年第六次全国人口普查资料显示，在省内流动人口中，有55.82%的人口居住在城市街道，31.52%的流动人口居住在城镇和居委会，12.66%的流动人口居住在乡村。其中，有9.91%的人口在乡村之间流动，有2.75%的人口在城镇之间流动。从人口流动原因来看，在乡村之间流动的人口，主要是婚姻嫁娶；在城镇之间流动主要是拆迁搬家、户口寄挂等引起的人户分离。①

（2）年龄构成上以青壮年为主

我国现阶段的人口流动从本质上说是劳动力的流动。2010年人口普查资料表明，四川省流动人口中青年占绝大部分。15~29岁流动人口占流动人口总数的34.47%，30~39岁占19.94%。15~44岁的青壮年劳动力成为流动人口的主流，所占比例高达64.17%。①

（3）外出人口主要去向为经济发达的东部沿海地区和大城市

在外出省外人口中，全国30个省、直辖市、自治区（不含港澳台）都有四川省外出人口，最多为广东，占36.88%，其次为浙江，占12.66%，即使是新疆和西藏也分别占3.94%和0.90%。在四个直辖市中，四川外出人口最多的是重庆市，占5.45%，上海市和北京市分别为4.71%和3.45%。①

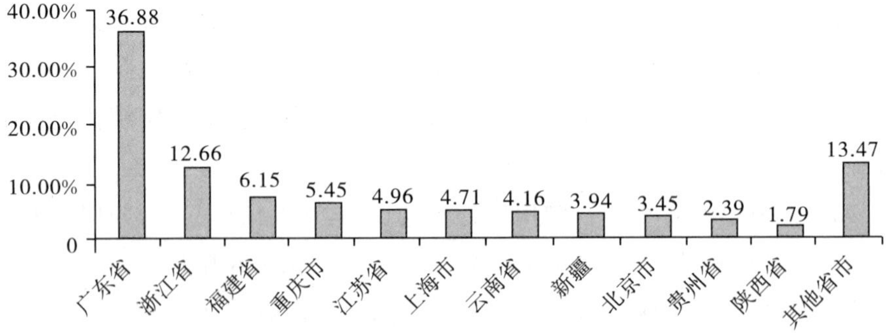

图5-5　四川省外出省外人口的地区分布②

①四川流动人口现状及其影响研究[EB/OL].（2012-06-18）[2019-05-25]. http://www.sc.gov.cn/10462/10883/11066/2012/6/18/10214323.shtml.

②哪个外省的四川人最多？北京上海没进前五[EB/OL].（2016-02-01）[2019-05-25]. http://www.sc.gov.cn/10462/12771/2016/2/1/10367169.shtml.

（4）流动人口中的农业户籍人口比例下降

流入城镇的人口大多为农业户籍，2014年流动人口中的农业户籍人口占81.3%，比2013年降低2.2个百分点。流入城镇的农业户籍人口所占比例下降，非农户籍人口比例上升，户籍制度改革初见成效。

（5）人口流动速度将逐步趋于平稳

结合四川省新型城镇化、新型工业化和农业现代化进程，以及乡村人口年龄结构、城乡人口变动趋势测算，全省流动人口趋于平稳增长。

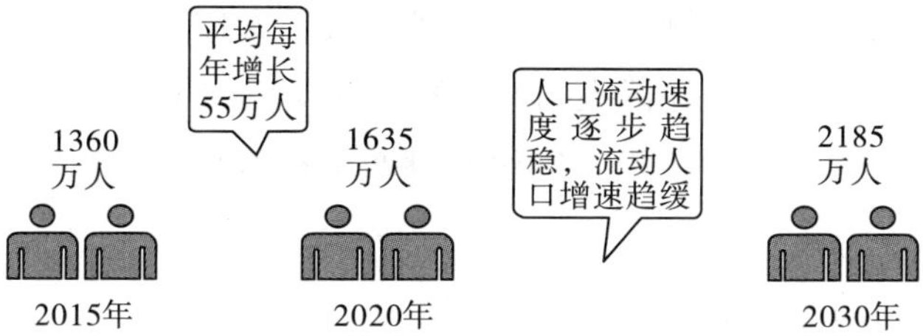

图5-6　四川省流动人口数预测

（6）二孩政策实施后人口负担程度将得到一定减缓

四川省统计局对四川省2016年至2050年的人口状况进行了预测，预测结果显示，二孩政策实施后四川省人口负担程度将得到一定减缓。全面二孩政策实施后出生人口增加，当出生队列人口逐步进入劳动年龄后，抚养人口增加，被抚养的少年儿童人口减少，社会负担减轻。负担系数下降，社会负担减轻，有利于经济的发展。

4.人口流动对经济社会发展的影响

人口流动是经济社会发展在人口领域的特有现象，它既是市场经济的必然产物，又反过来影响经济社会发展进程。人口流动，使人口的居住范围不断扩大，交流增多，有利于地区间的经济、文化及信息交流；人口流动，使不同人群相互交流，增进认识和了解，使婚姻范围扩大，有利于人口的优生；人口流动，还可以使地区间人口的分布状况得到改善，使劳动者的聪明才智在流入地得到充分施展，提高劳动生产率，从而促进经济的发展。具体而言，人口流动对四川省人口状况和经济社会的影响主要表现为以下几方面。

（1）人口流动对人口数量及构成的影响

人口的流动，在一个区域内不会引起该区域内人口总量的变化，而区域间人口的流动则会导致不同区域人口数量及其构成发生较大的变化。虽然省内人口流动不会增加四川省的人口总量，但从各市、州之间人口流动情况来看，由于人口流动的方向和规模不同，因而各地区流动人口增长量也不同。在当前市场经济条件下，由于市场机制的作用，人口流动的主要动因缘于地区间的经济发展水平的差异，使得人口流动的结果往往是边远山区和农业生产占比较高的地区流出人口多于流入人口，而城市和经济较发达地区则表现为流入人口多于流出人口。

从城乡看，四川省内人口流动主要是从农村流入城市，突出表现为农村流出人口多于流入人口，城市流入人口多于流出人口。这一不平衡的人口流动，使城市及经济较发达地区人口与乡村、边远落后地区人口分布不平衡状况持续并加剧，省内各市、州人口的相对增减在城乡人口流动中表现得极为明显。

（2）人口流动对经济发展的积极作用

人口流动对经济的发展有着积极的意义，概括起来有以下几个方面。

首先，人口流动实现了城乡劳动力资源的优化配置。现代化的过程是工业化、城镇化和农业现代化三位一体的过程。在这个过程中，农业作为第一产业的主要组成部分，其占国民经济的比例逐渐下降，农民作为从事农业的主体越来越少；第二产业、第三产业占国民经济的比例逐渐上升，城镇人口作为第二产业、第三产业的就业主体必然增加。经济发展客观上要求劳动力资源在城乡之间合理配置，以满足第二产业、第三产业的发展对劳动力的需求。因此，人口合理有序流动的过程客观上起到了劳动力供求矛盾的调节过程。对城市来说，大量农村劳动力的流入，提供了数量充裕的劳动力，满足了第二产业、第三产业发展对劳动力的需求，弥补了城镇经济发展中劳动力的不足。如城镇的房地产开发、基础设施建设，进城务工人员的贡献有目共睹。尤其是农村劳动力填补了城市劳动力的结构性稀缺，诸如搬运、环卫、修理、贩卖蔬果、医院看护、家庭保姆、缝纫、餐饮、娱乐等行业。

其次，人口流动促进了经济的发展。以劳动力转移和从事经济活动为主体的人口流动，无疑加速了四川省各地的经济发展。另外，流动人口的增加对民营经济的发展有较强的推动作用。

（3）人口流动对社会发展的有利影响

首先，人口流动对社会进步起着潜移默化的促进作用。人口流动在进行劳动力转移和物资流动、资金流动的同时，也进行着无形的信息流动和交流，而这种信息流动和交流一个最直接的效益是社会先进文化的传播和发展。人口流动尤其是农村人口流动，对改变农村人口传统观念和劳动技能的作用尤为重要。研究表明，农村人口流动对农村人口素质提高有十分重要的促进作用。其一，接受职业培训和进一步学习的意识及行为明显增强。据调查，农村外出务工者的收入与受教育程度呈明显正相关关系，因此外出务工者大多有强烈的动机接受继续教育和职业培训，对学技术、学文化有高度的自觉性和紧迫感。另据调查，50%以上的进城务工人员进城后接受过各种职业培训，有80%的人表示希望得到培训机会，甚至有67%的人愿意自费参加必要的培训。不仅如此，他们对子女的教育也非常重视。其二，劳动技能和创业精神明显增强。相当多的流动人口在外出活动中改变了思维方式，增强了劳动技能，创业精神明显增强。许多人在外务工学到一定技能之后回到家乡自主创业，还有不少人回乡办企业，如农副产品加工，取得了十分丰厚的效益。

从四川省情况看，近10年农民对教育的重视程度和教育支出大幅提升。据2011年《四川统计年鉴》资料计算，农民人均生活消费支出中，用于文化教育、娱乐用品和服务的支出，2010年达218.62元，比2002年增长25%。

其次，人口流动有利于提高城乡人口的文化素质。人口流动的基本流向是从经济欠发达的地区向经济比较发达的地区和城镇流动，流动的主体往往是受教育程度相对较高的青壮年。而城镇、经济较发达地区人口的平均受教育程度都高于农村和经济欠发达地区人口。大批农村青壮年流入高文化素质区域，并通过上学读书、参加职业培训、实际工作锻炼等方式，获得更多新知识、新信息和新技能，丰富了自己的工作经验、生产技能和管理知识，提高了自己的文化层次。尤其是在城市生活的熏陶下，他们不仅接受了市场竞争观念，同时他们中的一部分人返回农村，带回了城市生活中新的文化观念、生产技能和管理知识，带回使用社会经济信息的经验和务工经商获得的资金，通过反馈知识和信息，发展产业，帮助家乡的经济发展，从而促进农村经济发展，对经济欠发达地区农村面貌的改变起着重要的推动作用。

三、四川省教育发展基本情况

1.四川省教育发展概况

（1）四川省总体教育发展情况

截至2016年末，四川省共有各级各类学校2.4万所，在校生1531.1万人，教职工104.3万人，其中专任教师86.3万人。

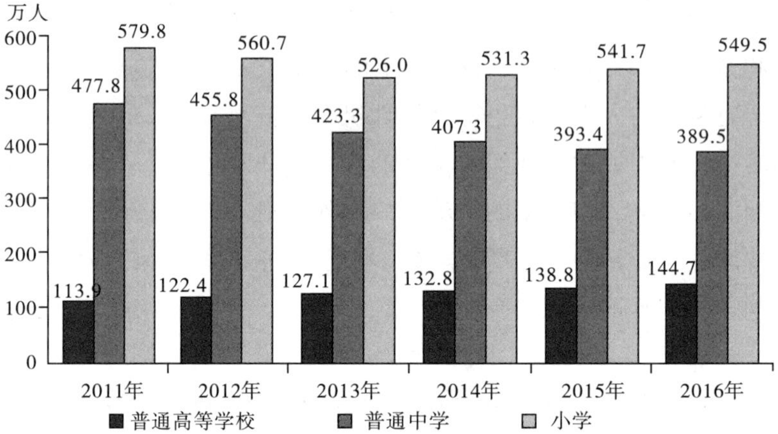

图5-7　四川省2011～2016年各类学校在校学生数①

截至2016年末，四川省的基础教育阶段，共有小学5981所，招生93.0万人，在校生549.5万人，小学学龄儿童入学率99.78%；初中3816所，招生84.6万人，在校生244.8万人；特殊教育学校125所，招生2525人，在校生1.3万人；普通高中739所，招生47.6万人，在校生144.7万人；中等职业教育学校526所，招生41.4万人，在校生101.9万人。职业技术培训机构4386个，职业技术培训注册学员250.8万人次。义务教育已经全面实行了“三免一补”，学前三年、高中阶段教育毛入学率年均分别增长2.9%、2.6%。高等教育阶段，四川省共有普通高校109所。普通本（专）科招生43.9万人，增长0.6%；在校生144.7万人，增长4.3%；毕业生36.2万人，增长0.1%。研究生培养单位37个，招生3.0万人，在校生9.2万人，毕业生2.5万人。成人高等学校15所，成人本（专）科在校生36.0万人，参加学历教育自学考试69.6万人次。

①2016年四川省国民经济和社会发展统计公报[EB/OL].（2017-03-06）[2019-05-25]. http://www.sc.gov.cn/10462/10464/10465/10574/2017/3/7/10416360.shtml.

（2）调研地区成都市教育发展情况

成都是一座有着三千多年历史的文化名城，城址千年未徙，城名千年未易。2016年末，成都共有普通高校56所，在校学生79.2万人，专任教师4.9万人；中等职业教育学校86所，在校学生24.0万人，专任教师9776人；普通中学602所，在校学生58.6万人，专任教师5.0万人；普通小学556所，在校学生90.4万人，专任教师4.7万人；幼儿园2228所，在园幼儿51.4万人，专任教师3.0万人。[①]近年来，成都教育共承担9个国家级示范试点，是国务院确定的“探索城乡教育一体化发展有效途径”的教育体制改革试点城市，教育部、四川省、成都市共建的统筹城乡教育综合改革试验区，全国教育信息化试点城市，全国心理健康教育示范区，全国中小学教育质量综合评价改革实验区，国家首批义务教育教师队伍“县管校聘”管理改革示范区，国家现代学徒制试点单位，全国教育管办评分离改革综合试点单位，国家学前教育改革发展实验区。成都是全国首个整体实现义务教育基本均衡发展的副省级城市。成都普惠性幼儿园建设、义务教育均衡发展、地方教育标准和监测体系、教师县管校聘、随迁子女异地升学政策等经验已经先后试水，教育逐渐成为成都亮丽的城市名片和重要的竞争优势。

（3）四川省高职教育发展情况

截至2013年底，四川省共有独立设置的高职高专院校56所，其中，国家示范性高职高专院校6所，国家骨干高职高专院校5所，省级示范性高职院校19所。[②]按照学科专业类属统计，56所院校中，有综合类院校21所、理工类院校21所、财经类院校5所、艺术类院校3所、师范类院校2所、农业类院校1所、医药类院校2所、政法类院校1所。[③]

近年来，四川省高职院校通过深化教育教学改革，推动体制创新，积极争取各级各类建设投入，改善办学条件，加强师资队伍建设等措施，提升了学校的教学、科研水平以及服务区域经济社会发展的能力，不断扩大高职教育的社会影响力，并逐步实现由规模扩张向内涵建设的转变，形成了明显的

①成都市统计局，国家统计局成都调查队. 2016年成都市国民经济和社会发展统计公报［EB/OL］.（2017-05-24）［2019-05-25］. http：//www.cdstats.chengdu.gov.cn/uploadfiles/02011001/2016年成都市国民经济和社会发展统计公报.pdf.

②卢铁城. 2013年四川高等教育发展报告[M]. 成都：四川科学技术出版社，2014：142-143.

③刘薇，张世凭. 四川高职教育发展的现状、问题及对策[J]. 教育与职业，2016（4）：21-24.

后发优势。但是，高职院校在快速发展的过程中，也凸显出一些普遍性问题，如办学体制机制创新不足，基本办学条件不均衡，专业结构与产业结构不尽匹配，师资队伍结构不合理，校企合作长效机制不完善，科研工作应用性不强，新生报到率偏低等。

2.四川省高职院校招生困境和原因分析

相比四川省内普通高校招生人数逐年增加，四川省内的高职院校招生却出现了困境。究其原因，主要是由于人们对高等职业教育认识不足，高职院校办学层次偏低、办学特色不明显等，在未来，高职院校招生可能面临巨大的挑战。

（1）教育认识不足

社会对高等职业教育认识不够。我国高等职业教育的目标是培养生产、管理、服务第一线，并具备综合职业能力和全面素质的高级应用型人才，它是我国高等教育的重要组成部分。由于我国高等职业教育起步较晚，对高等职业教育的理论研究滞后，人们对高等职业教育的认识不是很清晰，发展高等职业教育的政策也不是很完善，一定程度上牵制了高等职业教育的进一步发展。许多考生和家长不了解高等职业教育的培养目标，更不了解高等职业教育的内涵和特点，也有相当部分人轻视职业教育，从而对报考高职院校慎之又慎，热情不高。

（2）办学层次偏低

专科层次的办学规格定位，制约了高职教育的发展。由于对高等职业教育发展的规律性认识不清，使得一些高等职业教育的政策与实践需要相脱离，例如高等职业教育办学规格只能是专科层次。高等职业院校是高校的一种类型，不是高校的一个层次；是高等教育的重要组成部分，而不是它的一种补充。把高等职业教育只定位在专科层次，这与我国目前的经济发展需求是不相适应的。随着知识经济的发展，生产中科技含量的增加，学术型人才的创新能力和水平将不断提高，以与科技含量的增加相适应，相应的科技应用型人才的知识水平也必须提高。因此，高等职业教育设立本科或者更高层次，是经济发展的客观要求，是大力发展高等职业教育的迫切需要。

（3）办学特色不明显

办出特色是高等职业教育的生命线。作为高等教育的一种类型，高职教育不仅要有高等教育的共性，更要有自己的个性（即特色），才有存在的必要与可能。高等职业教育的本质特征就是培养应用型、技艺型人才，而实现这一人才培养目标，在很大程度上有赖于教学实践基地的建立，让学生掌握相应岗位的职业技能和熟悉未来就业岗位的技术环境。要建立教学实践基地，就要有相应的条件和投入，应该说，高等职业教育需要比普通高等教育更多的投入，才能实现其培养目标。然而，由于我国高等职业教育起步较晚，经费投入渠道单一且不足，教学实践基地建设滞后，影响了高等职业教育的特色建设。因此，根据高等职业教育的特殊要求，加大投入，加快实践基地的建设，办出高职特色，这是社会经济发展的迫切要求。

（4）普通高校扩招影响

普通高校的扩招相应减少了高职院校的生源。连续的普通高校扩招，使得上大学这个原本十分狭窄的“独木桥”骤然被拓宽，大学梦已不难实现，考生有了更多的选择权。有些考生不愿报考高职，也有部分已被高职院校录取的考生放弃报到，走进复读课堂，准备来年再考，这使得高职院校生源相应减少。

第二节　四川省随迁子女异地升学考试政策

一、四川省随迁子女教育的政策演进、举措与成效

四川省是第二批出台随迁子女异地升学考试政策的省份。2014年起，只要获得四川省的高考报名号的考生均可参加四川省的高职自主招生考试。也就是说，四川省为流动人口随迁子女同时开放了高职院校（无条件）和普通院校（有条件）。

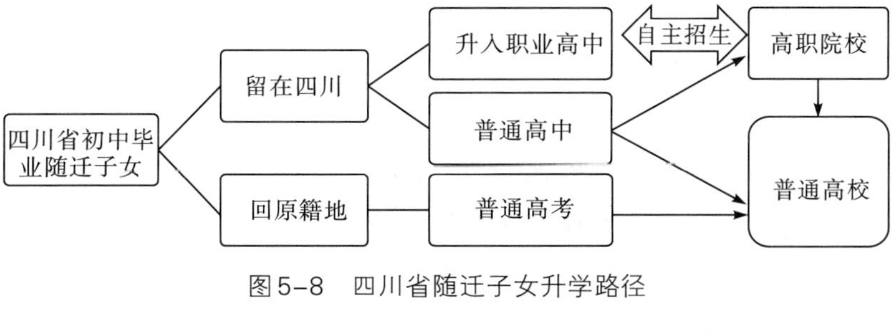

图5-8　四川省随迁子女升学路径

成都市在随迁子女教育方面主要遵循《关于做好进城务工人员随迁子女接受义务教育工作的意见》（以下简称“成都意见”）和《四川省进城务工人员随迁子女在当地参加升学考试实施方案》（以下简称“四川方案”）这两个政策文件。

1.“成都意见”的解读

（1）“成都意见”的政策背景

为切实保证符合条件的进城务工人员随迁子女在成都市接受义务教育，按照《中华人民共和国义务教育法》、《国务院办公厅转发教育部等部门关于进一步做好进城务工就业农民子女义务教育工作意见的通知》（国办发〔2003〕78号）、《国务院办公厅关于积极稳妥推进户籍管理制度改革的通知》（国办发〔2011〕9号）、《成都市居住证管理规定》（成府令〔2010〕170号）文件精神，同时深入贯彻落实十八届三中全会精神，为切实保障在蓉“合法稳定居住、合法稳定就业”的进城务工人员随迁子女接受义务教育的合法权益，成都市教育局、中共成都市委机构编制委员会办公室、成都市公安局、成都市财政局、成都市人力资源和社会保障局、成都市城乡房产管理局、成都市工商行政管理局联合签发了《关于印发〈关于做好进城务工人员随迁子女接受义务教育工作的意见〉的通知》（成教发〔2014〕2号）。

（2）“成都意见”的内容解析

①明确界定“进城务工人员”概念

“成都意见”中所称进城务工人员，是指在成都市居住务工的非本市户籍人员以及成都市户籍人员中有以下情形之一者：常住户口不在成都市中心城区，即不在锦江区、青羊区、金牛区、武侯区、成华区、成都高新区、天府新区成都片区，而到中心城区居住务工的人员；常住户口在成都市中心城区而到成都市非中心城区居住务工的人员；常住户口在成都市非中心城区跨区（市）县居住务工的人员。

②所需材料

a. 2014年进城务工人员办理其随迁子女接受义务教育所需材料

成都市居住证持证人为其子女申请入学需出示下列证明材料的原件，并提交复印件：

持证人在有效期内的居民身份证、成都市居住证；

持证人及其子女同一户籍的原籍户口簿；

截至当年5月31日，已在该区（市）县连续居住3个月的相关证明；

截至当年5月31日，当年已在成都市连续依法缴纳社会保险费满3个月的证明。

成都市临时居住证持证人为其子女申请入学需出示下列证明材料的原件，并提交复印件：

持证人在有效期内的居民身份证、成都市临时居住证；

持证人及其子女在同一户籍的原籍农业户口簿，或原籍户口和农业主管部门颁发的《中华人民共和国农村土地承包经营权证》，或原籍户口和林业主管部门颁发的《中华人民共和国林权证》；

申请子女在成都市中心城区就读的，须提供持证人与中心城区内用人单位依法签订的劳动合同，或持证人在中心城区内办理的工商营业执照（含纳税或免于纳税相关证明）；

申请子女在成都市郊区（市）县就读的，须提供其与该区（市）县内用人单位依法签订的劳动合同，或持证人在该区（市）县办理的工商营业执照（含纳税或免于纳税相关证明）；

截至当年5月31日，已在该区（市）县连续居住3个月的相关证明；

截至当年5月31日，已在成都市连续依法缴纳社会保险费满3个月的证明。

b. 2015年，进城务工人员为其随迁子女申请入学需出示下列证明材料的原件，并提交复印件：

持证人在有效期内的居民身份证、成都市居住证或成都市临时居住证；

持证人及其子女同一户籍的原籍户口簿；

申请子女在成都市中心城区就读的，须提供持证人与中心城区内用人单位依法签订的劳动合同，或持证人在中心城区内办理的工商营业执照（含纳税或免于纳税相关证明）；

申请子女在成都市郊区（市）县就读的，须提供持证人与该区（市）县内用人单位依法签订的劳动合同，或持证人在该区（市）县办理的工商营业执照（含纳税或免于纳税相关证明）；

截至当年5月31日，已在该区（市）县连续居住满1年的相关证明；

成都市居住证持有人需提供截至当年5月31日，已在成都市连续依法缴纳社会保险费满12个月的证明（且申请入学当月处于持续缴纳状态）；

成都市临时居住证持有人需提供截至当年5月31日，已在成都市累计依法缴纳社会保险费满12个月的证明（缴费累计时间在申请入学登记前24个月内，且申请入学当月及之前3个月处于持续缴纳状态）。

③严格审查相关证明材料

“成都意见”中社会保险缴纳证明指职工基本养老保险缴纳证明。目前，成都市的市本级和区（市）县社保经办服务大厅、街道（乡镇）劳动保障所、已开通社保查询业务的社区劳动保障站，均可为参保人员提供职工基本养老保险缴纳证明打印服务，不受参保人员社保关系所属地的限制。参保人员打印社会保险缴纳证明时，须持本人居民身份证原件和社会保险卡；委托他人办理的，被委托人须持本人居民身份证原件、委托人居民身份证原件和社会保险卡办理。个人养老保险实缴信息单应加盖全市统一制式的社保资料专用章，经入学登记点网上验证后生效。

居住证明包括房屋所有权证、购房合同、房屋租赁登记备案凭证、房屋租赁合同、单位出具的集体宿舍证明等。如进城务工人员提供的居住证明为产权人是其本人的房屋产权证，房屋管理部门可通过出具对应房屋的房屋信息摘要验证房屋产权证的真实性；如进城务工人员提供的居住证明为产权人非其本人的房产证明（如房屋租赁合同等），房屋管理部门可通过出具对应房屋的房屋信息摘要对房屋本身的产权登记情况进行验证。

在入学安排过程中，发现提供虚假信息、证件、证明和其他材料等弄虚作假者，一经查实将取消入学资格。为方便群众办理进城务工人员随迁子女接受义务教育相关手续，未要求小学一年级提供学籍证明，若申请人隐瞒其随迁子女读过一年级的事实，按照新入学办理，这种情况一经查实将取消入学资格。

④缩短办理时间，简化办事流程

2014年，成都市居住证持证人为其子女申请入学，办理时间为5月第三周、第四周的工作日；成都市临时居住证持证人为其子女申请入学，办理时间为5月的工作日。2015年，成都市居住证、成都市临时居住证持证人为其子女申请入学，办理时间为5月的工作日。

成都市居住证、成都市临时居住证持证人在其居住地教育行政部门指定的登记点（一般为街道办事处、乡镇等）登记办理。进城务工人员随迁子女就学申请每学年集中受理一次，中途不办理入（转）学，除申请小学一年级入学外，其他年级须提交原就读学校及其教育行政部门签章的学籍证明。

⑤随迁子女小学升初中，特事特办

已享受政策统一安排就学的进城务工人员随迁子女小学升初中（简称“小升初”）时，须按“成都意见”规定重新提交申请。居住地未变更的，按当年的小升初政策执行；中心城区内居住地跨行政区域变更的，除可报考艺术、体育特长生外，不参加公办学校当年小升初的其他批次（三、四批次）入学，也不提供流水号，由现居住地教育行政部门统筹安排就学。报考艺术、体育特长生时需提供的资料：学生的户籍证明（含身份证号）；成都市进城务工人员随迁子女接受义务教育通知书；小学综合素质报告单（或就读小学提供的相关证明）。

“成都意见”相对于以前的入学办法最主要的变化是在办理入学登记时需要出示居住证明和社会保险缴纳证明。按照要求，2014年准备在蓉接受义务教育的进城务工人员随迁子女，其监护人必须于2014年3月31日前依法参加成都社会保险且持续缴费，否则将无法通过审核。

⑥各区（市）县因地制宜，出台实施细则

按照义务教育实行国务院领导，省、自治区、直辖市人民政府统筹规划实施，县级人民政府为主管理的体制，在认真贯彻落实文件精神的基础上，成都市各区（市）县根据“成都意见”，结合当地的实际情况，制订区域内的具体实施细则。成都市辖21个区（市）县，区（市）县之间圈层不同、区域定位不同，因此在解决进城务工人员随迁子女接受义务教育的具体做法上会存在差异。

“成都意见”颁布后，相关部门完善多种咨询途径，保障政策实施。家长可以通过官方网站、官方微博、电话等途径咨询相关问题，如可以登录成都市教育局及区（市）县教育局官方网站查询、下载相关政策，可以关注成都市教育局及区（市）县教育局的官方微博进行相关咨询，还可以致电成都市教育局、市公安局、市人力资源社会保障局等咨询相关问题。

2.“四川方案”的解读

（1）“四川方案”的政策背景

2014年起，四川省根据《关于做好进城务工人员随迁子女接受义务教育后在当地参加升学考试工作的意见》文件精神，按照有利于保障进城务工人员随迁子女公平受教育权利和升学机会，有利于促进人口合理有序流动的原则，结合实际，制定了《四川省进城务工人员随迁子女在当地参加升学考试实施方案》。

（2）“四川方案”的价值取向

“四川方案”是以邓小平理论、“三个代表”重要思想和科学发展观为指导，深入贯彻落实党的十八大精神，努力办让人民满意教育，稳妥推进升学考试改革，保障外来务工人员随迁子女享有平等接受教育机会的权利，同时有效防止“中、高考移民”，积极促进教育公平，切实改善民生，促进社会和谐发展。“四川方案”的基本原则是以人为本，注重机会公平；积极解决，注重合理条件准入；宽严适度，注重统筹考虑。“四川方案”的工作目标是保障符合条件的外来务工人员随迁子女在四川参加升学考试。

（3）“四川方案”的主要内容

“四川方案”从2014年开始实施，适用于进城务工人员及其他非本地户籍就业人员随迁子女。进城务工人员包括有用人单位的进城务工人员，从事个体、私营或灵活就业的其他进城务工人员。相关政策文本为：

凡父母在我省有合法稳定职业和住所（含租赁），在父母就业和居住地就读满一定年限并取得初中阶段学籍的学生可在就读地报名参加中考。

凡在我省就读的初中、高中毕业学生均可在当地报考在我省招生的中等职业学校。

凡父母在我省有合法稳定职业和住所（含租赁），在父母就业和居住地具有高中阶段学籍和3年完整学习经历且符合普通高考其他报名条件的学生可在就读地报名参加普通高考。

“四川方案”明确了申请参加中考的随迁子女，应在就读学校所在地报名。报名时，学生须提供父母的证明材料：县级公安机关出具的暂（居）住证明；有关单位出具的合法稳定职业证明（就业登记、劳动用工备案证明、营业执照、劳动合同以及就读地认可的其他就业证明等任何一种证明）。就读地县级教育行政部门审查学生提供的上述相关证明及学生在当地就读并取得初中阶段学籍的情况，符合条件者准予报名。

其中，报考中等职业学校的，应在规定报名日期前，持就读地初中或高中毕业证明在当地报名，由就读地所在县级教育行政部门审核，符合条件者准予报名。申请参加普通高考的，应在四川省规定的普通高考报名时间前，向就读中学所在的县级招生办公室申请并提供父母的证明材料（与中考的要求相同）和县级教育行政部门出具的在当地就读年限及取得学籍的证明。经审查，符合条件者准予报名。经初审可在就读地参加升学考试的随迁子女名单须在县级教育行政部门或招生办公室以及就读学校进行不少于5个工作日的公示。

（4）“四川方案”的实施保障

四川省委要求省内各地、各有关部门要切实加强组织领导，明确责任分工，密切协作配合，齐抓共管。教育部门会同有关部门依据随迁子女升学考试人数合理调配资源，做好招生计划编制、学生报名组织、考试实施以及招生录取等工作。发展改革部门将进城务工人员随迁子女教育纳入当地经济社会发展规划。公安部门加强对流动人口的服务管理，负责提供进城务工人员及其随迁子女的居住等相关证明材料。人力资源和社会保障部门等相关单位负责及时提供随迁子女父母就业的相关证明材料。各地、各有关部门要加强学生报考资格审查，严格规范、公开透明地执行随迁子女异地升学考试政策，及时研究解决新问题，认真总结和推广成功经验。四川省采取多种形式加强随迁子女异地升学考试政策宣传解读，做好舆论引导工作，营造良好氛围。

二、四川省成都市随迁子女教育的现状与问题

目前来看，成都市随迁子女就学得到较好的保障，但仍存在不容忽视的问题，需要引起相关部门的重视。

1. 四川省成都市随迁子女教育的现状

（1）随迁子女选择在成都参加高考的现状

从成都市教育主管部门获取的信息显示，近一半的随迁子女选择在父母工作地就学。其中，义务教育阶段也有近一半的学生在父母工作地建立了学

籍，高中阶段有三分之一的学生在父母工作地建立了学籍。随迁子女在父母工作地就读的原因主要为“可以接受更好的教育”、“子女在家乡无人照顾”和“为了家庭团聚”。

（2）随迁子女在家乡就读的现状

超过一半的随迁子女在家乡就读，主要原因为“子女在家乡有人照顾，生活、学习更方便”，“无力负担子女随迁的生活和教育支出”，“因制度性障碍，子女进入工作地学校就读存在困难”。

（3）大部分随迁子女进入公办学校就读

据调查，大部分随迁子女进入了公办学校就读，进入民办学校或私立学校就读的较少。随迁子女无法进入公办学校读书的主要原因是“公办学校制度的限制”和“公办学校择校费高”。

（4）大部分家庭承担随迁子女就读费用的难度不大

从家庭承担随迁子女就读费用的难易程度看，义务教育阶段和高中阶段均没有选择“困难”的，从每年随迁子女在教育方面的花费占家庭收入的比例看，大部分家庭可以承担。

2.四川省成都市随迁子女教育存在的问题

据成都市教育局资料，随迁子女呈现出数量增多、分布集中、情况复杂等特点。随迁子女人数的增加带来了入学方面的问题。

（1）升学政策有待完善

四川省虽已出台了《四川省进城务工人员随迁子女在当地参加升学考试实施方案》，但仍有部分随迁子女普通高中毕业后，因不符合在当地升学的条件，必须到户口所在区（市）县办公室或指定报名点参加高考报名。农村进城务工人员随迁子女来自全国各地，而各地使用的教材、高考科目与内容不同，在蓉就学后，回原籍地高考会影响考试成绩，降低进入高校的可能性，随迁子女仍然存在“升学困难，不能享受本地同等待遇”的情况。

（2）教育经费不足

2016年在成都市务工就业的进城务工人员，70%来自省内其他市（州）。随着义务教育阶段“免费”教育的实施，各区（市）县，特别是中心城区财政承担着大量随迁子女接受义务教育的经费支出。近年来，为获得更好的教育，大量随迁子女到成都中心城区就学，城镇务工人员也大量增长，各级财政负担压力进一步增大，特别是中心城区。中央下拨的成都市农民工专项资金不足，补助资金远远低于生均培养成本。经费不足，除了增加当地的财政负担外，也增加了随迁子女的就学费用，调查中有家长反映，“外地学生比本地学生交的费用高”。目前，随迁子女接受普通高中教育，每个学生的调剂生费远不够补偿其教育成本。而流出地政府又没有承担本该承担的教育经费，因此流入地政府财政承担了较大的压力，同时无形中也不得不增加随迁子女家庭的经济压力。

（3）随迁子女家长对教育重视不够

现实中，大多数随迁子女家长对孩子教育的重视程度不够。据调查，大部分随迁子女的家长是初中以下学历，高中或大专以上学历的家长相对较少；家长从事的行业大部分是建筑装饰、餐饮、物流等，因此，没有能力和时间辅导孩子，更谈不上好的家庭教育环境。自身文化水平和时间的限制影响了进城务工人员对其子女的教育。

三、四川省高职院校自主招生政策的分析

自主招生主要选拔具有学科特长和创新潜质的优秀学生，是对现行统一高考招生按分数录取的一种补充。这项探索取得了积极成效，据调查，经自主招生录取的学生进入高校后在学业、科研、创新、组织管理等方面的表现普遍比较突出。

1.四川省高职院校自主招生政策的背景

高职院校自主招生工作是四川省普通高校招生考试工作的重要组成部分，也是社会关注的热点。为积极推进高职院校分类考试改革，进一步完善高等职业教育多样化选拔录取机制，更好地为区域经济和社会发展服务，根据《国务院关于深化考试招生制度改革的实施意见》（国发〔2014〕35号）、《国务院关于加快发展现代职业教育的决定》（国发〔2014〕19号）和《教育部关于积极推进高等职业教育考试招生制度改革的指导意见》（教学〔2013〕3号）要求，四川省从2014年起，逐年扩大自主招生高职院校范围和规模，并积极进行改革探索，进一步积极推进“文化素质+职业技能”评价方式，逐年增加考生参加职业技能考试的专业类别。考试评价工作遵循公平、公正、公开原则，由院校负责，建立健全自我约束、社会监督的机制。

2. 四川省高职院校自主招生政策的主要内容

根据中央、省委相关政策文件精神，四川省内各院校分别制订本校自主招生章程，在招生章程中明确本校报考条件、文化测试科目、技能考核或面试办法、录取规则、咨询方式、收费标准、监督机制、申诉渠道等，规定要合法、准确、规范、清晰。各校招生章程报经教育厅相关部门和省教育考试院备案后，向社会公布，同时，将四川省高等职业院校自主招生的相关政策信息传达当地普通高中和中等职业学校，动员符合条件的学生报名参考。

（1）四川省高职院校自主招生的对象

招生对象为已参加四川省普通高等学校招生统一考试报名的考生。

（2）四川省高职院校自主招生的时间

考试时间全省统一，由学校自行组织。考试由文化考试和综合测试两部分组成，其中文化考试科目为语文、数学、英语，试题由省教育考试院统一命制，各院校可自主确定文化考试中的科目权重组合及划定最低控制分数线。考试结束，学校自行组织阅卷工作。综合测试应尽量实行职业技能考试方式，并逐步加大技能评价的比重，探索科学的职业技能评价办法。

（3）四川省高职院校自主招生的组织

遵循安全、公平、科学、规范的原则组织考试，认真制订自主招生工作方案、命题方案和组考方案，并报省教育考试院备案。加强领导，强化管理，精心组织实施，切实做好自主招生命题、报名、考试、评卷、录取等各环节工作，并加强考生报名资格审查、试题保密、考务管理和录取工作。对考生进行诚信考试教育，坚决防范和打击考试舞弊，确保考试工作安全、平稳、顺利实施。

（4）四川省高职院校自主招生的录取

招生院校根据本校章程规定的录取规则，按考生综合成绩，从高分到低分择优录取。高职院校自主招生拟录取考生名单要在院校网站公示一周，公示期满后将拟录取名单报省教育考试院办理录取手续。考生被录取后，不再参加普通高考和对口招生考试，也不能被其他高校录取。在校期间参加全国职业院校技能大赛获得一、二、三等奖和全省职业院校技能大赛获得一等奖的中职毕业生，可向相关的高职院校提出申请，由高职院校组织考核，认定合格者录入相关专业。

3.四川省高职院校自主招生的特点

四川省异地升学考试政策是以考生学籍和学习经历，父母合法稳定职业和合法稳定住所（含租赁）为条件。

（1）实现院校和规模同增

四川省努力构建现代职业教育体系，推进高职院校分类考试改革，探索符合职业教育特点和规律的高职院校招生考试评价机制，逐年扩大开展自主招生的学校范围。2014年，四川省开展自主招生的高职院校为国家示范（骨干）院校、省级示范院校，共32所（包含两所省外院校）。2015年开展自主招生的高职院校至少可扩容到35所，2016年省内47所高职院校进入自主招生名单，2017年省内53所高职院校获批开展自主招生。此外，自主招生规模也有大幅扩容。尽管相关文件规定2014年开展自主招生考试的院校，招生规模最高不超过年度招生计划的30%，而实际上，首次自主招生的院校，计划指标只有10%。但由于四川省流动人口规模较大，2014年四川省内高职院校自主招生计划数已经达到学校年度招生规模的30%～50%，超过了政策计划的指标。

（2）中职生比例达到50%

为更好地促进中高职衔接，推动现代职业教育体系建立，四川省内各高职院校加大单独招收中等职业学校毕业生的力度，招收中职毕业生的比例原则上应达到50%左右。这一要求让很多中等职业学校负责人感到兴奋。“以前总有中职生抱怨升学难，这下提高到50%，机会增加了。”成都一所中职学校校长提到，以前高职高专单招，并未明确规定针对中职学生的比例，2015年是首次明确规定比例。在他看来，中职学生进入高职院校后，如果学业优秀，读到第二年还可以参加本科院校的专升本考试，直至本科毕业考研究生，“从中职到高职再到本科、研究生，这条路更顺畅了”。多位职业教育院校人士在接受采访时表示，高职院校大规模面向中职学校招生，还将促使中高职院校加快衔接构建“立交桥”，从招生、教材、课程、师资、实习、实训等方面加强双向沟通衔接，实现中高职教育的一体化发展。

（3）自主招生：知识+技能测试

高职院校自主招生考试是有别于全国普通高考的招生方式，应扩大高职高专院校招生自主权，为更多有志于接受职业教育的青年提供成才机会。按照教育部要求，实施自主招生工作的高职高专院校要制订相应的招生章程，向考生明确本校报考条件、文化测试科目、技能考核或面试办法、录取规则、咨询方式、收费标准、监督机制、申诉渠道等，并报经省级教育行政部门和省教育考试院核准备案后，向社会公布。自主招生实行“知识+技能”的考试评价办法。考生被高职高专院校录取后，不再参加普通高考和对口升学考试，也不能被其他高校录取。

第三节　研究设计与研究过程

一、研究目的

第一，分析四川省随迁子女参加高考及录取的趋势和特征，为政策实施提供决策参考，使政府看到不同的随迁子女异地升学考试政策的走向情况。

第二，结合实际调研与个案解读，对四川一所地方高职院校自主招生的政策制度、过程实施、价值取向、设计维度等进行剖析，分析研究地方高职院校自主招生的政策特征及政策实施的路径，明晓影响政策实施的因素、环境及发展空间，有效推动地方政府、学校及家长对考试条件的预判，做好子女未来升学与就业准备，让越来越多的随迁子女在流入地顺利参加升学考试。

第三，通过量化调查研究及三年持续动态监测，如实呈现招生群体及其家庭、社会不同利益相关群体的态度反应，了解高考招生招收流动人口随迁子女的真实需求和问题症结的系统原因，由此分析改进该项政策可能的突破口和聚焦点。

第四，通过与高职院校合作开展行动研究，对学校的自主招生政策进行探索性设计，并对政策实践过程和结果进行监测评估，在进行政策实践实验基础上改进政策，最终形成随迁子女自主招生的政策设计，为促进随迁子女最大限度在当地参加高考并被自主招生录取提出切实有效的政策建议，最大限度减少政府对政策风险的顾虑。

第五，通过项目活动的实施，服务并助推国家决策，使得随迁子女更好地获得在流入地参加升学考试的机会，以推动教育公平，促进和谐社会的建设进程。

二、研究实施

调研地区：成都市

调研学校：成都航空职业技术学院

子课题负责人：吴佳莉

子课题组成员：王学男、宋燕、郑程月

调研时间：2016年7月

表5-1　四川调研任务及样本量要求

调研对象		样本量	调研活动
教育行政部门	省/市招生考试院	1~2人	访谈
	教育厅职教处	1~2人	访谈
学校行政管理人员	招生办公室	1~2人	访谈
	教务处	1~2人	访谈
	就业指导处	1~2人	访谈
教师	辅导员和授课教师	共15人，按不同学科、性别、年级、年龄、职称分类抽样	访谈（小型座谈会方式）+问卷
	授课教师	共35人	问卷
随迁子女	在校随迁子女（含中职和高职）	20人（根据实际数量计算），按学科、性别、年级、年龄分类抽样	访谈/座谈+问卷
随迁子女家长	通过学生联系家长	20人	当面访谈/电话访谈

续表

调研对象		样本量	调研活动
本地学生	在校学生	20人	座谈+问卷
	在校学生	100人，根据不同年级、学科分类抽样	问卷
本地学生家长	通过学生联系家长	20人	当面访谈/电话访谈

三、成都航空职业技术学院基本信息及招生情况梳理

1.学校概况

（1）学校历史沿革

成都航空职业技术学院（以下简称“成都航院”）始建于1965年，前身为原第三机械工业部创设的德胜中级技术学校。1980年学校更名为成都航空工业学校，是全国120所重点中专之一。1998年经教育部批准，在成都航空工业学校的基础上建立成都航空职业技术学院。2006年被教育部、财政部确定为首批国家示范性高等职业院校项目建设单位，2009年以优秀的成绩通过验收。2010年龙泉驿新校区投入使用。建校以来，学校始终秉持航空报国的历史使命，与祖国航空工业一起，书写了一部自力更生、艰苦奋斗的创业史。

（2）学校性质与类型

成都航院是四川省教育厅直属公办全日制普通高等学校，是经教育部批准设立的全国最早独立举办高等职业教育的学校，是教育部首批批准成立的四川省第一所、全国首批国家示范性高等职业院校。学校是黄炎培职业教育优秀学校、全国职业技术教育先进单位、四川省省级文明单位、教育部确定的西南地区唯一一所高等学校继续教育示范基地、四川省职教师资培训基地、四川省高技能人才培训基地。

（3）学校规模

①硬件设施

学校占地近900亩，建筑面积30多万平方米；现有固定资产总值约13亿元，其中教学、科研仪器设备资产总值近2亿元；建有骨干万兆校园网，实现无线网络全校区覆盖；建有多功能、现代化的图书馆，可通过各种访问方式查阅、下载近100万册图书资料。

②专业设置

学校现有全日制在校生1.1万余名；现设机电工程学院、信息工程学院、建筑工程学院、管理学院、汽车工程学院、通用航空学院、航空工程学院、民航运输学院、士官管理学院等九个二级教学学院；共有招生专业32个，其中，国家示范院校重点专业6个，教育部高等职业学校提升专业服务产业发展能力项目重点专业4个，省级重点建设专业4个，学校特色专业10个。

③师资队伍

学校拥有一支爱岗敬业、德技双馨的教师队伍，其中包括中共中央组织部"万人计划"教学名师1名，国家级教学名师2名，省级学术技术带头人1名，享受国务院政府特殊津贴专家8名，省级有突出贡献的专家1名，全国模范教师1名，全国优秀教师2名，省级教学名师5名，以及国家级教学团队2个，省级教学团队4个。学校现有的400余名专任教师中，近70%具有研究生学历（学位）。

（4）学校荣誉成果

学校荣获国家级教学成果一等奖1项、职业教育国家级教育成果二等奖4项，国家发明四等奖1项，省部级科技进步二等奖1项，省部级以上教学研究成果20余项。学校拥有国家精品课程12门，国家精品资源共享课程10门，省级精品课程32门，省级精品资源共享课21门。主持建设完成1个、参与建设完成4个国家高职教育专业教学资源库。①

（5）本书研究涉及的相关部门

①招生办公室

招生办公室主要负责学校招生章程、计划的制订工作，负责学校招生宣传组织工作，负责学校生源基地建设工作，负责学校招生录取工作，负责学

①以上数据更新时间为2017年5月27日。

校招生委员会办公室工作，完成上级和学校交办的其他工作。

②教务处

教务处是学校教学管理工作的重要职能部门，在主管教学工作副校长的领导下，具体负责学校理论教学、实践（实验、实习、实训）教学管理和组织教学实施，组织教学计划和教学大纲的制订、修订、选用、报批和实施；拟定教学工作计划，编制教学进程表和课程表，按照教学计划和大纲的要求组织好理论、设计、实验、实训、实习、考试等各教学环节的交替与协调及成绩管理；组织检查各系部、实习工厂和实习实训基地教学活动的开展，组织教学检查，定期提出教学工作总结报告，组织教学专题讨论会或报告会，总结交流和推广先进教学经验；制订和实施教师工作职责和考核办法，统计教师工作量及教学工作完成情况，管理好教学日志、教学文件；负责协调各二级学院系部教学设备、实验设备的添置和管理，提出教室、实验室的使用安排意见；负责教材、讲义的计划添置、订购、印刷、供应和保管工作；负责学生学籍管理中的成绩考核，升级、留级和毕业证件发放等工作；协助有关部门为学生开展素质拓展活动；负责实验实训室的安排，不断提高实践教学水平；受主管教学工作副校长的委托，与学校教学设备管理有关部门、各二级学院系部协调，配合做好实验实训基地的建设与发展工作；做好处内人员的选聘、考核和思想政治工作，参与专业技术职务的评审工作。

2.成都航空职业技术学院自主招生政策梳理及政策执行路径

（1）学校自主招生政策内容梳理与分析

①组织保证

2016年，成都航院在自主招生组织保证的表述方面进行了细微调整。2013~2015年，学院自主招生工作接受省招考委、省教育厅的指导与监督。学院成立院长为组长、分管招生工作和教学工作的院领导为副组长的自主招生工作领导小组，加强对此项工作的领导。凡属自主招生的重大问题，一律集体研究决定。学院成立分管招生工作的院领导为组长的录取工作组，负责招生宣传、报名、资格审查、录取等工作；成立分管教学工作的院领导为组长的考试工作组，负责考试工作。学院纪委负责对自主招生工作进行全过程监督。2016~2017年，自主招生工作实行招考分离，在学校招生委员会领导下，由分管招生工作的校领导组织招生、教务、信息中心及相关部门实施招生宣传、报名、资格审查、录取等工作；由分管教学工作的校领导组织教务、保卫、后勤等部门实施考试考务工作。

②招生原则

2016年，成都航院在自主招生原则的表述方面进行了调整。2013~2015年，学院单独招生工作遵循公平、公正、公开，以及程序规范、自我约束、社会监督的原则，严格实施“阳光工程”。学院自主招生工作实行招考分离。凡有直系亲属（父母、配偶、子女等）报考者，不得参与当年自主招生考试及录取工作。2016~2017年，保留了“学院单独招生工作遵循公平、公正、公开，以及程序规范、自我约束、社会监督的原则，严格实施‘阳光工程’。凡有直系亲属（父母、配偶、子女等）报考者，不得参与当年自主招生考试及录取工作”的原则，去掉了“学院自主招生工作实行招考分离”的表述。

③招生范围

2013~2015年界定为四川省，2016年以后取消了对招生范围的描述。

④招生对象及报考条件

2013~2015年，申请报名的考生须是普通高中毕业生或中等职业学校毕业生，且符合以下全部条件：报名参加当年四川省普通高考并取得考生号；身体健康，符合《普通高等学校招生体检工作指导意见》的相关规定；部分专业对考生有特殊要求。2016~2017年增加了报考类别的描述：普通类面向普通高中及中职毕业生，对口类面向中职毕业生，特长类面向在艺体及航模方面具有一定特长、取得相应专业等级或在相关赛事中获奖的普通高中、中职毕业生。特长类考生报考条件及考核内容另文规定。

⑤招生考试

2013~2017年，成都航院自主招生考试内容每年都有所调整。2013年成都航院自主招生考试包括综合测试和面试；2014年调整为文化基础测试和技能测试；2015年调整为文化考试和技能测试；2016年开始进行分类考试，普通类考试内容包括文化考试和综合测试，文化考试成绩总分为300分，综合测试成绩总分为300分，总分为600分，对口类考试内容包括文化考试和技能测试，特长类考试内容包括文化考试和特长测试；2017年与2016年相同。

（2）四川省异地升学考试政策颁布后成都航院招生政策中涉及随迁子女内容的梳理与分析

首先，成都航院的相关招生政策没有具体涉及随迁子女的条目。在异地升学考试政策方面，成都航院完全服从中央、省、市关于流动人口随迁子女异地升学考试的政策。由于四川省对省外户籍在川拥有三年高中学籍的学生同时开放了普通高考和高职院校自主招生，调研发现随迁子女大多通过普通高考进入成都航院，经由高职院校自主招生入学的较少。

其次，成都航院现有随迁子女中大部分已在高考前将户口转入四川，仅有少量未转户籍随迁子女符合本书研究的界定。

最后，通过对校内招生、管理和就业部门的访谈了解到，学校尚未给予随迁子女政策倾斜，同时，也未发现随迁子女在各环节的特殊性，因此未给予主动关注。

（3）四川省异地升学考试政策颁布后成都航院随迁子女招生政策的执行路径

就四川省现有异地升学考试政策来看，四川省为随迁子女同时开放了高职院校（无条件）和普通院校（有条件），成都航院在招收随迁子女方面的具体执行属于自然接纳，即全体在川的流动人口随迁子女可以通过高职自主招生升入成都航院，满足条件的在川流动人口随迁子女可以通过普通高考升入成都航院。

（4）成都航院招生政策的特点和效果分析

①招生政策的主要特点

a.考试门槛遵循高考要求

自主招生对象为已参加当年四川省普通高等学校招生统一考试报名的考生，也就是获得高考报名号的考生。

b.考试内容由单一向多元转化

成都航院自主招生考试由最初的综合测试和面试，调整为文化基础测试和技能测试，后又调整为文化考试和技能测试。2016年开始进行分类考试：普通类考试内容包括文化考试和综合测试，文化考试成绩总分为300分，综合测试成绩总分为300分，总分为600分；对口类考试内容包括文化考试和技能测试；特长类考试内容包括文化考试和特长测试。2017年与2016年相同，实现了由单一向多元转化。

c.考试录取公正灵活

考试结束，学校自行组织阅卷工作。综合测试实行职业技能考试方式，并逐步加大技能评价的比例，探索科学的职业技能评价办法。学校根据本校章程规定的录取规则按考生综合成绩，从高分到低分择优录取。高职自主招生拟录取考生名单在院校网站公示一周，公示期满后将拟录取名单报省教育考试院办理录取手续。高职院校自主招生工作全过程接受教育纪检监察部门、考生和社会的监督，执行高校招生责任制及责任追究办法。按照《教育部关于进一步推进高校招生信息公开工作的通知》（教学函〔2013〕9号）和"阳光工程"的各项要求，主动接受社会监督，考试录取公正灵活。

②招生政策的效果

成都航院招生政策取得了良好的效果，招生计划超额完成，随迁子女招收数量逐年递增。

2016年，成都航院在四川省开展自主招生工作，自主招生计划纳入学校当年国家核定的招生计划总数内。成都航院2016年自主招生计划为760人，包括普通类、对口类专科层次710人，特长类50人，学校实际招生769人，其中还包括西藏"9+3"计划46人。就2013~2016年学校通过自主招生考试招收随迁子女的情况来看，录取人数逐年略有递增。

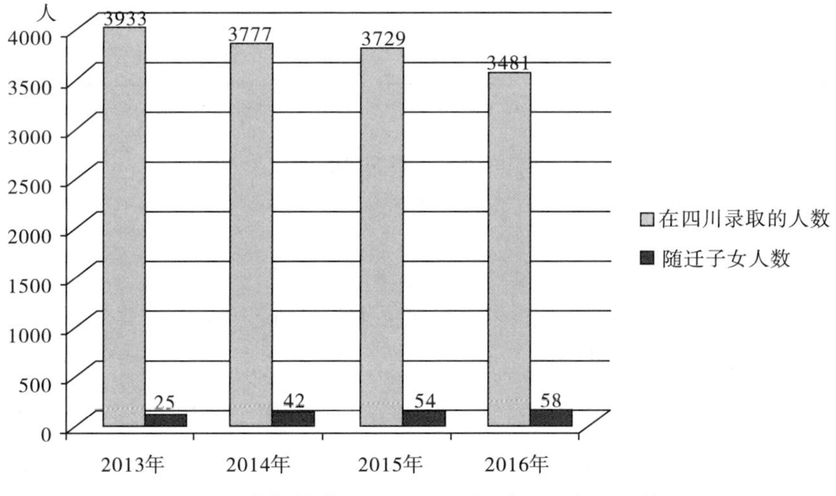

图5-9　成都航院2013~2016年随迁子女录取情况

（5）异地升学考试政策颁布后的招生数量与结构的统计与分析

自2014年四川省颁布异地升学考试政策以来，成都航院共招收随迁子女154人（2014~2016年人数总和），其中通过自主招生录取的随迁子女46人。2014年，成都航院在四川共录取3777人，自主招生考试录取532人，占录取总数的14.1%；其中流动人口随迁子女共录取42人，占录取总数的1.1%；通过自主招生录取的随迁子女共8人，占自主招生录取总数的1.5%。2015年，成都航院在四川共录取3729人，自主招生考试录取848人，占录取总数的22.7%；其中流动人口随迁子女共录取54人，占录取总数的1.4%；通过自主招生录取的随迁子女共20人，占自主招生录取总数的2.4%。2016年，成都航院在四川共录取3481人，自主招生考试录取819人，占录取总数的23.5%；其中流动人口随迁子女共录取58人，占录取总数的1.7%；通过自主招生录取的随迁子女共18人，占自主招生录取总数的2.2%。

表5-2 成都航院2014~2016年录取情况

单位：人

年份	在四川录取的总数	自主招生录取数	随迁子女录取数	自主招生随迁子女录取数
2014年	3777	532	42	8
2015年	3729	848	54	20
2016年	3481	819	58	18

第四节　调研发现

一、政策知晓情况

相关利益群体对具体政策缺乏准确了解。大部分学生及学生家长对流动人口随迁子女异地升学考试政策仅限于知道有政策出台，对政策的具体内容缺乏准确、完整的了解。相关利益群体对当地政策允许报考的学校类型的判断要好于对政策实施的年份、具体准入条件的知晓，学生对政策具体内容的了解程度要好于家长。从当地政策的具体准入条件看，仅有少数学生能正确判断允许报考的学校类型。从政策实施的时间看，仅有少数学生、家长能正确判断当地政策开始实施的年份，被调查的大多数家长不了解所在城市开始实施政策的具体年份。

二、政策实施情况

1.随迁子女异地升学考试在四川已成为常态化现象

随着“两为主”政策的落实，随迁子女在四川省接受义务教育问题基本得到解决。在随迁子女数量持续增长的情况下，他们继续升学的愿望与现实政策之间的冲突成为教育领域的焦点问题。随着异地升学考试政策的深化，随迁子女在异地参加升学考试将成为常态化现象。

2.职业教育对随迁子女吸引力不大

四川省已对随迁子女开放普通高考，但当前职业教育对随迁子女的吸引力较低，未能有效增加随迁子女义务教育后的选择机会。

3.招生门槛仍需调整

学籍作为准入条件得到了最多的认可，社会保险作为准入条件的合理性评价最低。具体来看，县内不流动学生、省内流动学生和跨省流动学生对学籍这一条件的认可比例分别为52.1%、57.6%、49.6%，县内不流动家长、省内流动家长和跨省流动家长对学籍这一条件的认可比例分别为43.9%、52.8%、52.8%。社会保险作为准入条件的合理性评价最低。县内不流动学生、省内流动学生和跨省流动学生对社会保险作为准入条件的认可比例分别为1.5%、0.8%、2.1%，县内不流动家长、省内流动家长和跨省流动家长对这一条件的认可比例分别为3.9%、1.1%、2.1%。

三、政策传播途径及效果

学校和教师是学生了解流动人口随迁子女异地升学考试政策的主要渠道，家长在政策信息的传播过程中也占据较大的比例。其他信息渠道中，电视、网络、报纸、广播等媒介在异地升学考试政策传播中的比例依次降低。

四、政策利益相关者对政策的态度和评价

随迁子女家长对政策的满意度较高，本地家长对政策表示不关心。异地升学考试政策的出台，在一定程度上解决了随迁子女的教育需求，这使得流

动人口家庭对这一政策实施的满意度较高，受访随迁子女家长对异地升学考试政策的接纳情况整体较好。随迁子女家长对异地升学考试政策实施的满意评价高于本地家长。

五、随迁子女在校的综合表现和职业发展规划

据对学生、辅导员及教务部门的访谈可知，随迁子女并未成为学校中的特殊群体，综合表现与一般学生无明显差异，部分受访者表示“相比本地学生，一些随迁子女在生活自理能力方面、自律方面有着更好的行为表现，与留守儿童不同，随迁子女有适应性强、做事踏实等特点”。

在职业发展规划方面，随迁子女对职业发展的规划更为开阔，主要拟就业地区为四川省、原籍地和东部发达地区。

六、政策设想与需求建议

1.合理调整招生政策

解决进城务工人员随迁子女就读是流入地的责任，也是保持成都在西部地区竞争优势的需要。成都应根据区域经济发展规划及人口变动趋势，合理调整学校招生布局，充分挖掘随迁子女潜力，努力扩大招生规模，切实缓解随迁子女升学难的状况。

2.适当减轻随迁子女就学负担

完善保障进城务工人员随迁子女教育经费筹措的机制，按比例向区（市）县教育行政部门划拨财政专项补助资金，并在许可的范围内逐年加大学校资金的投入。对特殊情况的随迁子女减少或免收学费。调查中有被调查者“希望随迁子女能够获得经济上的支持”。

3.进一步改善随迁子女就学条件

进城务工人员群体存在较大的流动性，同时自身文化素质和时间精力限制了其对资源信息的关注和获取能力。这给教育部门带来学籍和学生质量监控上的管理难题。因此，这个群体的问题比较复杂，不仅涉及教育部门，还涉及公安部门、民政部门以及务工单位等，需要针对这个群体进行综合的管理，在提高进城务工人员自身水平的同时为其子女就学创造更好的条件。

第五节 分析与讨论

一、政策执行过程中的问题与需求

1. 异地升学考试政策的宣传效果有待提高

大部分学生及家长对异地升学考试政策仅限于知道“有”，对具体内容缺乏准确、完整的了解。如初中随迁子女、初中流动家长、高中随迁子女、高中流动家长，能完整、正确地判断当地政策具体准入条件的比例仅占三成左右，仅有两成左右的高中随迁子女能正确判断当地政策的实施年份。

2. 随迁子女异地升学考试政策的准入条件应更合理些

对随迁子女在流入地参加升学考试的准入条件设置应充分考虑舆论倾向，系统考察影响随迁子女参加异地升学考试意愿及相关政策的舆情，避免准入条件规定一刀切的简单化现象，以免影响政策的实施效果。社保成为各项准入条件中最难实现的一个，大部分随迁子女家庭不能满足社保缴纳规定。其他各项准入条件中，省内流动家庭和跨省流动家庭中最容易满足的条件依次为学籍、就学年限、居住证/暂住证、合法稳定职业、稳定住所。

3. 职业教育对随迁子女的吸引力有待提高

由于客观环境的制约，在异地升学考试的政策设计上，将职业教育作为随迁子女义务教育后的重要选择。但在社会对职业教育认可度偏低的大环境下，职业教育对于随迁子女的吸引力也偏低。

4. 流动人口发展态势预测手段不够精准

由于流动的特点，随迁子女在各学区的分布变动较大。教育主管部门对辖区内随迁子女数量的变动缺乏精确预测手段，这在一定程度上影响了教育资源配置的效率，一定程度上影响了相关政策的及时调整。

二、影响政策成效的因素分析

1. 消极因素

（1）教育资源区域配置不平衡

随迁子女异地升学问题的出现，归根结底是因为区域间优质高等教育资源的配置不平衡。从产业经济学的视角来看，高等教育属于劳动密集型产业和资源消耗型产业。也就是说，高等教育本身其实并不能直接产生经济效益，也不是以获得经济效益为主要目的，但是它却需要在正常运营过程中耗费掉大量的人力、物力、财力。此外，高等教育属于准公共属性，这就决定了政府是其主要资助主体。目前，我国绝大多数高等院校都是以政府财政拨款为主要资源来维持正常运行的。我国高校资助体系属于大部分以地方政府为主要资助主体，少数重点高校则是以中央和地方财政资助相结合。这些基本特征决定了高等教育的发展水平与其所在区域的经济发展程度息息相关，其所在区域的经济水平越高，就意味着能够获得更多的财政资助，因此其发展程度就高，反之亦然。

（2）地方争夺政策性“利益高地”

深入分析可以发现，政策倾斜是导致地区录取分数存在差异的主要原因。虽然政策的主要出发点是给落后地区和民族地区的经济、教育以不同程度的补偿和扶持，但却由于政策倾斜使得部分地区实质上有了更为宽松的考试环境和更多的入学机会，因此形成了事实上的“利益高地”，也有人称之为“高考洼地”。而这种高地的存在使得人们逐渐感觉到了特殊利益的存在，包括由于接受教育的差距而体现出来的社会地位和收入上的差距，故而会引来多方的争夺者。可见，对优质的高等教育资源和具有诱惑力的入学机会的争夺是导致不同利益相关群体之争的根本动因，如果解决不当，必然会使部分投机者利用政策“缝隙”为自己谋利，导致“高考移民”现象的蔓延。这不仅给当地造成了各方面的压力，而且是导致各种腐败现象产生的重要诱因，畸形的竞争会使教育公平环境被破坏。

2.积极因素

（1）政府及社会关注是前提

随迁子女异地升学问题一提出来，就引来社会各界的热议，它不仅涉及高考制度和户籍制度的改革与完善，也涉及我国城市管理、社会保障、社会管理和公共服务体制的完善，教育资源合理配置等教育内外诸多方面，情况十分复杂。本地人和外来人口的具体利益冲突，区域间高考录取指标的差异，以及教育资源质量的不均衡的争论，使得这一问题一再升温，受到了政府及社会各界的广泛关注。2009年，教育部针对即将出台的《国家中长期教育改革和发展规划纲要（2010—2020年）》征求意见，专门召开了考试招生制度改革座谈会，所有与会人员几乎都提出了取消高考户籍限制的建议。2009年两会期间，对于是否取消高考户籍限制的相关问题也成为热议的话题。自2012年3月起，北京、上海、广州等地的外来务工人员就开始以其随迁子女监护人身份，组织了教育公平志愿者团队，采用了上访教育部，召开媒体见面会，拜访关注教育的学者和名人，给教育部长发公开信，给两会代表发公开信等各种法律允许的手段展开相关的维权活动，旨在推动相关政策的改进。2012年8月出台的《关于做好进城务工人员随迁子女接受义务教育后在当地参加升学考试工作的意见》强调，各省要因地制宜地制定随迁子女升学考试具体政策。这就使得各地区有了很大的自主权去设定适合本地情况的条件，尤其是对于人口流入集中的地区来说，这无疑是一个极大的考验。各方因素的相互关联使得异地高考问题可谓牵一发而动全身，是当下一个难以完全克服的难题，但却是教育改革发展的必然趋势。同一个问题在不同时期人们关注的具体方向也往往不尽相同，因此应顺应时代发展的要求，循序渐进地去改善甚至解决这一问题。

（2）现有政策是基础

我国流动人口随迁子女异地升学问题的产生不是偶然现象，而是有其历史根源的，是随着经济的发展、社会的进步而出现的，并且问题过程是动态的，其重点与所指是随着旧问题的改善与解决、新问题的出现和变化而变化的。从20世纪90年代中后期开始，政府及社会各界逐渐关注流动学龄儿童的就学问题，直到就学办法的提出、细化甚至立法，再到一系列保障性政策的出台，政策对象从农民工随迁子女到包含了非农业户籍和农业户籍两类外来务工人员随迁子女的扩展，政策所指范围从义务教育阶段教育问题到义务教育后随迁子女升学问题的转变等，都可以看出，在随迁子女教育政策上的研究是随着社会经济的发展而变化的，关注点和认识度也是在不断转变和深入的。因此，外来务工人员随迁子女在流入地参加升学考试的相关政策的研究和完善过程，也必然会沿袭这样一个动态的特点。2010年出台的《国家中长期教育改革和发展规划纲要（2010—2020年）》中有关高考改革的宏观制度设计为随迁子女异地高考提供了机遇，其中指出要“完善高等学校招生名额分配方式和招生录取办法，建立健全有利于促进入学机会公平、有利于优秀人才选拔的多元录取机制”。此后，中央及地方政府积极响应该纲要要求，探索高考招生制度新模式。社会各界人士也都为随迁子女异地升学考试提出想法和设计方案。2012年8月，《关于做好进城务工人员随迁子女接受义务教育后在当地参加升学考试工作的意见》进一步推动了具体方案的出台。截至2018年，除西藏外，其余30个省（自治区、直辖市）（不含港澳台）都相继出台了具体方案，虽然方案内容还具有一定的局限性，也并不能确定方案实施的效果如何，但是现有方案的提出为随迁子女异地升学考试提供了政策依据和实践雏形。此外，近年国家出台的一系列助学和奖学政策，如在高中教育阶段有中职的学费减免和贫困资助，在高等教育阶段有绿色通道、助学贷款等，这在一定程度上减轻了有经济困难的外来务工人员的家庭负担，为其随迁子女升学提供了良好的保障。

（3）丰富教育资源是条件

我国的高等教育资源主要集中于大中型城市，而这些城市也正是流动人口聚集的区域。高等职业院校的招生数量较少，还有巨大的招生空间。我国生源的数量在未来几年将是一个持续减少的态势，对于四川来讲也不例外，许多高职高专院校已经面临生源危机。许多外来务工人员随迁子女对高等职业教育有着相对旺盛的需求，如果允许其在当地直接申请注册入学，这在一定程度上既可以弥补生源的不足，使城市高职教育资源得以有效利用，还可以进一步增强高职院校为农村培养人才和为农村服务的能力。同时，异地高考的开启能够促进教育资源重新整合，有利于节约教育资源，统筹发展。

第六节　政策建议

流动人口随迁子女升学问题是我国城镇化进程的产物，是教育问题，也是社会问题。因此需要从国家层面进行统筹，以省级政府为主体，协调包括教育行政部门在内的政府各个部门，以及学校、家长等参与配合来共同解决。根据我国目前实际情况，问题的解决应该循序渐进、分情况、分阶段地推进和改革，从逐渐改善到彻底解决。

1.继续出台有关政策法规，把控宏观大局

在随迁子女异地升学问题中，本地户籍居民和非本地户籍居民的矛盾是政策实施过程的重要问题之一。因此，从国家层面来讲，相关部门应该继续从宏观层面把控大局，出台相关政策法规，对有关事项做出规定，并设定最低标准。

首先，由于随迁子女异地升学考试事关教育发展全局，涉及群众诸多切身利益，政府需建立科学化、民主化、法治化的决策机制，全面落实公众参与、专家论证、风险评估、合法性审查和集体讨论决定的程序要求，广泛听取各利益相关群体意见，确保各方群众的教育知情权、参与权、表达权和监督权。

其次，从国家层面出台相关政策，对现有有关高考问题的政策法规进行修订，制定专门针对外来务工人员随迁子女高考问题的可操作性政策法规。由于我国各地情况不同，因此在政策法规中可以进行最低标准的限定，包括录取比例和适考标准两个方面。在加大对地方高等院校招生计划宏观调控的基础上，适度下放权力，让院校有权根据当年报考情况适度调整招生计划，但切不可完全将权力下放，如由各省市自主制定相关政策，避免出现过度的地方保护主义现象。要进一步明确各级政府的义务和责任，敦促各地尽快完善方案细则，并进一步探索和完善借考政策，对于不具备适考条件的考生允许其在流入地借考。

最后，应积极建立配套的保障性政策及监督体系以确保政策的有效实施，如为随迁子女设立国家专项资金，以减轻地方的财政负担，使地方政府有足够的经济力量来合理地分配教育资源，避免相关政策的执行受到限制。此外，完善的监督体系和政策执行效果评估体系也应建立并逐步完善，防止“高考移民”现象的发生，以切实保障外来务工人员随迁子女就地参加升学考试的权利。

2.完善实施细则，建立配套政策

随迁子女升学问题的解决不能一蹴而就，需要分阶段、分步骤去实现。在考虑城市承载力的同时，有关部门应该积极探索和制定相关政策，并随着问题重心的转移不断完善实施细则。

第一，合理界定适考标准。我国目前各省、自治区、直辖市关于随迁子女异地升学考试的方案基本已经公布，但是关注度最高的北京、上海两市出台的方案并不令人满意，而且方案中的一些规定体现出了潜在的歧视思想：为什么外来务工人员随迁子女只能报考中职、高职？对城市的贡献大小是遵循了怎样的标准？不管父母工作、学历如何，其子女难道不应该享有平等的受教育权吗？这样的方案不仅有违教育公平，也不利于社会和谐，自然也不能被公众所全面接受。

在适考标准问题上，应该主要以学生是否在其常住地长期接受教育为标准，一般应符合在常住地有完整的高中学籍，并就读连续满3年以上。对于部分竞争压力较大，人均可享受资源较为紧张的地区来说，可以将完整初中学籍及就读经历加入标准之中。学生父母的职业、社保等应作为防止“高考移民”的有效证明参考，不应该作为判断其子女是否能在本地参加高考的直接依据。考虑到各地在经济、教育等方面的发展情况不尽相同，对于北京、上海这样拥有丰富优质教育资源的流动人口聚集地，适考标准的设定应该遵循循序渐进的原则。起初可用某些条件如随迁子女父母的常住证明、社保证明等作为辅助依据来限定适考人群范围，但随着未来本地户籍生源的逐渐减少，这个范围应该逐渐扩大，最终标准还将直接落在学生是否在其常住地有完整的学籍和就读经历上。

第二，积极推进异地中考政策，与异地高考政策相衔接。目前国家对于是否允许随迁子女在流入地参加中考这一问题并没有明确的政策规定，异地中考政策局限性很强，且标准不一，因此惠及面较窄。而且由于条件限制较多、报考程序复杂、手续烦琐，加上借读成本较高以及面临在流入地接受完高中教育后依然无法参加高考的事实，很多外来务工人员还是选择让其子女回户籍地就读高中。但这不仅不利于随迁子女课程学习的连续性，也不利于其健康心理的养成。因此建议各地从政策层面明确允许外来务工人员随迁子女在流入地参加中考，并完善政策实施的细则，积极稳妥地推进外来务工人员随迁子女升学考试工作，让外来务工人员随迁子女能够在流入地参加中学升学考试，获得在流入地接受高中阶段教育的机会，实现随迁子女异地升学政策的有效衔接。

第三，完善借考政策，允许暂不具备适考条件的考生在其常住地借考。各地出台的方案不可能满足所有外来务工人员随迁子女，然而如果不满足考试条件的考生只能回其户籍所在地参加高考，可能面临由教材和考题差异而引起的考试失利，对于考生来说极不公平。为了保证暂不满足异地高考条件的考生受教育的连续性以及公平竞争性，各地应积极出台有关借考政策，允许暂不符合条件的随迁子女在流入地参加高考借考。只要考生能够提供相关的证明和申请，经其户籍所在地相关部门批准，可以在现常住地参加高考借考，考试分数通过一定条件的转换后回户籍所在地进行录取工作，不占用流入地的普通本科招生指标。还必须强调的是，在考生进行高考报名时，有关部门应严格审核其报考条件，同时加强监管力度，避免“高考移民”现象的出现。

第四，进一步深化职业教育改革，扩大中等和高等职业教育的免学费范围，向农村进城务工人员随迁子女全面开放免费的职业教育，为其提供义务教育后的受教育选择机会。同时，以服务为宗旨，以就业为导向，以改革创新为动力，不断调整结构、加强管理，深入落实教育部促进中等和高等职业教育协调发展座谈会的精神，积极推进中等和高等职业教育协调发展的现代职业教育体系建设，着力培养高素质技术技能人才，使之服务经济社会发展和人的全面发展的能力与水平得到进一步提高。为有需要或者暂不满足异地高考适考标准的外来务工人员随迁子女提供一条在流入地继续升学、接受高等教育的暂行通道，满足其接受职业教育的需求，同时满足经济社会对高素质劳动者和技能型人才的需求。

3.改革高考制度，建立多元升学体系

随迁子女异地升学问题可以说是我国特有的，这是由我国的国情和与户籍制度相关的高考制度所决定的，因此是富有中国特色的特殊性问题。问题的解决最终还是需要落脚在改革现有高考制度上，应逐步建立起一套多元化的升学录取体系，使之与户籍制度逐渐分离。

统观世界各国的大学入学考试制度，基本可以分为三类。一是中学会考类，包括法国、英国、意大利、荷兰等国家。以法国为例，萨瓦里法规定禁止任何形式的筛选，以中等教育毕业证书为大学入学资格，学生根据在不同的中等学校学习的内容和年限分别进入不同类型的大学学习。二是分数等级类，包括埃及、丹麦等国家，主要是以学生分数等级高低来规定其所能报考的高校类型。三是统一考试类，包括美国、日本、泰国等国家。[①]如美国，虽然有必需入学考试，但是并不唯一，而且机会很多。SAT（Scholastic Assessment Test）和ACT（American College Test）是其考试类型，每年分别有

①瞿增敏.各国高考制度的类型及发展趋向[J].上海教育科研，1987（4）：46-47，50.

7次和5次考试机会。同时，美国“高考”的录取标准多样而不划一，不同类型的大学录取标准也不一样，主要有开放式招生、半开放式招生及竞争选拔式招生。另外，美国高校与考生之间是双向选择的关系，考生在参加“高考”时并不被动。[①]而在我国，一方面高考报名资格受到了户籍的限制，另一方面我国目前采取的是分省命题统一考试的方式进行高考，这就使得随迁子女面临无法在流入地参加高考，回户籍地考试又存在教材不一致等问题的困境。因此，研究问题的特殊性要求我们必须要深入分析问题所产生的背景原因，并结合我国的特殊国情，综合考虑多方影响因素。

开放随迁子女异地升学考试，是推进我国教育走向公平化的重要举措。然而目前我国推行的方案思路，只是由各地因地制宜地设定适考标准。这种解决方案的思路在流动人口不多或高考竞争激烈的地区是可以行得通的，但是在流动人口聚集及属于“高考洼地”的地区则很难推进，如北京、上海，不管之后设置了怎样的适考标准，只要是局限于现行的高考制度框架内，就无法彻底解决随迁子女异地升学考试问题。因此，要想最终彻底解决这一问题，就必须改革我国现行的高考制度。

完整的高考制度包括考试制度和招生录取制度两方面，因此高考制度改革就是对考试制度和录取制度的重新构建与完善。在考试制度方面，我国可以学习和借鉴西方发达国家考试选拔制度的优点，逐渐推行统一的高校入学资格认证制度。根据我国各地基础教育存在的巨大差异，可以分为不同的等级认证，根据考生所考等级的不同限定其所能报考的学校层次及类别。考试内容在设计时不仅要考虑能否有效考查教育发达地区考生的基本素质，同时也要考虑如何充分挖掘教育欠发达地区考生的基本潜力。此外，除了对考生知识水平的考查外，还应该对其综合素质水平进行立体认证，通过量化使之成为各高校录取考生的综合依据。这不仅有利于高校选拔综合素质水平高的学生，还有利于消除现有的应试教育现象，推进素质教育在基础教育中的有效实施。在招生录取制度方面，必须打破现行的以省为单位，按计划指标集中录取的录取制度。录取制度的改革实为对高等教育资源的再次分配，因此应统筹安排，合理设计。建议招生名额由国家按照当年各地高考考生基数统一分配，然后根据各高校的实际情况分配相应的招生指标，如个别地区有特

①高云坚.美国高考录取模式对我国高考改革的启示[J].高教探索，2010（4）：64-67.

殊情况，可适当予以照顾。此外，扩大高校的自主招生权，逐步形成“学校依法自主招生，学生多次选择，逐步形成分类考试、综合评价、多元录取”的考试招生制度。如重点大学实行基于统一测试的完全自主招生，高职高专院校实行注册入学等。这样不仅能够有效解决入学机会分配不公的问题，还能最大程度地选拔出高校所需要的各类高素质人才，从而增强高校的活力和竞争力。

4.树立正确观念，提升随迁子女社会融合度

流动人口随迁子女在教育上存在着差异性需求，并非所有随迁子女都会选择在接受普通高中教育之后升入高等院校。因此，社会各界尤其是户籍地居民并不用过分担心开放异地高考会严重损害本地考生的具体利益。在此问题的解决过程中，社会各界需要树立一个正确的观念，政府、学校、媒体和家庭等应协调合作，共同为随迁子女能够接受良好教育并顺利升学营造良好氛围。

从政府层面来说，应该积极发挥引导作用，做好相关的宣传和指导工作，努力消除经济、制度及文化上的排斥，提升相互的理解，创造一个和谐融洽的社会环境。本书所涉及的外来务工人员不仅仅指的是农村进城务工人员，也有很多来自城市的流动人口，他们很多人为了生存或者实现自己的人生价值来到现居住城市并长期生活、工作在这里，为城市的发展做出了巨大的贡献，是一定意义上的新市民。而其随迁子女也有相当多是在城市出生、长大，但是由于人们对户籍存在偏见，使其很小就意识到自己与本地学生的差别，严重影响了其身心的健康发展。同时，本地户籍居民有优越感，对外来务工人员将要分享其利益抱有排斥心理，这对随迁子女异地升学考试政策的推进是十分不利的，同样也不利于城市社会的和谐发展。因此，政府相关部门应积极发挥引导作用，通过各类媒介向公众传递积极向上的、融洽的社会关系，使本地居民能够摒弃户籍制度的偏见，以及由于经济等因素而产生的排斥，从而增加本地居民对外来务工人员的理解与认同，为随迁子女异地升学考试的推进及高考制度的改革营造和谐的社会氛围。

从学校层面来说，随迁子女的学生教育及心理健康教育都与学校有着不可分割的联系，而学校对随迁子女是否有一个正确的价值定位，对于随迁子女的集体融入教育及其未来的升学选择都有着直接的影响。对于学校，应当

对随迁子女树立正确的价值定位，不能将其与本地学生区别对待，从而使随迁子女能够更好地融入当地的学校教育中。此外，学校在负担起教育外来务工人员随迁子女的责任的同时，也要及时与学生和家长进行沟通，向有需要的外来务工人员家庭提供教育支持，帮助家长树立起正确的教育理念，引导其教育行为向着有助于学生成长的方向发展。同时，在学生升学问题上给予充分的介绍和指导，如各级各类学校教育的特点和优势，政府的有关优惠性教育政策等，帮助学生和家长在升学问题上树立起正确的观念，让学生根据自身具体情况理性选择毕业后的发展方向。此外，学校应积极分析本校自主招生政策与国家和地方政策之间的距离和空间，为招收随迁子女奠定合理的效益基础。通过完善自主招生制度设计，增加招收随迁子女的数量，并优化形成可持续的招生政策，促进随迁子女在流入地接受高等教育，为地方高职院校创新招生方式提供成功经验和可行路径。学校还应当加快职业教育体系建设，开发城市职业教育资源；打通中职与本科技术技能人才的培养通道，在“中本贯通”基础上，尝试应用型本科与专业硕士学位对接，以增强职业教育对随迁子女家庭的吸引力，增加随迁子女义务教育后的选择机会。

从媒体层面来说，应当关注随迁子女接受更高阶段教育的强烈意愿，在客观了解随迁子女教育需求信息的前提下，创造条件对教育资源的有效规划和合理配置做出引导，为有需求的随迁子女家庭提供相关教育信息与服务。电视、网络、报纸、广播等媒介在异地升学考试政策传播中还应发挥更大的作用，要积极开展宣传引导工作，广泛运用受众面广、人民群众喜闻乐见的新媒体传播政策信息，及时提供相关的资讯宣传与咨询服务。

从家庭层面来说，家庭环境是影响子女教育的重要因素，正确的教育观和教育方法能够促进学生教育及身心的健康发展。一般来说，稳定的家庭环境有利于子女的成长和教育，因此建议家长在工作、生活中避免频繁迁移，以免对子女的教育和身心健康产生不利影响。此外，家长应该主动树立起正确的教育观，从家庭需求和子女教育的实际情况出发，选择适合的教育途径。同时应该理性对待子女的就学升学问题，优质的教育资源虽然每个人都有权利去享有，但是作为家长，一定要理性分析，结合实际情况做出选择，避免因畸形竞争而产生更为不利的影响。

政府、家庭、学校在学生受教育过程中是不可分割的利益相关群体。政府在这一利益关系圈中，应当积极引导，采取一定的措施激励学校发挥其教育、帮助和引导作用，使家长能够树立起正确的教育观，配合学校教育的顺利进行，从而在政府、学校、媒体和家庭间形成一个良性的关系循环，共同为随迁子女教育创造一个良好的社会环境。

第六章 贵州省高职院校自主招生招收随迁子女的政策分析与实践研究

自2012年《关于做好进城务工人员随迁子女接受义务教育后在当地参加升学考试工作的意见》颁布后，贵州省也相继出台了相关文件。贵州虽然不是随迁子女流入大省，但也与国内其他区域一样存在随迁子女接受义务教育、义务教育后继续升学的问题。了解分析贵州高职院校自主招生招收随迁子女的政策，获得有益的实践经验，能为全国最终全面开放异地高考提供政策参考。

第一节 贵州省随迁子女异地高考调研背景

一、贵州省社会经济发展现状与特征

贵州省简称“黔”或“贵”，位于中国西南的东南部，地处长江和珠江上游，东毗湖南省、南邻广西壮族自治区、西连云南省、北接四川省和重庆市。

贵州省面积17.6万平方千米，占全国国土面积的1.8%，平均海拔1100米，夏季平均气温23.1℃。山地和丘陵占92.5%，是全国唯一没有平原支撑的省份，历来被称为“八山一水一分田”，意思是贵州省地形地貌有十分之八是山，十分之一是水，十分之一是田，说明贵州省山多水少田地少。

贵州省的社会经济发展相对滞后，从2014年至2016年的数据分析可见一斑。贵州省2014年地区生产总值9266.39亿元，全国排名26位。人均地区生产总值26437

元，全国排名31位。财政总收入2130.9亿元。城镇常住居民人均可支配收入22548元，农村常住居民人均可支配收入6671元。[①]

2015年全省地区生产总值（GDP）突破1万亿元，为10502.56亿元，比上年增长10.7%；比“十二五”规划目标（8400亿元）超额完成2102.56亿元。“十二五”时期，全省地区生产总值年均增加1180.08亿元，年均增长12.5%。贵州省地区生产总值占全国的比例由2010年的1.13%提高到2015年的1.55%。[②]

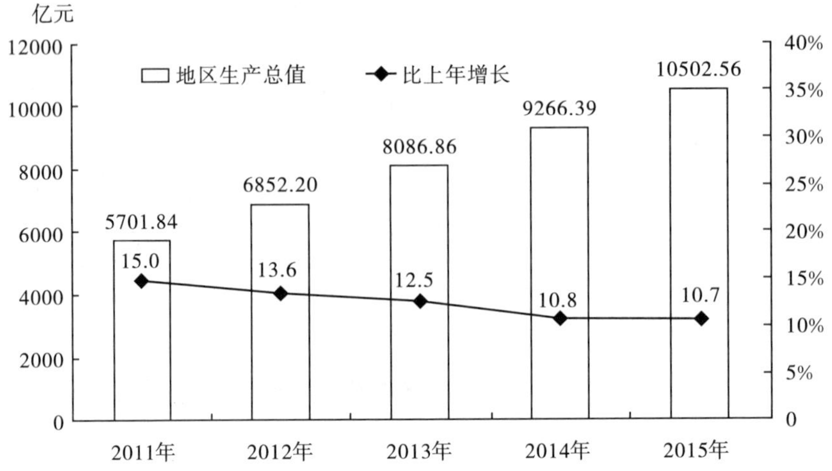

图6-1　2011～2015年贵州省地区生产总值及其增长速度[②]

据贵州省统计局统计，2016年1～6月贵州省地区生产总值4936.61亿元，同比增长10.5%，增速较一季度加快0.2个百分点[③]，GDP名义增速13.45%。规模以上工业增加值1940.90亿元，同比增长9.7%，增速较1～5月加快0.1个百分点，名义增速12.85%。固定资产投资4723.02亿元，比上年同期增长21.5%，增速较1～5月加快0.5个百分点。财政总收入1297.71亿元，比上年同期增长9.3%，增速比上年同期加快4.7个百分点。其中，一般公共预算收入853.26亿元，增长13.5%，增速比上年同期加快8.2个百分点。居民人均可支配收入7127元，比上年同期名义增长10.3%。按常住地分，城镇常住居民

①贵州省统计局，国家统计局贵州调查总队.贵州统计年鉴2015[M].北京：中国统计出版社，2015.

②2015年贵州省国民经济和社会发展统计公报[EB/OL].(2016-07-21)[2019-05-25].http://cn.china-gate.cn/reports/2016-07/21/content_38931295.htm.

③贵州省统计局.前三季度贵州经济稳中向好[EB/OL].（2016-11-14）[2019-05-25]. http://stjj.guizhou.gov.cn/tjsj_35719/tjxx_35728/201611/t20161114_23322701.html.

人均可支配收入13430元，名义增长9.3%；农村常住居民人均可支配收入3441元，名义增长10.5%。2016年贵州省地区生产总值再破万亿，增速继续位居全国前列。初步核算，2016年全省地区生产总值11776.73亿元，比上年增长10.5%，增速高于全国（6.7%）3.8个百分点。这是继2015年之后，贵州省GDP再次突破万亿元，同时根据各省份公布的数据，贵州省GDP增速仅落后于西藏和重庆。10.5%的增速是继2010年后，贵州省连续6年GDP增速居全国前三位。除了GDP快速增长，贵州省生产总值占全国经济总量的比例也在稳步提升，2016年为1.58%，比上年提高0.05个百分点。第一产业增加值1846.19亿元，比上年增长6.0%；第二产业增加值4669.53亿元，增长11.3%；第三产业增加值5261.01亿元，增长11.4%。人均地区生产总值达到33246元，比上年增加3293元。①但2016年贵州省的GDP排名在全国居第25名，可见近年来贵州的经济呈现良性发展，具有增速快、排名靠后的区域经济特点。

二、贵州省人口流动与发展趋势

贵州省作为经济社会发展欠发达地区，农村剩余劳动力量大且无法完全被本地消化，因此一直以来贵州省的流动人口以流出为主，其中70%流向省外，在流向省外的人群中，约70%的人口流向广东省和浙江省。但随着国家西部大开发战略的实施，贵州省不断推进加速发展、加快转型、推动跨越，城镇化进程加快，经济社会不断发展，贵州省对流动人口的吸引力不断增强，因而呈现出贵州省流动人口在省内流动数量的占比上升及省外流入人口不断增加的态势。

对以“贵州省流动人口”为关键字搜索所得的相关文献进行分析整理，发现目前这方面的研究甚少，主要分为三类：第一类是在城镇化战略背景下的贵州省流动人口现状分析；第二类对贵州省少数民族的流动人口现状进行分析；第三类研究贵州省流动人口的服务管理系统。

2011年，贵州省明确重点实施工业强省和城镇化带动两大主战略，统筹推进工业化、城镇化、农业现代化同步。贵州一直都是人口流出大省，而流动人口群体是实现城镇化的最具潜力的部分，在城镇化带动战略背景之下，贵州的流动人口会发生什么样的变化，贵州又如何抓住机遇推进城镇化健康

①贵州省统计局，国家统计局贵州调查总队．贵州统计年鉴2017[M]．北京：中国统计出版社，2017.

发展，关键在于解决流动人口问题。

1. 贵州省流动人口基本情况

2010年贵州省共登记流动人口706.0万余人，流入人口233.2万人。其中，贵阳市占47.53%，超过110万人。[①]根据贵州省卫计委（现贵州省卫生健康委员会）统计，流出贵州省的人口数量从2011年末的549万人增加到2014年的581万人，流入贵州省的人口数量也不断增长，从2011年末的52万人增加到2015年6月末的91万人。[②]贵州省经济社会持续快速发展，带动流动人口规模进一步扩大。

将全省作为一个开放系统，在时点上准确反映人口的流动情况。2003年贵州省流动人口总计355万人，其中本省籍流动人口330万人，省外流入25万人，跨省流出260万人。除受金融危机影响2009年末流动人口数下降至593.6万外，贵州省流动人口持续增长，2003～2013年，每年净增50万人左右。截至2013年11月30日，全省共有流动人口884.7万人。其中，按户籍划分，贵州省籍流动人口805.7万人，省外流入人口79万人；按流向划分，本省籍人口562.6万人流向省外，省内跨县流动的本省户籍人口186.5万人，县内跨乡镇流动56.6万人。

贵州省流动人口的结构显示：2003～2013年，在本省户籍流动人口中，男性比例为55%～57%，女性比例在43%～45%，省外流入人口中，男性比例为56%～59%，女性比例在41%～44%；二者之间不存在明显差异，符合"男性占据主导地位"的流动法则。贵州省的流动人口受教育程度普遍较低，以初中为主，占56.28%，未上学的占2.08%，较高层次的具有研究生学历的仅占被调查总数的0.05%，而且存在女性受教育程度略低于男性的现象。[③]

根据2003～2013年贵州省流动人口的数据分析，全省流动人口的流量和流向呈现出以下规律和特点。一是贵州省流动人口以本省户籍的流动人口为主，本省户籍流动人口占据贵州省流动人口总数的90%以上，外省户籍的流动人口仅占6%～8%。二是本省户籍的流动人口持续性增长，从2003年末的

①贵州10月1日起全省流动人口将办"居住证"[EB/OL].（2012-05-26）[2021-01-26]. https://news.ifeng.com/c/7fcFQjfL1mQ.

②王奇，龙炉连."贵州人"却哪儿了？近7成去浙江和广东[N/OL]. 贵州都市报，2015-07-31[2021-01-26]. http://news.gog.cn/system/2015/07/31/014465299.shtml.

③杜双燕.城镇化带动战略背景下贵州省流动人口问题研究[J].贵州社会科学，2014（12）：108-113.

330万人增长到2014年6月的857万人。三是本省户籍流动人口以跨省流出为主，占70%以上，主要流向珠三角和长三角地区；省内流动占比20%以上。[①]截至2013年11月30日，本省跨省流出人口562.6万，占省籍流动人口的69.8%。一大流向是珠三角区域，有286万人，占跨省流出的50.8%。主要流向广东省的有172万人，占跨省流出的30.6%；其次为福建省有58万人，占跨省流出的10.3%；流向云南省有28万人，占跨省流出的5.0%；流向广西有6万人，流向其余各省份不足5万人。另一大流向是长三角的苏、浙、沪，共有257万人，占跨省流出的45.7%。其中流向浙江省的有221万人，占跨省流出的39.3%，其次为江苏省有21万人，上海市有15万人。浙江省、广东省是贵州省流动人口的两个流向大省，流向这两个省的人数占贵州省跨省流出人数的70%。另外，福建、云南、江苏和上海也属于贵州省流出人口较为集中的地区。随着区域优势的凸显和劳动报酬的差异，自2012年3月起，浙江省超过广东省成为贵州省流出人口的第一流入大省。省外流入贵州的人口在基数较小的情况下，从2003年末的25万人增长到2013年11月末的79万人，年均增长5.4万人。从贵州省的统计数据来看，省外流入贵州省人口从2011年末的52万人逐年增加，截至2015年6月末，已达到91万人。其中，以四川、湖南、重庆居多，湖北和浙江紧随其后。“新贵州人”这个群体正以年平均10万人左右的速度递增。

（1）流动人口规模及结构

除了在2009年出现拐点之外，贵州省流动人口规模从2003年起至2015年一直处于逐步上升的状态。

在性别结构上，不管是流出人口还是流入人口，男性比例均高于女性。流动人口受教育程度普遍较低，以初中学历为主，占比为56.28%，研究生学历仅占0.05%。女性受教育程度略低于男性。

（2）流动人口的流量和流向规律

一是贵州省流动人口以本省户籍为主，占全省流动人口总数的90%以上；二是本省户籍的流动人口持续增长；三是本省户籍流动人口以跨省流出为主；四是本省人口在省域内的流动量和外省流入人口量都在增加。数据显示，本省户籍流动人口从2003年末的330万人增长到2014年6月的857万人，

①杜双燕. 城镇化带动战略背景下贵州省流动人口问题研究[J]. 贵州社会科学，2014（12）：108-113.

省外流入人口从2003年末的25万人增长到2014年6月末的84万人。

2.贵州省流动人口的发展趋势

（1）流动人口加速发展，相对规模扩大

贵州省流动人口持续增长，增幅明显。流向省外人口呈现逐步减缓的趋势，而省内流动和省外流入人口逐年增多。

总体上，不管流向省外人口还是省内流动人口都存在相似的走势，2008~2009年是一个拐点，省外流入人口的发展变化趋势也是类似的。2013年末，流动人口总数达884.7万人，比2012年增加了30.4万人，跨省流入的人口共计79万人，增加了16万人。

数据显示，2014年6月末，全省流动人口达941万人，与2013年同期相比增加54.8万人，增长了6.18%；本省户籍流动人口增加了38.8万人，省外流入人口增加了16万人。这说明全省流动人口呈现加速化发展态势。

（2）流动人口的地域集中性和空间指向性有所变化

从地域集中性上看，表现出省内区域流动增强，省外流入人口增多，回乡创业就业意愿提升的趋势。

从空间指向性上看，流向省外趋势减缓，省外流入人口增加。这不仅因为流出地的推力，更重要的是贵州省实施城镇化带动战略后，相应的产业支撑和基础设施建设等成为吸引贵州省籍人口回家乡创业和发展的巨大拉力。

3.贵州省流入人口总体特征

在流入人口中，流入贵阳市的人口规模最大，达到151万人，占32.7%；其次为遵义市88万人，占19.0%；其他地区流入规模都在50万人以下。据此可以发现，人口流入重心与经济区域中心趋于一致，流入人口的区域分布呈经济中心区域分布。

从年龄来看，2010年贵州省流入人口（包括省内流动人口和省外流入人口）年龄结构分布集中，以青壮年为主：15~44岁年龄段人口占64.1%，10~14岁年龄段人口和45~49岁年龄段人口分别占7.1%和6.4%。

（1）流入人口分布呈明显空间集聚性

流动人口空间格局表现为流出地主要为人口总量大、自然环境差、地方吸纳能力较低区域，省外流入人口集中分布在经济较为发达、交通便利的区域和旅游区。据统计，2010年省内流动人口中，流往城市的占比为51.0%，流往城镇的占比为29.5%，流往乡村的占比为19.5%，可见城市为主体流入区域。

（2）流入人口的生存状况总体较差

2013年贵州省流动人口的生存状况与往年大同小异。一是在本地的就业率由2012年的77.8%上升到82.9%，在未工作的原因中“料理家务、带孩子”占比最大，占比54.0%。二是在职业结构上，依次为经商（30.5%）、商业服务人员（11.5%）、建筑（8.7%）、餐饮（8.3%）等，所属行业仍以批发零售业居多，达27.1%，次之为建筑业（11.0%）、社会服务业（9.9%）等。三是就业身份以雇员和自营劳动者为主，两项加起来占到了85%以上。雇主身份的不到10%。四是工作时间超长现象依然显著。

在流动原因方面，85%以上的人口是因为务工、经商而流动，仍处于经济原因主导的社会流动初级阶段。

（3）以家庭为单位的流动成为明显趋势

贵州全省的流动人口中98.2%为家庭户，1.8%为集体户，家庭户中平均户规模为3.1人。流动人口家庭模式主要是“夫妻户”和“夫妻+孩子户”，以一代户和二代户为主。在形成家庭化流动的因素中，非经济因素比经济因素更加重要。

2010年贵阳市流动人口服务管理调查数据显示，流动人口在贵阳的家庭规模平均为3.23人，46%的流动人口在贵阳有孩子，每个流动人口家庭平均有2.23个孩子。2013年占比11.7%的随迁流入原因显示，当前贵州省的流动人口的家庭化特征越来越明显。

当前流动人口表现出家庭化流动模式，在一定程度上体现出流动人口正在从生存型向发展型过渡。曾经经济因素是区域流动人口增长最强有力的推动因素，人们外出务工、经商的最主要目的是获得更多的经济回报。随着流动人口在流入地生活和发展时间的增长，个人在社会资源、经济状况、居住条件等方面的改善，产生了家庭化的强烈拉动。研究也表明，流动人口家庭化的主要动因是非经济因素，如为了夫妻和睦、子女教育和发展、孝敬父母、家庭幸福等。

（4）流入人口市民化意愿体现出更多的功利性

巨大的经济利益驱使流动人口在市民化中体现出更多的功利性：既想享

有城市居民的各种待遇，又想占有在农村的各种利益分配。但流动人口的市民化意愿并不那么强烈，原因在于诸多人认为，孩子的户口在农村能享受到各种福利，包括乡村振兴、城市化进程等给农村带来的巨大利益。

4.贵州省外流入人口的主要特征

省外流入人口主要源于周边经济相对较好地区，外省流入贵州的人口中，四川、湖南、重庆、云南、广西等与贵州相邻的省、区、市占65.4%，其中四川、湖南、重庆占56.7%。

外省流入人口的迁移原因主要是务工、经商，占61.3%，是绝对的主体；其次是随迁家属，占13.7%；其他迁移原因的人口规模较小。

省外流入人口总体受教育程度不高，初中文化水平接近一半。在省外流入人口中，未上过学的仅占2.5%，具有小学文化的占23.9%，具有初中文化的占48.4%，具有高中文化的占15.1%，大专以上学历的仅占10.1%，其中研究生仅占流动人口的0.4%。

5.贵州省流入人口的问题和挑战

（1）城市综合承载能力与流动人口需求不相符合

①缺乏大城市的承接，中等城市数量过少，贵阳市在产业、资本、技术、人才、信息等方面的强大聚集效应得不到有效的扩散。②贵阳市的城市首位度过高，造成城市中心区功能过度强大，抑制了次级城市的发展。③中小城市和小城镇吸纳、吸引人口的能力尚显不足。

（2）流动人口融入现住地障碍较多

2012年10月30日，贵州省公安机关向首批申领居住证的流动人口发放居住证，持有贵州省居住证的流动人口，将享受参加社会保险、公共就业服务、儿童计划免疫服务等12项权益。同时，居住证持证人的子女享有平等接受义务教育的权利，居住地县级教育行政部门应当负责统筹安排其子女入学。但这一融合政策在实施过程中面临参与型融合不够，个体融合水平较低，发展性融合政策不够等问题。

（3）缺乏人口信息的支撑

对流动人口的真实状况掌握不够，不能达到实时更新，难以满足社会管理和公共服务的需求。

总之，对以“贵州省流动人口”为关键词搜索所得的相关文献进行分析整理，发现目前这方面的研究相对少，这源于贵州省特殊的社会经济背景：贵州省是经济社会发展相对落后的内陆地区，一直以来全省的流动人口都以流出为主。过去的研究主要集中在留守儿童上，但是随着贵州省积极响应西部大开发战略方针，2011年确立重点实施工业强省和城镇化带动两大主战略以来，流动人口的态势有所变动。外省流入贵州的人口规模呈上升趋势，这不仅因为流出地的推力，更重要的是贵州省实施城镇化带动战略后，相应的产业支撑和基础设施建设等，成为吸引贵州省籍人口回家乡创业和非贵州籍的人口投入贵州经济建设的巨大拉力。因此，合理解决家庭化流动人口中子女的教育问题，尤其是非贵州户籍随迁子女的教育问题就尤显重要。

三、贵州省教育发展基本情况

1.贵州省教育基本情况

贵州省于2006年基本普及九年义务教育。2009年全省“两基”（基本实施九年义务教育，基本扫除青壮年文盲）顺利通过教育部检查。2014年，贵州省学前阶段三年毛入园率为74%，高中阶段毛入学率达到78%，高等教育毛入学率达到29.4%。普通高中438所，在校生942656人。中等职业学校209所，在校生544462人。高等院校55所［其中本科26所（含8所独立学院），专科院校29所］，本科在校生273417人，专科在校生186984人。①

2.贵州省职业教育基本情况

截至2015年底，贵州省中等职业学校227所，在校生85万人；全省建成高职院校32所，在校生22万人。②独立设置医药、卫生类职业院校5所（高职高专4所，中职1所）。8所高职院校办有医药卫生高职专业，在校生2.5万人；医药卫生专业在校生占全省高职在校生25%。24所中、高职院校办有医药卫生中职专业（其中18所办有护理中职专业），在校生2万余人。

3.贵州省职业教育改革发展情况

贵州省职业教育以“四个全国率先”推动职业教育大发展、大改革、大

①贵州省教育厅.贵州省2014年教育年鉴[EB/OL].（2015-09-14）［2018-05-25］. http://jyt.guizhou.gov.cn/zfxxgk/fdzdgknr/tjxx/201805/t20180525_16244630.html.

②贵州省教育厅.贵州省2015年教育年鉴［EB/OL］.（2016-09-12）［2018-05-25］. http://jyt.guizhou.gov.cn/zfxxgk/fdzdgknr/tjxx/201805/t201805025_16244603.htl.

跨越：在全国率先全省实施免费中职教育；2013年9月在全国率先编制《贵州省现代职业教育体系建设规划（2013—2020年）》；在全国率先探索推动职业院校与技工学校在“一盘棋”里融合发展；在全国率先颁布施行《职业教育条例》。“十三五”期间，贵州职业教育以优化结构、提高质量、聚焦脱贫、服务发展为重点，组织实施示范性职业院校建设工程、标准化职业院校建设工程、县级职业学校建设工程、高等职业院校建设工程、民办职业教育发展工程等五项工程，加强基础能力建设；推进职业院校人才培养质量提升计划、师资队伍建设计划、重点产业人才培养计划、继续教育和再就业计划、职教脱贫计划等五项计划，服务经济社会发展；深化改革办学模式、改革培养模式、改革教学模式、改革运行模式、改革评价模式等五项改革，提升办学水平。

表6-1　贵州省2010~2014高职教育发展情况表

时间 / 年	院校 / 所	招生人数 / 人	在校生 / 人	毕业人数 / 人
2010	19	29072	79458	19208
2011	20	32896	88097	23329
2012	21	44333	103743	27134
2013	21	40289	114979	27262
2014	22	57283	139012	31173

资料来源：主要参考2011~2015年贵州统计年鉴的数据。

从上表可以看出，从2010年到2014年，连续五年中，贵州省高职院校总数是有所增长的，而招生人数是不稳定的，时高时低，但在校人数和毕业人数是呈上升趋势的。

近几年贵州省高职院校遇到了招生难的问题，具体表现在：分数线上考生录取率低，考生填报志愿，特别是第一志愿人数少，靠降分和调剂录取才勉强完成招生计划；其次是新生入学报到率低。学生和家长对高等职业教育的认可度不高，主动选择和接受职业教育的积极性不强。并且，贵州省高职院校普遍存在着师资队伍力量薄弱，课程设置不尽合理等问题。但是从客观情况来看，这又有通过自主招生招录随迁子女的条件可能。

第二节　贵州省随迁子女异地升学考试政策

一、贵州省随迁子女异地升学考试政策的基本内容

根据《关于做好进城务工人员随迁子女接受义务教育后在当地参加升学考试工作的意见》文件精神，贵州省于2012年12月出台了《贵州省外来人员随迁子女报考普通高校暂行规定的通知》（黔府办发〔2012〕63号），明确规定，符合文件规定条件的外来人员随迁子女可以正常报考普通高校。通过对政策文本的分析，可以梳理出贵州省随迁子女异地升学考试政策条件（见表6-2）。

表6-2　贵州省随迁子女异地升学考试政策内容

类型	随迁子女可参加异地高考的条件							
	户籍	父母职业	住所	父母社保	学籍	就学情况	其他	录取档次
一般随迁子女	/	合法稳定	稳定住所且有居住证	累计三年以上	完整学籍	获贵州省初中毕业证且高中连续就读三年	/	可报考
调入党政机关、事业单位、部队转业、国有企业工作	高考报名前迁入	/	/	/	有学籍	高中就读于贵州省	/	可报考
专业技术人才	高考报名前迁入	/	/	/	有学籍	高中就读于贵州省	/	可报考

续表

类型	随迁子女可参加异地高考的条件							
	户籍	父母职业	住所	父母社保	学籍	就学情况	其他	录取档次
高层次创新创业人才	高考报名前迁入	/	/	/	有学籍两年以上	就读两年以上	家长一方工作两年以上	可报考

该通知明确规定一般外来人员随迁子女考生在贵州省取得初中毕业证书，需要具有该省高中连续三年学籍并实际就读，高考报名前，父亲（或母亲）在贵州省居住，并有合法稳定职业，持有贵州省居住证和缴纳社会保险三年以上（含三年）的，可在贵州省参加高考。

二、贵州省随迁子女教育的问题与挑战

1.相关教育政策宣传力度不够

国家对随迁子女的教育政策，不仅需要严格执行，还要让流动人口知晓，从而能够正确理解国家政策宗旨，这样政策才能得到更好的贯彻落实。但是调研发现，随迁子女异地升学考试政策在流动人口中没有得到很好的宣传。就目前来看，流动人口对相关政策的了解程度并不透彻，尚处于一知半解的状态，导致政策出台后，其实质意义没有得到充分体现，甚至出现有些考生因为不了解政策而无法正常参加高考的现象。

2.社会对随迁子女接受度低，观念落后

部分民众对随迁子女异地高考有一定的抵触情绪，认为会抢占本地学生的资源，对流动人口及其随迁子女的接受度较低。

3.学校在高考宣传中对政策的解读还不够细致

由于新政策的实施，学校的工作量明显加大，学校既要随时关注政策变动，又要及时通知教师告知家长落实各项手续。由于学生流动性比较大，教育主管部门的要求也比较多，使得学校收集材料比较困难。学校对于随迁子女的信息缺乏细致了解，对于随迁子女的升学途径没有分类介绍，尤其是对

于不满足在当地参加高考条件的随迁子女今后如何求学等问题没有特别关注，也没有为随迁子女推荐职业院校就读，导致政策真正实施起来难度比较大。因此，应建立健全相关职能部门，专人负责，在信息化办公方面要加大投入和开发力度，使考生信息能够在多部门共享。

第三节　研究设计与研究过程

一、研究目的

第一，分析贵州省随迁子女参加高考及录取的趋势及特征，为后续政策修订提供决策参考，使政府看到随迁子女异地升学考试政策实施后的走向情况。

第二，结合实际调研与个案解读，对贵州省一所地方高职院校自主招生的政策制度、过程实施、价值取向、设计维度等进行剖析，研究地方高职院校自主招生的政策特征及政策实施的路径，明晓影响政策实施的因素、环境及发展空间，有效推动地方政府、学校及家长对考试条件的预判，做好子女的升学与就业准备，让越来越多的随迁子女在流入地顺利参加升学考试。

第三，通过量化调查研究及3年持续动态监测，如实呈现招生群体及其家庭、社会不同利益相关群体的态度反应，了解高考招生招收流动人口随迁子女的真实需求和问题症结的系统原因，由此分析该项政策可能的突破口和聚焦点。

第四，通过与高职院校合作开展行动研究，对学校的自主招生政策进行探索性的设计，并对政策实践过程和结果进行监测评估，在进行政策实践实验基础上改进政策，最终形成随迁子女自主招生的政策设计，为促进随迁子女最大限度在当地参加高考并被自主招生录取提出切实有效的政策建议，最大限度减少政府对政策风险的顾虑。

第五，通过项目活动的实施，服务并助推国家决策，使得随迁子女更好地获得在流入地参加升学考试的机会，以推动教育公平，促进和谐社会的建设进程。

二、研究实施

调研地区：贵州省

调研学校：贵州盛华职业学院

子课题负责人：宋燕

子课题组成员：王学男、闫珍珍、蒋芳凌、莫如道

调研时间：2016年4月

表6-3　贵州省调研任务及样本量要求

调研对象		样本量	调研活动
教育行政部门	省/市招生考试院	1～2人	访谈
	省教育厅职教处	1～2人	访谈
学校行政管理人员	招生办	1～2人	访谈
	教务处	1～2人	访谈
	就业指导处	1～2人	访谈
教师	辅导员和授课教师	共15人，按不同学科、性别、年级、年龄、职称分类抽样	访谈（小型座谈会方式）+问卷
	授课教师	共35人	问卷
随迁子女	在校随迁子女（含中职和高职）	20人（根据实际数量计算），按学科、性别、年级、年龄分类抽样	访谈/座谈+问卷
随迁子女家长	通过学生联系	20人	当面访谈/电话访谈

续表

调研对象		样本量	调研活动
本地学生	在校学生	20人	座谈+问卷
	在校学生	100人（根据不同年级、学科分类抽样）	问卷
本地学生家长	通过学生联系	20人	当面访谈/电话访谈

三、贵州盛华职业学院基本信息及招生情况梳理

1.学校概况

贵州盛华职业学院是经贵州省人民政府批准成立，教育部备案的全日制普通高等职业院校，计划内统一招生，教育部颁发高职（专科）文凭。学校地处贵阳卫星城——惠水县百鸟河数字小镇、百鸟河景区，是贵州省外教最多的高校，设施齐全。

学校是一所公益慈善大学。学校坚持“授之以鱼不如授之以渔”的模式，开设有20个社会热门、市场紧缺型专业。教学管理团队由北京航空航天大学、清华大学、贵州师范大学和成都工业学院的多位教育教学经验丰富的资深教授、博士和志愿者外教组成。学校注重实践，实施产教深度融合及校企深度合作。

贵州盛华职业学院独具办学特色。合作好企业：学校通过产教深度融合，与国内外大型知名企业合作，共享企业师资、实训环境和就业岗位。学习好技能：创新采用以素质培养与能力评估为导向的教学模式，采用项目驱动化教学，教会学生一项可生存、能发展的专业技能。实习好工作：在北京、上海、广州、深圳、杭州、贵阳等中心城市安排实习，保障学生的较高收入，还与贵州百鸟河数字小镇配套教学、实习并安排部分就业。

2.学校自主招生政策及政策执行路径

（1）自主招生组织机构

贵州盛华职业学院自主招生的组织机构在招生章程中的表述随着政策的发展不断进行调整。2013～2015年，学校自主招生简章中组织机构的表述为“在省招生委员会的统一领导下，学校成立自主招生领导小组，下设招生办公室，负责学校的招生工作”。2016年的组织结构表述将“学校成立自主招生领导小组”调整为“学校成立分类考试招生领导小组”。2017年，组织机构的表述进一步调整为“学院成立由分管院长负责的分类考试招生工作领导小组以及分类考试招生录取小组，接受贵州省招生考试院的指导，负责制定学院分类考试招生政策和招生计划，讨论决定分类考试及录取工作的重大事宜；成立由党委和有关部门负责人组成的招生工作监察领导小组，负责监督招生工作各项政策的贯彻落实，确保招生工作公开、公正、公平，确保广大考生的合法权益得到维护”。由此可见，学院的自主招生组织机构表述更加细化和具体化，为自主招生工作的顺利进行提供了有力的保障。

（2）招生对象

贵州盛华职业学院在招生对象方面进行了相应的调整。2013年其招生对象为取得贵州省普通高中毕业证书的应届高中毕业生，要求思想政治品德和身体健康状况均符合教育部普通高等学校招生工作相关规定，同时学校对部分专业进行了单独规定。2014～2015年其招生对象调整为参加当年普通高考和中职单报高职报名的应届、往届普通高中和中职毕业生。将往届普通高中生和中职毕业生纳入招生范围，将中等职业教育与高等职业教育进行了合理衔接，有利于教育结构的优化，也拓宽了学校的生源途径。2016～2017年的招生对象进一步调整为参加贵州省当年普通高考报名取得报名号的应届、往届普通高中毕业生，且高中学业水平考试成绩8门课程达到C等及以上等级。

（3）录取规则

学校的录取工作是由省招生考试院领导，学校组织录取，录取名单报省招生考试院审核公示。确定录取的考生，享受与普通高校统一招生考试录取的新生相同待遇。根据教育部、省教育厅、省招生考试院有关文件精神，已被分类考试招生录取的考生，不再参加当年普通高考和中职单报高职的考试。考生身体条件须符合《普通高等学校招生体检工作指导意见》要求。

2013～2015年学院的自主招生工作，录取方式为面试（测试考生综合素质和能力），以“公平、公正、综合评价、择优录取”为录取原则，按照考生面试成绩，根据考生专业志愿和招生计划，分专业从高分到低分依次择优录取。2016年录取方式调整为“文化素质+职业技能”的综合评价方式，以“公平、公正、综合评价、择优录取”为录取原则，学业水平考试平均成绩占60%，技能测试成绩占40%。2017年录取方式进一步调整：对于普通高中应届、往届毕业生，以职业适应性测试成绩排序，结合考生专业志愿进行择优录取；对于应届、往届中职毕业生，以文化成绩和职业技能测试成绩相结合择优录取，并在学校官网进行公示。

3.异地升学考试政策颁布后学校招生政策的执行路径

查阅贵州盛华职业学院的官网，根据“招生信息站”平台，梳理2015年9月1日至2016年4月14日的文件，其中涉及随迁子女的相关文件有9个，“随迁子女”词汇出现频率为25次。网站上公布的这些随迁子女的招生文件均为国家和贵州省颁布的。贵州盛华职业学院的招生政策并未具体涉及随迁子女及异地升学考试，随迁子女的录取标准参照国家和贵州省相关异地升学考试政策，凡符合贵州省规定的报名条件的随迁子女考生均可参加该校的自主招生考试。

学校在招生中积极探索新的有效的招生路径，创新性地设计出了线上融合线下的OTO招生方案，将招生政策融入具体的招生方案中，针对所有招生对象，进行一对一的“点对点式”招生，其中也涵盖了部分随迁子女，但是并没有细致到将随迁子女作为专门的招生对象。如果该招生方案进一步改进，将随迁子女作为专门的招生对象跟进，不仅可以解决随迁子女继续求学的困难，也拓宽了学校的招生范围，还凸显了学校的公益使命。

4.学校招生政策的效果分析

从总体上看，贵州盛华职业学院通过自主（分类）招生考试（注：自2017年开始，贵州省将自主招生的名称改为分类招生）确实选拔出了一批综合素质高、动手能力强、适合接受高职教育的优秀生源，但问题是这样的学生数量实在太少了。从学习状况的角度看，自主招生考试招收的学生的学习基础较弱，学习自觉性不够，使高职院校的学生管理难度增加。这种状况直接影响到了高职院校参加自主招生考试试点的积极性。以贵州盛华职业学院为例，2016年原本计划在自主招生这一途径招录400人，占当年招生比例的30%，但通过自主招生最终仅仅招录到70人，远远没有达到预期的结果。根据2017年高职院校招生的政策新规，分类招生（自主招生）的比例从2016年的30%提升到了70%，显然加大了招生的难度，招生效果堪忧。

在分类招生政策的实践中，学校还没有将随迁子女列为重点关注对象。

5.异地升学考试政策颁布后学校的招生数量、结构与趋势的分析

以贵州盛华职业学院为例，2014年招生实现突破，但挑战仍然巨大。学校创造性地探索出一些招生模式来解决招生问题，例如2016年开始实行线上融合线下（OTO）模式。

异地升学考试政策颁布后，贵州盛华职业学院的招生数量和以往持平，没有较大变化，在招生结构上主要还是招收贵州籍本地学生，也有极少量的外省学生，没有招收到随迁子女。

第四节　调研发现

一、教师的问卷调查分析

随迁子女异地升学考试政策实行后，随迁子女通过高考能够进入高职院校就读，这在一定程度上有利于提高学校的生源质量，但是部分学校领导和教师对该政策不了解。

这是由于政策实行初期，政策的宣传力度不够，且大部分教师从事教学工作，不关注政策和学校的招生情况。此外，贵州省属于人口流出地，随迁子女考生人数少，高职院校的师资结构不合理，学校对随迁子女考生设置的准入条件较严格等，都在一定程度上影响了教师对于这一政策的关注度和知晓程度。另外，由于该校教师大部分是年轻教师，资历较浅，又从事教学工作，因此对随迁子女的招生管理工作不太关心。同时他们所接触的随迁子女也不多，所以对于国家实行的这一政策并不了解。

结合实际情况和问卷调查的结果可以看出，随着随迁子女异地升学考试政策的实行，高职院校对于政策的关注度正在上升，但是该政策在学校的实行情况并不乐观，教师对于政策的知晓途径少且知晓程度较低，这应当引起政府机关、学校甚至教师的反思。我们理应从以下方面做出调整：

第一，政府相关部门应该加大力度建立健全随迁子女的相关管理体制和教育体制，严格监督政策的实施情况并做出及时指导。

第二，学校应该结合国家政策和地区情况，尽可能主动对随迁子女伸出“橄榄枝”。积极开展各种宣讲活动，将政策的宣传工作做到位，定期组织教师进行随迁子女教育问题的培训，将实施计划落实到每一位教师。

第三，教师应该多看教育新闻，了解随迁子女有关政策的最新走向。教师在日常生活中除了教学外，还应多关注随迁子女的招生管理工作，关心随迁子女在校情况。负责招生工作的教师还应调查、研究学校对政策的实施情况，及时反馈问题和提出建议。

二、学生的问卷调查分析

通过对学生问卷的大致分析，总结出以下几个普遍存在的情况：第一，该校学生大多来自本地；第二，被调查的本地学生对于当地有关随迁子女升学的政策了解甚少；第三，高职院校在招生时对随迁子女异地升学考试政策的宣讲力度不够；第四，当地随迁子女异地升学考试政策的实施效果不明显；第五，随迁子女在流入地报考高职院校需要的手续较为烦琐；第六，本地学生对于允许随迁子女报考当地高职院校的政策基本上是持支持态度的，并表示与随迁子女在校相处较为融洽；第七，允许随迁子女报考当地高职院校会给本地学生造成一定的心理压力；第八，随迁子女在当地可报考学校类型受限，升学愿望不能得到较好满足。

三、学生和家长对政策的知晓情况

调查发现，学生及家长对于相关政策缺乏了解。大部分学生及其家长对于贵州省随迁子女参加高职院校自主招生的政策和申请报考高职院校自主招生的程序不了解。学生及家长了解相关政策的渠道单一、不全面，希望通过电视、网络、短信、学校等多种途径了解相关政策信息。对于高职院校的自主招生，多数人认为报考条件要求过高，随迁子女难以满足各项条件，且在申请、资格审查和录取等环节程序较为复杂，存在不合理因素。

表6-4　三位学生家长的访谈实录

（问题的具体内容见附录一访谈提纲的“5．本地学生家长访谈提纲”）

问题		家长A	家长B	家长C
家庭基本情况		从事农业工作，收入不稳定	没有稳定工作和收入	没有稳定工作和收入
政策知晓情况	1	不了解	只知道精准扶贫、奖学金、助学金	不了解
	2	知晓渠道：电视 希望渠道：短信	知晓渠道：孩子说的 希望渠道：学校或教师	知晓渠道：教师 希望渠道：电视
	3	不了解	不了解	不了解
	4	不知道	不了解，都是孩子自己完成的	不知道
政策执行过程及态度	1	门槛高，条件不合理	不了解	合理，适合农村孩子
	2	取消面试，统一笔试，按分数高低决定录取情况	不太了解；应重点解决家庭贫困孩子及留守儿童等	没有不合理的地方，应重点解决农村孩子
	3	没反应，无影响	赞同；稳定孩子情绪，增加了学习积极性	无影响
	4	不知道	两地政府相互支持，减少不必要的流程	不知道
	5	不知道，没有深入了解过	有必要；希望相关政策对孩子的学习有帮助，减少不必要的麻烦，减轻贫困家庭负担，支持留守儿童学业	有必要设置准入条件，希望全面开放异地高考
	6	没有影响，对于孩子比较公平，只是竞争会变大	非本地户籍的学生流入会大大增加	上大学的人会更多

续表

问题		家长A	家长B	家长C
政策执行过程及态度	7	不知道	会挤占当地教育资源；在本地缴纳社保、纳税是合理的，可以有效防止大量非本地户籍人口流入；标准设置应当让贫困家庭可以接受	不知道
	8	不担心	担心语言交流、行为习惯、饮食习惯方面不好相处	不担心
	9	公办高职比民办好，学费比民办便宜，相关条件也比民办好；担心孩子在学校里学不到东西，不好就业	公办高职比较好；因为家庭原因，比较关注学费问题	不知道
	10	孩子喜欢、有利于孩子的教育都可以；希望从事医疗和教育行业	希望孩子接受到的教育程度越高越好；希望孩子从事自己喜欢的行业	本科；希望孩子在老家工作，薪资5000~8000元
关于现行政策的困难和希望	1	没有深入了解，不清楚	不清楚	不知道
	2	不知道	对目前政策比较满意	不知道
	3	不知道	没有	不知道
	4	不知道	完善相关扶贫政策及管理制度	不知道

四、随迁子女在校的综合表现和职业发展规划

在贵州盛华职业学院学生处的主要负责教师看来，学生是否是随迁子女，学校方面没有特别关注，一是因为辨别身份的任务不由学校来监管，二是学校方面也觉得没有必要去鉴别是否是随迁子女，没有把他们作为一个特殊群体来对待。

从学生处领导自身的理解和实际工作来看，随迁子女的教育和辅导不存在较大问题。因为，一是随迁子女一直在父母身边，得到较好的照顾；二是即便是教材和课程不同，但大部分都是相通的，不会造成太大的学业上的阻碍；三是对于随迁子女的融入感问题，因为在贵州参加高考必须要在贵州读高中，至少在贵州生活学习了三年，所以不存在融入感差的问题，而且对高校而言，学生来自五湖四海，也不存在融入感的问题。因此，随迁子女在校的综合表现和职业发展规划与其他学生没有明显的差别。

五、政策设想与需求建议

1.评价手段更科学

第一，各校应该根据培养目标的要求，形成个性化的评价方案。纸笔测试范围不仅局限于语文、数学、英语等科目，还可增加生活常识、文理科综合知识、逻辑判断、心理测试等各种类型的题目。第二，增加对职业技能的评价，认可学生已经获得的职业资格证书与工作经验，对高素质的职业技能人才打开大学深造的大门。第三，根据学生报考专业的性质有选择地采用面试或技能测试，个别专业需要测试人际交往能力、口头表达能力等要素的，可安排面试，其他专业可视情况安排职业技能测试。

2.做好学生进校后的跟踪工作

各高校对自主招生录取的学生进行跟踪，积累两方面信息。第一，可判断中学提供的综合素质评价材料的真实性。各高校可对已入学的学生进行跟踪调查，观察其表现与中学所提供的综合素质评价材料的相符程度，并据此对各所中学提供材料的可信度打分，积累中学的诚信档案。第二，可检验各校评价、选拔学生手段的合理性，如对入校的三校生和高中生进行跟踪观察，判断两者在大学的学习能力是否有显著差异，并据此调整以后自主招生

的评价手段和录取标准。

3.录取标准更灵活

自主招生的原意是给各高校充分的办学自主权，让各校可录取到符合自身培养目标的人才。除了通过综合测试，从高分到低分择优录取学生外，各校可尝试更加多元的录取标准。如，部分高职院校可与一些教学质量高、信誉好的中专、职校挂钩，联合培养人才，对口挂钩的中专、职校的优秀毕业生和在职业技能竞赛中获奖的学生可以给予免试入学或特殊加分政策等，对于有职业资格证书及有专业工作经验的学生也可适当加分。

4.招生可持续性

高职院校的可持续发展要求招生质量和数量的双重保证，离不开招生的可持续性。对高职院校招生的理解体现在两个层次：（1）浅层次。通过院校在高考前的单方面招生宣传，考分低于本科录取线的考生会将选择一所高职院校作为一种无奈的选择。（2）深层次。通过多主体参与和长期广泛的社会宣传，让社会、考生和家长认识到高职教育与普通高等教育处于同等地位，只是培养方向有所不同，因此主动报考高职院校。本文所提到的招生可持续性，强调招生行为过程的递进式特点，参与主体要多元化，宣传行为要由浅入深，效果由即时性向可持续性提升。高职院校招生的可持续性需要建立在递进式目标的基础上，由多主体协同参与，围绕直接明了、中间递进和高度深入的递进式目标，各司其职，整合资源，发挥效应。

第五节　分析与讨论

1.本地家长认为设置一定准入条件是必要的

由于贵州省部分地区交通不便，经济、政治和文化方面与其他省份存在一定差距，同时贵州的教育水平、录取率、分数线等与其他省份也存在差距。由于贵州高考的录取分数线偏低，对教育发达地区的部分考生产生一定吸引力，因此容易产生“高考移民”现象。

目前，贵州随迁子女异地升学考试政策对贵州籍考生是一种保护政策，如果开始就完全开放异地高考，就会因录取分数线较低而使大量外省考生涌入，这必然会造成混乱。同时，本地家长还担心出现“高考移民”，出现大班额，增加本地学生的学习压力等。因此，随迁子女异地升学考试政策有必要设置一定准入条件。

2. 流动人口进城不完全是为子女接受优质教育，逐步开放政策是可行的

贵州省随迁子女异地升学考试政策出台后，很多人担心流动人口为了孩子接受更好的教育而大量涌入城市，使得当地财政、教育不堪重负。但人口流动总体上需要一定的基本条件，比如居住条件、收入，这样才能保证自己和孩子能在城市生活下来。如果流动人口挣不到钱，无法生存，就没法把孩子带在身边，更不可能供孩子从小学读到初中再读高中。对大部分流动人口而言，挣钱、生活是第一位，孩子上学排在第二位。

此外，随迁子女流动数量主要取决于贵州省经济发展状况，而非异地升学考试政策。由于贵州省异地升学考试政策继续执行卡住小学入口关，加之受住房、家庭经济条件以及工作等多重因素的限制，因此流动人口规模并不会出现井喷式现象，其规模不至于对现行教育造成巨大冲击。首先解决好已经在贵州读书的随迁子女异地升学考试问题，矛盾就可以得到极大缓解，后续可通过逐步开放限制条件加以解决。

3. 相关利益群体对异地升学考试政策缺乏深入了解

异地升学考试政策的出台主要是为保障随迁子女在贵州接受义务教育后的权益，但也应兼顾本地户籍学生的利益。自贵州省异地升学考试政策颁布以来，相关利益群体也各自通过不同的途径和方式知晓该政策，但对政策的具体内容、实施方案和报考需要办理的证明材料了解得不够全面。

由于学生主要是通过学校和班主任了解政策，因此随迁子女和本地学生对该项政策的了解情况在一定程度上取决于其所在学校对该政策的宣讲是否准确、到位。大多数学校对异地升学考试政策的宣传是采取一次性召集毕业班学生及家长进行宣讲的方式，缺乏对随迁子女进行关于政策解读的个别指导。因此学校和教师在结合政策对随迁子女学业选择、报考升学等的引导和帮助等方面有待加强。

相比之下，家长了解政策的途径趋于多元，电视、报纸、网络、报考服务热线等都是他们了解此项政策的途径。通过调研发现，无论是随迁子女还是其家长，他们对政策实施时间、准入条件的具体要求、是否满足条件、申请需要哪些材料及如何办理等方面都了解不足，这也使得一部分随迁子女因

对政策了解不透彻而失去报考的机会。

4.政策制定的过程缺乏民众的广泛参与

通过对家长对政策满意度的调查发现，政策的制定没有广泛征求民众意见，证明材料有造假现象，资格审查没有做好监督等均是让家长感到不满意的主要原因。这项政策涉及广大民众的切身利益，但在制定、完善政策过程中却缺乏广大民众的广泛参与，透明度欠缺。

5.异地升学考试政策准入条件使得实施现状与实际需求尚存在较大差距

异地升学考试政策的相关准入条件是为了防止“高考移民”。如对学生的限制，需要学生接受完整的义务教育或者有三年高中就读的学籍，对家长的限制，需要有稳定的职业、住所，有社保缴纳记录。贵阳的中考需要从小学一年级开始的学籍，高考需要本地初中毕业证，也就意味需要从初中一年级开始的学籍，时间限制太长。另外，高考需要家长三年社保缴纳记录，社保本是保障进城务工人员合法权益一件好事，但这里却是很难跨越的门槛。

调研高中学生对随迁子女在流入地升学考试政策准入条件合理程度的认同，认为合理程度从高到低依次是当地学籍证明，当地连续就读年限，有当地居住证或暂住证，有稳定住所，家长有稳定工作，唯独对家长缴纳社保证明不太认同。随迁子女迫切需要自己能与当地户籍学生享有同等的考试和录取权利，但由于尚存在诸多限制和要求，目前政策的实施现状与随迁子女家庭的需求和预期都存在较大差距。

就目前政策的实施状况来看，仅有少数随迁子女能符合所有条件，其中家长连续缴纳社会保险的年限最难满足，相当一部分流动人口因从事建筑、运输等流动性较大的工作或做小生意而无法顺利缴纳社保。

6.教育部门在证明开办方面信息化滞后

由于新政策的实施，学校的工作量明显加大，学校既要随时关注政策变动，又要及时通知教师告知家长落实各项手续。由于学生流动比较大，教育主管部门的要求也比较多，使得学校收集材料比较困难，导致政策真正实施起来难度比较大。因此，应建立健全相关职能部门，专人负责，在信息化办公方面要加大投入和开发力度，使考生信息能够在多部门共享。

第六节　政策建议

一、政策层面

1.制定政策需多方位沟通

在政策制定之前，要通过网络、报刊、电视、微信等现代传播手段，将政策涉及的相关内容告知各方利益相关者。在政策出台后，也要及时征求相关利益群体的意见，并根据他们的建议及时做出修正或调整。

2.采取“小步快跑”的方式，大胆尝试高职院校通过自主招生招收随迁子女，同时规避“高考移民”

贵州异地高考的开放程度是有限的，导致很多随迁子女无法享有在贵州高考的机会，从而有一部分考生被迫返回原籍地参加高考，这就造成贵州一些地方院校尤其是职业院校生源不足。而返回原籍的考生受多种因素制约，部分考生的高考成绩并不理想。

目前国家通过深化考试招生制度的改革，打通从中等职业教育到专科、本科甚至研究生的一个上升通道。同时还要引导一批普通本科院校向应用技术类型的高校转型。但是，由于贵州特殊的地理和经济原因，很难吸引外地考生，生源不足，很多职业院校存在生源短缺问题，而一些随迁子女又被政策挡在门外，处于“想考的进不来”的尴尬境地。因此，贵州省地方高职院校可以大胆尝试招收或提前自主招收不符合异地升学考试政策要求的随迁子女，这样既能化解随迁子女异地高考的困境，给广大考生更大的自由度，同时又能充分利用贵州地方职业院校的教育资源，实现院校和学生的双赢。

同时应健全政府监管系统，有效防止“高考移民”。可依靠民间力量的多方监督，建立开放的投诉机制，弥补政策实施过程中的漏洞。在异地升学考试政策实施过程中，由于涉及的利益群体较多，因此可能造成实施过程中的不公平。为了获得公众的信赖，实现公平公正，监管机制与投诉机制的设立十分必要。

在监管机制中，政府要最大限度做到政策实施透明以获得公众的信赖。不仅要保证政策实施的公平，也要保障实施的合理，同时避免实施中的腐败现象。在随迁子女在流入地高考资格审查部门的问责程序与其他相关部门的辅助监管方面，必须坚持严格、规范的规章制度，避免任何形式的漏洞出现。

3.招生考试主管部门将随迁子女作为重点关注对象，明确列入贵州省的相关高考招考政策中

2015年9月以来，随迁子女的高考问题日益受到重视。因此应该借助这个契机，加大社会对随迁子女异地高考的认识程度。在未来相关高考政策文件中，可将“随迁子女”明确地提出来，作为一个重点关注对象。

二、学校层面

学校是高考政策的具体落实者和执行者。学校有意识地对随迁子女做相对倾斜，既能突出学校的公共教育属性，也能突出学校的社会效益。

具体来讲，首先，学校可以通过多种途径宣传贵州省随迁子女的异地升学考试政策。例如，可以在学院的招生网站或自主招生简章上进行具体的自主招生政策宣传，可明确列出针对进城务工人员随迁子女参加高职院校升学考试政策的宣传信息，让更多的随迁子女及家长了解具体政策。其次，学校应在贯彻国家和地方随迁子女异地升学考试政策的基础上，合理利用自主招生制度，创新学校招生方式，增加随迁子女接受高等职业教育的机会，促进高职教育的发展。

三、个体（及家庭）层面

随迁子女及其家长，要正确权衡自身的客观条件，对成才应该全面理解，发展地看问题。家庭教育环境对随迁子女的学业起到至关重要的作用，家长应树立正确的家庭教育观念，不能把上本科当作成才的唯一出路。俗话说，“三百六十行，行行出状元”，随迁子女应对自己的升学可能性做出符合实际的预测，对自己的期望和未来目标的确定要量力而行，放弃不合实际的幻想，借助高职院校自主招生等升学途径，为提升自己的素质选择一条切实可行的道路。

此外，本地家长和学生对随迁子女的接纳程度也将直接影响随迁子女在异地求学的学习效率，本地家长要教导子女积极与随迁子女沟通和交流，互相帮助，共同进步，一起解决学习和生活上的困难，消除随迁子女“我是外

地人”等消极认识，树立“只要努力，我也行”的信念，有助于有自卑心理的随迁子女走出心理低谷，变得自信、自强。

四、社会层面

1.增加传统媒体宣传途径，使民众了解相关政策

政策宣传会对随迁子女的流动产生一定的正确引导，针对调研中发现的政策宣传力度不足，可建立随迁子女教育相关政策的定期宣传制度，宣传内容按时更新，以便上传下达，并且要引导社会接纳随迁子女，避免其产生自卑心理而无心学业，错失考试良机。

社区、企业齐发力。社会的力量不可忽视，对于家长而言，虽然了解政策的渠道比较多元，但也存在着对政策细节了解不够，对相关规定不甚清楚等问题。这就要求政府动员社区、企业及多种力量，进一步强化宣传，特别是到流动人口集中聚居的社区、工作的企业中去宣传、培训，加深他们对政策的了解。

在媒体宣传方面，在传统媒体的使用上，也应当加强宣传的力度，在传统的电视、报纸等媒体上，细致、通俗易懂地解读各种相关政策应当成为政府部门的主要宣传手段。同时应该创新宣传形式，充分利用微博、微信公众号等途径，定期发布随迁子女异地升学考试政策的相关内容，保证信息渠道的畅通和多元。

2.增加社会接受度，转变观念

对随迁子女异地升学考试政策的宣传要结合优秀务工人员或经营业主的先进事迹展开，传递正能量，增加流动人口和随迁子女的社会接受度。

同时，应积极向随迁子女及家长宣讲高职院校的优势，转变学生家长的观念，鼓励学生通过自主招生等多种渠道进入职业院校学习。

第七章 深圳市高职院校自主招生招收随迁子女的政策分析与实践研究

珠三角地区是流动人口聚集地，广东省是外来务工人员大省，因此异地高考有着巨大的现实需求。深圳市外来务工人员众多，2015年有常住人口1137.87万人，其中户籍人口仅354.99万人，仅占常住人口的31%。深圳市外来务工人员随迁子女的数量排在广东省前列，有着较为巨大的异地高考考生群体。调研深圳职业技术学院随迁子女的入学情况，以及深圳市随迁子女异地升学考试政策的实施情况，对于深化随迁子女异地升学考试政策的相关研究具有较为典型的意义和重大的价值。

第一节 广东省深圳市随迁子女异地高考调研背景

一、广东省深圳市社会经济发展现状与特征

深圳经济特区建立以来，在党中央、国务院和广东省委、省政府的正确领导下，实现了国民经济的持续快速健康发展，目前已跻身国内一线城市序列。目前，深圳市社会经济发展的现状与特征包括以下方面。

1. 主动引领经济新常态，发展质量和效益不断提高

深圳经济稳中有进，新常态下速度稳、结构优、效益好、创新强的特点进一步凸显。2016年全年GDP达19492.6亿元，比上年增长9%；人均GDP达16.7万元，稳居国内副省级以上城市首位。地方一般公共预算收入突破3000亿元，达3136亿元，比上年增长15%。社会资

本活力全面释放，民间投资大幅增长61.5%，显著高于全国、全省水平。消费新业态加快发展，电子商务交易额突破2万亿元。2016年全年完成进出口总额26307亿元，其中出口15680.4亿元，连续24年居国内城市首位；新型外贸方式发展良好，外贸综合服务企业进出口快速增长，跨境电子商务交易额达403.5亿美元。[①]整体而言，经济运行总体平稳，稳中向好，稳中提质。

2.创新驱动激发原创动力，创新发展引领支撑作用不断增强

深圳是一座充满创新活力的城市，创新发展，是深圳这座年轻城市的最大特色。深圳主动实施国家创新驱动战略，自主创新能力不断提升，成为国家自主创新示范区，并通过强化创新基因和夯实创新优势，在新起点上寻求新突破。自主创新能力稳步提升，2016年全社会研发投入超过800亿元，占GDP比例提高到4.1%。每万人有效发明专利拥有量达80.1件，居国内大中城市首位。深圳创新载体加速增长，并发挥出越来越重要的推动作用。创新型人才引进培养力度加大，2016年成立深圳市人才研修院，设立“孔雀计划”产业园，举办首届中国深圳海外创新人才大赛，新引进全职院士6人，高层次创新团队23个，新增海内外高层次专业人才1229人，“海归”人才1.05万人，高技能人才12.6万人。

3.转型升级提升质量效益，产业结构调整取得良好成效

近年来，深圳不断根据市场和经济发展的变化，积极推进产业转型升级，发展低碳经济，淘汰劳动密集、污染较大、资源型的低端制造企业，以有限的土地资源实现了产业和经济的集约化发展，重点引进和发展高端产业、总部经济、研发中心。新兴产业发展动能进一步增强，2016年推动新兴产业实现增加值7847.7亿元，占GDP比例达40.3%。其中，新能源、新材料、互联网产业，以及机器人、可穿戴设备和智能装备产业，分别取得了大幅增长。金融业、服务业发展能级进一步提高，尤其会展、高端旅游等现代服务业发展迅速。优势传统产业升级步伐进一步加快，积极运用信息技术、文化创意、工业设计等改造提升传统产业。目前，深圳经济涌动着多股新动力，先进制造业占比不断提升，战略性新兴产业生机勃发，未来产业“显山露水”，诸多新锐力量合力推动经济社会稳步前行，并收获经济转型的“红利”。

①王宏彬.关于深圳市2016年国民经济和社会发展计划执行情况与2017年计划草案的报告[N].深圳特区报，2017-02-12（A03）.

4.扎实推进供给侧结构性改革，市场活力得到更充分释放

近年来，深圳深入贯彻落实《中共中央关于全面深化改革若干重大问题的决定》，以政府职能转变为全面深化改革的突破口，瞄准创新驱动战略和前海蛇口自贸片区建设，以重点领域关键环节的突破带动全局改革。“放管服”（简政放权、放管结合、优化服务）改革深入推进，2016年取消转移下放293项行政职权事项，完成53项中介服务事项清理规范工作。着力提升创新型、精准化、组合式的政策供给水平，聚焦创新、企业、人才、住房、高等教育等关键要素，在促进科技创新，提升企业竞争力，促进人才优先发展，完善人才住房制度，加快高等教育发展等方面采取了一系列重大举措。此外，还深入推进户籍制度改革，出台人口服务管理系列新政，积极吸引高素质人才落户，2016年在册户籍人口达到404.8万人。

二、广东省深圳市人口流动与发展趋势

和平时期人口流动的主要动力是经济和人口的地区差距[①]，更多的就业机会和发展空间，以及公共医疗卫生服务、生活质量和社会文化环境等。改革开放以来，中国社会经济的快速发展推动了劳动力的流动，主要是从农村向城市，从欠发达地区向经济发达地区的流动。广东省珠三角地区是人口流动的重要目的地，流入人口规模在全国位居前列，东莞、深圳、中山等城市的流入人口数量占到了常住人口的一半以上。深圳以其活跃的经济发展面貌和较多的就业机遇，吸引了大量的流动人口。深圳市人口流动的现状与趋势主要有以下特点。

1.流动人口规模仍在增加，流动人口与户籍人口的结构比例倒挂突出

据2015年深圳国民经济和社会发展统计公报显示，深圳市2015年末常住人口1137.89万人，比上年末增加60万人，增长5.6%。其中户籍人口354.99万人，占常住人口比例31.2%；非户籍人口782.90万人，占比68.8%。高比例的流动人口与工业化推动下的中国式城市化紧密相关，工厂生产以及由此衍生的服务需求，产生了大量的就业岗位，在深圳尤为突出。但是，外来人口人数多于本地户籍人口的“倒挂”格局，较容易暴露或引发一系列基层管理问题，以及本地、外地居民融合问题等。尤其是“人口倒挂”会在资源配置

①郑真真，杨舸.中国人口流动现状及未来趋势[J].人民论坛，2013（11）：6-9.

方面引发诸多难题，如公共服务资源以及一些行政资源是按照户籍人口来配置的，无法完全满足外来流动人口的现实需求，因此制约了城市精细化管理水平的提升和资源优化配置，也成为制约深圳发展的难题之一。

2. 流动人口占比有所下降，户籍人口逐步扩容

当前，我国的人口流动趋势是人口继续向沿江、沿海、沿主要交通线地区聚集，超大城市和特大城市人口继续增长，但受到东部地区产业结构调整和中西部地区经济增长加快的影响，中部和西部地区省内流动人口比例明显增加。近年来，珠三角地区对外来人口需求降低，导致外来常住人口增长率下降，深圳也呈现出这一特征。这主要是由于整体的经济增速趋缓，以及深圳推进供给侧结构性改革，加快经济转型和产业升级步伐，较为严格控制劳动密集型的低端产业项目，从而导致对中低端劳动力需求的下降。同时，近年来深圳致力于调整人口结构，减轻"人口倒挂"的突出问题，把户籍管理体制改革作为重点项目之一，扎实推进积分入户等户籍人口扩容政策，建立非户籍人口向户籍人口转变的合理门槛和常态通道，促使较多的非户籍人口转为户籍人口。2010~2014年，深圳外来人口占比下降近8个百分点，这得益于深圳户籍人口4年间净增86.73万人，高于2005~2009年的净增数①。

3. 劳动力素质趋于提升，人力资本结构不断改善

2010年8月12日，深圳市发布了《深圳市外来务工人员积分入户试行办法》，标志着深圳市开始实行积分制入户政策。文化程度及技术技能水平、发明创造、表彰荣誉、纳税情况、居住情况等，共同构成了积分落户的考察标准。尤其是近年来深圳市不断提高积分落户中文化素质指标的考察标准，规定博士学历，拥有高级专业技术资格，拥有高级技师职业资格，拥有硕士学历并具有中级专业技术资格或职业资格，经深圳市认定的高层次专业人才等共五种类别的人才，可以积100分直接申请入户。这就可以有效吸引高学历、高素质、高技能人才的流入，提升高精尖劳动力群体所占比例，有效改善人口的文化素质结构、人力资本结构。此外，对高文化素质人才的吸引，还体现在深圳通过"腾笼换鸟"的产业转移政策，强化高端产业比重，转出大量低端产业，吸收优秀人才，改善劳动力供给人口结构，促进人口置换。

①陈强. 珠三角外来人口占比持续下降[N]. 羊城晚报，2016-02-24（A07）.

三、广东省深圳市教育发展基本情况

近年来，伴随着经济社会的转型发展，深圳市在教育方面也取得了较好的发展。2015年1月，时任国务院副总理刘延东曾做出“深圳市坚持教育优先，推进改革创新，各级各类教育取得长足发展”的批示。当前，深圳市教育发展的基本情况包括：

1.各级各类教育取得长足发展

2016年，深圳市各级各类学校（含幼儿园）2310所，比2015年增加114所，增长5.19%。其中公办学校（园）545所，比2015年增加20所，增长3.81%；民办学校（园）1765所，比2015年增加94所，增长5.63%。各级各类在校学生总数195.86万人，比2015年增加8.14万人，增长4.34%。毕业生44.24万人，比2015年增加2.55万人，增长6.12%。招生55.34万人，比2015年增加2.63万人，增长4.99%。教职工17.59万人，比2015年增加1.28万人，增长7.85%。

2016年有高校单位13个，在校学生11.23万人；普通中小学689所，在校学生130.74万人；中等职业学校（含技工学校）24所，在校生7.46万人；幼儿园1579所，在园儿童46.33万人；特殊教育学校4所，在校学生970人；工读学校1所，在校学生51人①。

2.基础教育体系趋于优质均衡

近年来，深圳强力推进基础教育建设工程，2015年新改扩建中小学校23所，新增了2.67万个公办学位，2万个幼儿园学位和2000个国际学校学位。2016年完成第九高级中学等30所中小学新改扩建，新增高中学位3900个、义务教育学位2.7万个；南山国际学校新校区投入使用，新增国际化学位600个。新增普惠性幼儿园98所、幼儿园学位2.5万个，全市普惠性幼儿园比例达到63%。大力进行民办学位补贴、在园儿童健康成长补贴以及教师长期从教津贴等，惠及3.6万名教师和38.8万名学生、在园儿童，财政投入近15亿元。新中考方案得以平稳实施，优质普通高中指标生分配比例从35%提高到40%。政府资助在100所学校开展下午“四点半”活动试点，引入社会优质资

①2016年深圳教育事业发展基本情况[EB/OL].（2017-04-28）[2017-05-02]. http://szeb.sz.gov.cn/home/xxgk/flzy/tjsj/content/post_2993813.html.

源丰富学生课外实践。335所学校体育场馆对市民开放，获得了市民好评。

3.扩规模与提质量并举，高等教育发展迅速

2016年深圳高等教育事业实现新发展，深圳北理莫斯科大学、中山大学深圳校区、哈尔滨工业大学（深圳）开始招收本科生，清华-伯克利深圳学院、天津大学佐治亚理工学院等10所特色学院加快建设，与北京大学、清华大学、中国人民大学、武汉大学、北京中医药大学、中国科学院大学等6所国内一流大学签约建设深圳校区，启动筹建深圳技术大学。高层次人才快速增加，2015年深圳全市高校累计已有院士8人，建成国家级实验室11个；全市高校科研经费达14.13亿元，是2010年的4.24倍。

4.现代职业教育体系加快构建，服务产业能力进一步提升

2015年，深圳信息职业技术学院通过国家骨干高职院校省级验收，市第一职业技术学校成为广东省唯一的现代学徒制试点中职学校。全市职教集团增至7个，新增28个职业教育校外实训基地，提供2200多个实训岗位。成立国家职业教育研究院深圳分院，实现了深圳市高等职业教育研究机构零的突破。新创建40个学习型社区，批准设立深圳市公益学院、社会工作学院等机构，丰富了深圳市的高端培训资源。

5.政府加大扶持力度，民办教育发展环境不断改善

2015年，深圳市恢复义务教育民办学校审批，修订出台《深圳市民办中小学设置标准》，积极吸引新一轮社会资金投入。实施公办、民办高中结对帮扶工程，26所民办高中办学质量显著提升。15所民办高中开展国际课程试验，为学生提供国际化特色服务，涌现一批品牌学校。2.4万余名民办中小学教师享受到与公办学校同等标准的免费继续教育培训。全年民办教育专项投入达19.5亿元。

6.教育转型深入推进，教育治理能力持续提升

近年来，深圳市进一步梳理权责清单，市教育行政部门行政职权事项大幅减少，还出台了财务、内部采购、固定资产等系列管理制度，机关行政管理规范有序、效能提升。出台学校绩效考核指导意见，继续推进卓越绩效管理试点，大力推进现代学校制度建设，43所现代学校制度建设先进校发挥引领示范作用。全市130所中小学被评为省、市依法治校示范校，比例居全省之首，累计有15个学校获得市长、区长质量奖。探索开展教育综合执法，建

立对民办学校、社会培训机构办学的经常性检查机制，社会力量办学秩序进一步规范。与相关媒体合作开展的“作文英雄”“少年创客”等活动广受好评，深圳教育微博具有较大影响力。

7.“互联网+教育”创新发展，打造教育教学变革新引擎

2015年，深圳市出台《深圳市教育信息化发展规划（2015—2020年）》，为教育信息化发展绘制了蓝图。还出台《深圳市中小学“智慧校园”建设与应用评价标准揭引（试行）》，建成60所“智慧校园”和12个优质数字教学资源共建基地，累计制作优质课程视频资源2万多节。实施中小学教育信息化“十百千”培养行动计划，提升教师信息技术应用能力。深圳教育信息化成果精彩亮相全国教育信息化应用展，广受瞩目和好评。深圳市电教馆更名为深圳市教育信息技术中心，更好发挥信息化引领教育现代化作用。

第二节　广东省深圳市随迁子女异地升学考试政策

一、广东省深圳市随迁子女教育政策演进与举措内容

1.义务教育情况

进城务工人员是现代化建设的生力军，为流入地的经济社会发展和城市建设做出了重要贡献。广东是外来务工人员大省，深圳市位于流动人口较集中的珠三角地区，随迁子女的就学问题非常突出。早在2006年，《国务院关于解决农民工问题的若干意见》（国发〔2006〕5号）就强调解决进城务工人员随迁子女与常住户口学生平等接受义务教育的问题，随后逐渐形成了“以流入地为主，以公办学校为主”的“两为主”随迁子女入学问题解决思路。《国家中长期教育改革和发展规划纲要（2010—2020年）》也明确要求“坚持以输入地政府管理为主、以全日制公办中小学为主，确保进城务工人员随迁子女平等接受义务教育，研究制定进城务工人员随迁子女接受义务教育后在当地参加升学考试的办法”。

2011年7月18日，广东省人民政府办公厅发布《关于做好进城务工人员随迁子女义务教育工作的意见》（粤府办〔2011〕45号），要求高度重视做好随迁子女平等接受义务教育工作，通过科学规划设置公办学校，鼓励和扶持举办面向随迁子女招生的民办学校等举措，统筹解决随迁子女平等接受义务

教育的问题。完善随迁子女义务教育配套政策，公办学位不能满足随迁子女入学需要的县（市、区），按照《关于开展农民工积分制入户城镇工作的指导意见》（粤府办〔2010〕32号）要求，实行随迁子女凭积分入读公办学校的制度，健全随迁子女平等接受义务教育的保障机制。

2012年4月，经广东省人民政府同意，广东省财政厅、教育厅联合印发《关于调整完善城乡免费义务教育政策的通知》（粤财教〔2012〕94号），明确从2013年春季学期起，在广东普通中小学（包括民办学校）就读的义务教育阶段学生免收学杂费、课本费，将包括随迁子女在内的在粤义务教育阶段学生一起纳入财政保障范围。至2015年，广东省义务教育阶段非户籍学生达437.87万人，比2010年增加123.99万人，入读公办学校比例达52%。

多年来，深圳按照国家和广东省的部署，着力解决进城务工人员随迁子女平等接受义务教育的问题。2005年8月1日，深圳市人民政府发布《深圳市关于加强和完善人口管理工作的若干意见及五个配套文件的通知》（深府〔2005〕125号）（简称“1+5文件”），其中的《深圳市暂住人口子女接受义务教育管理办法（试行）》，规定“凡年满6～15周岁，有学习能力，父、母在深连续居住1年以上，且能提供以下材料的暂住人口子女，可申请在我市接受义务教育：（一）适龄儿童出生证、由公安部门出具的适龄儿童及其父母的原籍户口本、在深居住证或暂住证；（二）适龄儿童父母在本市的有效房产证明和购房合同，或由当地街道办事处房屋租赁管理所提供的租房合同登记、备案材料；（三）适龄儿童父母持有本市劳动保障部门出具的就业和社会保障证明，或者本市工商部门核发的营业执照副本等证明；（四）适龄儿童父母现居住地街道办事处计划生育工作机构出具的计划生育证明材料；（五）适龄儿童原户籍地乡（镇）以上教育管理部门开具的就学联系函，或学校开具的转学证明”。五证齐全是入读公办学校的必要条件，但由于公办学校学位有限，无法吸纳所有户籍学生和证明齐全的学生，因此规定“区教育局和学校根据学位情况尽量安排符合就读条件者入学”。

2008年12月29日，深圳市人民政府办公厅印发《深圳市义务教育就近入学管理办法》（深府办〔2008〕130号），规定“义务教育阶段公办学校应当按地段招生，学生按地段申请就读”，以及“招生地段内生源分流，应当根据适龄儿童、少年本人及其父母（或监护人）的户籍地址、住房、地段内居住时间等情况，采取生源分类或计分排队的办法实施”，对随迁子女接受义务教育提出了一定的条件要求。对未能在公办学校就读的，深圳市采取政府购买普惠性民办学校学位等方式，保障随迁子女接受义务教育的权利。2012年8月28日，深圳市发布《深圳市民办学校义务教育阶段学位补贴试行办法》，规定“各区按小学不超过每人每年5000元、初中不超过每人每年6000元的标准给予学位补贴（以上学位补贴已包含我市免费义务教育财政补助）”。2013年3月7日，深圳市教育局发布《深圳市教育局关于义务教育公办学校试行积分入学办法的指导意见》，要求探索和试行积分入学办法，对深圳户籍和符合深圳市就读条件的非深圳户籍儿童入学实行统一积分，并根据积分情况统一安排学位。积分项目包括学位申请人家庭户籍类型、住房性质、入户时间、居住年限、社保年限或营业执照、计划生育情况等。

目前，深圳市已基本解决了进城务工人员随迁子女平等接受义务教育的问题，70%以上的义务教育学位给了外来务工人员随迁子女，55%以上公办中小学的学位给了外来务工人员随迁子女。

2. 义务教育后继续升学情况

近年来，随着广东省进城务工人员规模的不断扩大，随迁子女完成义务教育人数不断增多，随迁子女义务教育后就地升学考试问题日益突出。

2012年8月30日，国务院办公厅转发了《关于做好进城务工人员随迁子女接受义务教育后在当地参加升学考试工作的意见》（国办发〔2012〕46号），要求各省、自治区、直辖市人民政府要根据城市功能定位、产业结构布局和城市资源承载能力，根据进城务工人员在当地的合法稳定职业、合法稳定住所（含租赁）和按照国家规定参加社会保险年限，以及随迁子女在当地连续就学年限等情况，确定随迁子女义务教育后在当地参加升学考试的具体条件，制定具体办法。2012年12月29日，《广东省人民政府办公厅转发省教育厅等部门关于做好进城务工人员随迁子女接受义务教育后在我省参加升学考试工作意见的通知》（粤府办〔2012〕137号），强调高度重视做好随迁子女接受义务教育后升学考试工作，因地制宜推进随迁子女参加中考工作，积极稳妥推进随迁子女参加高考工作。在中考方面，该文件规定各地级以上市人民政府，对在当地有3年完整初中学籍的随迁子女，根据当地城市资源特别是教育资源承载能力，合理确定随迁子女在当地参加中考的准入条件，因地制宜制订随迁子女参加中考升学考试的具体办法，于2013年3月底前报省教育厅备案，并于2013年开始实施。此外，该文件明确了积分入户的随迁子女在广东参加高考的条件和时间（2013年起），随迁子女就读中职学校在广东参加高考的条件和时间（2014年起），以及随迁子女就读普通高中在广东参加高考的条件和时间（2016年起）。

2013年11月27日，广东省教育厅等5个部门联合发布了《进城务工人员随迁子女在广东省参加高校招生考试实施办法（试行）》，进一步明确了随迁子女义务教育后升学考试的具体规范与操作程序。其中，对于积分入户随迁子女的规定是，异地务工人员、高技能人才及其随迁子女在广东取得入户的，随迁子女不受入户年限、就学年限等限制，2013年起可在广东报名参加高考。随迁子女就读中等职业学校，并同时符合以下条件的，2014年起可在广东报名参加高等职业学院招收中职学校毕业生招生考试（即"3+专业技能课程证书"考试和高职院校对口自主招生考试）：（1）父亲或母亲在广东省具有合法稳定职业；（2）父亲或母亲在广东省具有合法稳定住所；（3）父亲或母亲持有广东省居住证，有效期截至当年高考报名规定时间，已连续3年以上（含3年）；（4）父亲或母亲在广东省依法参加社会保险缴费累计3年以上（含3年）；（5）随迁子女具有广东省中职学校3年完整学籍。随迁子女在广东就读普通高中，并同时符合以下条件的，2016年起可在广东报名参加高考：（1）父亲或母亲在广东省具有合法稳定职业；（2）父亲或母亲在广东省具有合法稳定住所；（3）父亲或母亲持有广东省居住证，有效期截至当年高考报名规定时间，已连续3年以上（含3年）；（4）父亲或母亲在广东省依法参加社会保险缴费累计3年以上（含3年）；（5）随迁子女在广东省参加中考；（6）随迁子女在父亲或母亲就业所在地市具有高中阶段学校3年完整学籍。2016年是广东省就读普通高中随迁子女报名参加普通高考的第一年，为做好相关保障工作，2015年11月17日，广东省教育厅、广东省发展改革委等5部门联合发布了《关于做好2016年进城务工人员随迁子女在广东省参加高考有关工作的通知》，对于随迁子女报考资格审核，包括社保、居住证、合法稳定住所、3年完整学籍等方面的操作细节做出了更为详细的规范。

在随迁子女异地高考方面，深圳市严格落实和执行国家、广东省的有关规定。在随迁子女异地中考方面，广东省将制定相关规范的权限赋予各个地市人民政府。深圳市关于随迁子女异地中考的探索，与国务院要求各地开展进城务工人员随迁子女升学考试的探索同步，即2012年。其具体规范与随迁子女接受义务教育的文件规范紧密相关，即2005年发布的“1+5文件”。2012～2013年，深圳市实行异地中考的过渡期政策，规定凡已在深圳市初三年级就读且具有就读学校学籍的随迁子女，符合“1+5文件”规定的义务教育就读条件的，可以在深圳报名参加中考。

2013年12月31日，深圳市人民政府办公厅印发了《深圳市2014—2016年非本市户籍就业人员随迁子女接受义务教育后在我市参加中考的工作方案》（深府办函〔2014〕1号），明确2014～2015年继续实行过渡期政策，规定“本方案公布前已在我市初中学校就读且具有就读学校学籍的随迁子女，符合《深圳市人民政府印发深圳市关于加强和完善人口管理工作的若干意见及五个配套文件的通知》（深府〔2005〕125号）规定的义务教育就读条件，可以在我市报名参加中考，按照我市当年高中阶段学校招生计划所列户籍类型，报考相应的公办普高、民办普高和中职学校。不符合上述条件，但具有我市初三学籍的随迁子女，可以在我市参加中职学校自主招生，也可以在我市参加中考，但仅限于参加民办普高自主招生”。另外规定“2016年，非本市户籍就业人员在我市具有合法稳定职业、合法稳定住所（含租赁），连续持有我市有效居住证满3年，在我市缴纳社会保险累计满3年，其随迁子女符合我市义务教育就读条件并在我市具有3年完整初中学籍，可以在我市报名参加中考，按照我市当年高中阶段学校招生计划所列户籍类型，报考相应的公办普高、民办普高和中职学校。具有我市3年完整初中学籍但不符合上述其他条件的随迁子女，可以在我市参加中职学校自主招生，也可以在我市参加中考，但仅限于参加我市民办普高自主招生”。相比之下，2016年的新政策要更为严格，对于随迁子女的3年完整初中学籍以及其父母的社保年限、居住证年限等提出明确要求。

2017年，深圳市异地中考政策又进行了一定的调整，其规定为“随迁子女在我市就读初中，并同时符合以下条件的，可以在我市报名参加中考，报考相应的公办普高、民办普高和中职学校：（1）父亲或母亲在我市具有合法稳定职业；（2）父亲或母亲在我市具有合法稳定住所；（3）父亲或母亲持有有效《深圳经济特区居住证》（编者注：此处书名号误用，但为保持原文，故作保留）；（4）父亲或母亲在我市缴纳基本养老保险及基本医疗保险，且至少其中一个险种累计缴费满3年，社保累计年限计算截至2017年8月31日；（5）随迁子女在我市具有3年完整初中学籍。不符合上述条件但具有我市初中学籍的随迁子女，可以在我市参加中职学校自主招生，也可以在我市参加中考，但仅限于参加民办普高自主招生或中职学校注册入学”①。与2016年相比，在随迁子女父母的居住证年限方面取消了3年的要求，其他条件没有明显变化。

二、广东省深圳市随迁子女教育的问题与挑战

随迁子女异地升学考试政策的制定，既要保障进城务工人员随迁子女的受教育权利和升学机会，又必须考虑流入地教育资源的承载能力，促进人口合理有序流动，保持流入地经济社会的可持续发展。因此，随迁子女升学考试需求和教育资源承载能力之间的矛盾，是随迁子女异地考试升学问题的症结所在。解决随迁子女异地升学考试问题，短期来看，需考虑当地资源，特别是教育资源承载能力情况，长远来看，需要考虑整个区域不同地区的社会经济保持可持续、健康发展的问题。广东省是全国进城务工人员第一大省，在解决随迁子女教育和参加升学考试等问题上存在的挑战有以下几个。

1.随迁子女众多，教育资源承载能力不足

广东省随迁子女呈现规模大、增长快、分布集中的特点。随迁子女人数众多，义务教育阶段非广东户籍学生80%以上集中在珠三角地区，因此需要持续增加中小学校的数量，所需的土地、师资、投入等非常巨大。而随着高中阶段教育普及，广东本地高考生源也以平均每年4万多人的速度持续增长，再加上随迁子女报考高职、普通高考的人数，广东的高考报考人数不断增长。在粤接受教育的随迁子女和本省在校生人数都在持续增长，对高考和教育资源形成双重压力。

2.优质高校在粤招生计划有限与生源增加的矛盾

广东是高考大省，每年的高校招生计划，特别是本科和高水平大学的招生计划有限的情况依然突出。在开放随迁子女在粤参加高考后，2016年随迁

①深圳市2017年中考有关问答[EB/OL].（2017-04-12）[2017-05-02]. http://www.sz.gov.cn/jylyfw/cjwt/201704/t20170412_6128130.htm.

子女报名参加高考的人数约为1万人，广东省的高考报名人数达到68万人，致使高考竞争更为激烈，优质高校特别是高水平大学在粤招生计划有限的矛盾尖锐程度略有增加。

3.人口过快膨胀对本地经济社会发展带来潜在冲击

目前，广东省常住人口约1.2亿人，其中非户籍人口3000多万人，常住人口和非户籍人口均是全国第一。在全面开放外省籍随迁子女在粤参加高考后，可能会吸引更为大量的人口滞留或居住在广东，引发城市人口过快膨胀、水资源紧缺、交通拥堵、就业困难等一系列社会问题，对广东未来社会经济的可持续发展带来潜在的冲击。

4.深圳户籍人口和非深圳户籍人口比例的“倒挂”

深圳市是本地户籍人口和外地户籍人口比例“倒挂”较为突出的城市，随迁子女净流入数量巨大，基础教育各个学段的学位压力较大。近年来，随着深圳市初中毕业生人数的逐年大幅增加，加上外省户籍随迁子女在广东参加高考政策的逐步开放，随迁子女在深圳市报名参加中考的人数有了大幅增加，深圳市高中阶段学校的承载能力面临着较大压力，义务教育阶段学位压力也同样逐年加大。2012年秋季，深圳市义务教育阶段学校在校生共93.5万人，其中深圳户籍学生25万人，非深圳户籍学生68.5万人，非深圳户籍学生占在校生总数的73.3%，是深圳户籍学生的2.7倍。近几年来，这种局面并未得到缓解，而且有进一步加剧的态势。

三、广东省深圳市随迁子女高职自主招生政策的分析

在随迁子女异地高考方面，深圳市严格落实和执行国家、广东省的有关规定，异地升学考试政策逐步开放，2014～2015年允许就读中职学校的随迁子女通过参加高等职业学院招收中职学校毕业生招生考试（即“3+专业技能课程证书”考试和高职院校对口自主招生考试）进入高职院校就读，2016年起就读普通高中的随迁子女可在广东报名参加普通高考。2014～2015年深圳市在随迁子女报考高职院校方面，严格落实了广东省教育厅的规定，为随迁子女进入高职院校创造了较好的条件，但受到高职院校吸引力较低的客观因素影响，据实际调研推断，随迁子女进入高职院校的数量较为有限。

在2016～2017年随迁子女参加普通高考方面，据2015年12月1日深圳市

教育局网站发布的“2016年普通高考热点问答”，关于非深圳户籍的考生如何报考，规定“广东省内（深圳市除外）户籍在深圳高中阶段学校就读的应届高三学生，并符合在我市借考条件的，可在高考报名开始前向所在学校提出借考申请，由学校统一办理借考手续，经学校、市招考办审核通过后可在深圳借考；在我市就读高中学校的广东省外户籍进城务工人员随迁子女符合《实施办法》（编者注：2013年11月27日《进城务工人员随迁子女在广东省参加高校招生考试实施办法（试行）》）规定条件的可以在我市报名参加高考”。

关于随迁子女在深圳报名参加高考的条件，深圳市要求随迁子女考生须提供以下证明材料：（1）父亲或母亲在广东省具有合法稳定职业的证明，包括就业创业证（或深圳市就业失业登记证）、劳动合同、工商企业登记证、土地承包合同、务农劳动合同等其中一项有效证明材料。考生家长为企业退休人员的，提供退休前在深圳市缴纳社会基本养老保险及基本医疗保险累计满3年的证明。（2）父亲或母亲在深圳市具有合法稳定住所的证明，包括房地产权证、购房合同、房屋征收（拆迁）补偿协议、房屋租赁合同、房屋租赁登记备案证明等其中一项有效证明材料。住所为农村自建房、单位宿舍、家长自有房的提供房屋产权证或土地使用权证；租赁的，提供房屋租赁合同，需提供居住地派出所或乡镇、街道房屋租赁管理机构出具的证明材料。（3）父亲或母亲的深圳市居住证，对居住证办理期限的要求为随迁子女父亲或母亲在2013年9月1日前已办理居住证，提供截至2016年8月31日属于有效状态的居住证。（4）父亲或母亲在深圳市参加社会基本养老保险及基本医疗保险的证明材料，社会保险期限为截至2016年8月31日缴费年限累计达到3年以上（含3年）。（5）随迁子女在深圳市参加中考并在深圳市具有高中阶段学校3年完整学籍的有关证明材料。①

据2016年11月30日深圳市教育局发布的“2017年普通高考热点问答”，2017年随迁子女在深圳报名参加高考的条件与2016年完全一致，保持了较好的政策稳定性。

①深圳市教育局. 2016年普通高考热点问答[EB/OL].（2015-12-01）[2017-05-15]. http://www.sz.gov.cn/jyj/zcfggfxwj/zcjd/201512/t20151202_3374943.htm.

四、政策实践中的进展与矛盾

目前，深圳市正处于经济社会发展加快转型的关键时期，加快转变经济发展方式和调整产业结构对技能型人才有着巨大需求。深圳市中职学校和高职院校总学位基本能够满足需求，先允许就读中职学校的随迁子女报考高职院校，一方面有利于更好地满足随迁子女升学考试的需求，另一方面有利于培养一批中高级技能人才，以更好地服务深圳经济社会发展，为加快转型升级提供人才保障和智力支撑。2016年开始，就读于普通高中的随迁子女也能够报名参加普通高考，随迁子女既可报考本科院校，也可以选择报考高职院校。这样一来，随迁子女从中职到高职、从普通高中到高职或本科院校这两条通道就全被打通了，随迁子女异地高考的可选择性、自由度大大增加，也意味着其高等教育入学机会的增加。

与国内随迁子女净流入数量较大的同类城市相比，深圳市解决随迁子女参加中考的工作起步早、力度大。多年来，按照市政府“1+5文件”精神，随迁子女在深圳接受义务教育后，凡是符合条件的，均可在深圳报名参加中考。按照近几年深圳市高中阶段学校招生计划，公办普高、民办普高、中职学校均面向随迁子女招生，其中公办普高择校、民办普高和中职学校的招生计划均不分户籍，同时，大多数公办普高均安排部分正取生计划面向非深圳户籍考生招生。

随着深圳初中毕业生人数的逐年大幅增加，加上随迁子女在广东参加高考政策的逐步开放，随迁子女在深圳报名参加中考的人数有了明显增加，高中阶段学校（普通高中、中职学校）的承载能力面临着较大压力，义务教育阶段学校的学位压力也逐年加大。教育资源承载力有限与随迁子女在本地考试升学需求之间的矛盾日渐尖锐，这有待于加以改善。

第三节　研究设计与研究过程

一、研究目的

第一，以选取的深圳职业技术学院为例，根据其招生统计数据、指标等信息及其他相关数据，分析随迁子女参加高考及录取的趋势及特征，为政策实施提供决策参考，使政府看到随迁子女异地升学考试政策的实施情况。

第二，通过实际调研，对深圳职业技术学院自主招生的政策制度、过程实施、价值取向、设计维度等进行剖析，研究地方高职院校自主招生的政策特征及政策实施的路径，明晓影响政策实施的因素、环境及发展空间，有效推动学校及家长对考试条件的预判，做好随迁子女未来升学与就业准备，让越来越多的随迁子女在流入地顺利参加升学考试。

第三，通过量化调查研究及3年持续动态监测，如实呈现招生群体及其家庭、社会不同利益相关群体的态度反应，了解高考招生招收流动人口随迁子女的真实需求和问题症结的系统原因，由此找到该项政策可能的突破口和聚焦点。

第四，通过与深圳职业技术学院合作开展行动研究，对学校的自主招生政策进行探索性的设计，并对政策实践过程和结果进行监测评估，在进行政策实践实验基础上形成改进政策，最终形成随迁子女自主招生的政策设计，为促进随迁子女最大限度在当地参加高考并被自主招生录取提出切实有效的政策建议，最大限度减少政府对政策风险的顾虑。

第五，通过项目活动的实施，服务并助推国家决策，使得随迁子女更好地获得在流入地参加升学考试的机会，以推动教育公平，促进和谐社会的建设进程。

二、研究实施

调研地区：深圳市

调研学校：深圳职业技术学院

子课题负责人：王帅

子课题组成员：杨庆文、王学男

表7-1　调研任务及样本量

调研对象		样本量	调研活动
教育行政部门	省/市招生考试院	1～2人	访谈
	省教育厅职教处	1～2人	访谈
学校行政管理人员	招生办	1～2人	访谈
	教务处	1～2人	访谈

续表

调研对象		样本量	调研活动
	就业指导处	1～2人	访谈
教师	辅导员和授课教师	共15人，按不同学科、性别、年级、年龄、职称抽样	访谈（小型座谈会方式）+问卷
	授课教师	共35人，	问卷
随迁子女	在校随迁子女（含中职和高职）	20人（根据实际数量计算），按学科、性别、年级、年龄分类抽样	访谈/座谈+问卷
随迁子女家长	通过学生联系家长	20人	当面访谈/电话访谈
本地学生	在校学生	20人	座谈+问卷
	在校学生	100人，根据不同年级分类抽样	问卷
本地学生家长	通过学生联系家长	20人	当面访谈/电话访谈

三、深圳职业技术学院基本信息及招生情况梳理

深圳职业技术学院是政府全额投资举办的一所专科层次全日制普通高等院校，位于广东省深圳市，创建于1993年，是国内最早独立举办高等职业技术教育的院校之一。学校现有留仙洞、西丽湖、官龙山、华侨城、凤凰山五个校区，全校教职员工2380人，正高职称217人，副高职称657人，博士408人，享受国务院特殊津贴专家2名，珠江学者5人，海外高层次人才25人，国家“万人计划”教学名师1人，国家级教学名师3人，省级教学名师8人，国家、特支计划教师1人，广东特支计划教学名师4人。学校设有电子与通信工程学院等17个二级学院和体育部、工业中心、国际教育部等教学单位，招生专业80个。全校普通全日制在校生22750人，其中应用型本科生292人，外国留学生127人，自办专科教育在校生3536人。学校注重培养国际化高端

技能人才，已培养11万余名全日制专科毕业生，毕业生初次就业率始终保持在96%以上，深受用人单位欢迎。学校积极探索以应用为导向的高职科研模式，重视产、学、研合作，积极参与政府决策，服务地方经济与社会发展，努力打造高职的科研高地。①

1.学校的招生政策内容梳理与分析

2013年以来，学校在招生类别、招生方式等方面的招生政策取得了不断的改善优化。学校通过高考面向全国招收普通高中、职业高中毕业生，招生类别包括高考招生、自主招生、五年一贯制、专升本等。

2013年，学校的招生计划分为普通高考招生和对口中职学校自主招生"三二分段"2种招生类别。普通高考招生面向全国各个省份，共分为3个录取批次：深圳市内户籍考生录取批次为第三批专科B类（3B批）、高职"3+证书"；深圳市外广东省内户籍考生录取批次为第三批专科A类（3A批）；省外户籍考生录取批次为专科一批或提前专科批。招生录取严格遵守教育部和有关省（自治区、直辖市）招生委员会的有关政策和规定，以考生高考成绩为基本依据，按照文科类、理科类、美术类、音乐类、"3+证书"类分类录取。对口中职学校自主招生"三二分段"招生包括5个专业，合计招生270人。"三二分段"学制5年，其中中职学段3年，高职学段2年。

2014年，学校招生计划包括普通高考招生和五年一贯制招生2种类别。普通高考招生包括3个录取批次：深圳市内户籍考生录取批次为第三批专科B类（3B批）、高职"3+证书"；深圳市外广东省内户籍考生录取批次为第三批专科A类（3A批）；省外户籍考生录取批次为专科一批或提前专科批。以高考成绩为基本依据，按照文科类、理科类、美术类、音乐类、"3+证书"类分类录取。五年一贯制招生专业为国际商务，下设4个专业方向（西班牙语、俄语、韩语、日语），招生计划180人，招生对象为具有广东省户籍和符合各地普通高中报考条件等有关规定的外省户籍的初中应届、往届毕业生。

2015年，学校招生计划包括普通高考招生和五年一贯制招生2种类别。普通高考招生包括3个录取批次：深圳市内户籍考生录取批次为第三批专科B类（3B批）、高职"3+证书"；深圳市外广东省内户籍考生录取批次为第三

①本段数据更新时间截至2019年8月31日，数据源于深圳职业技术学院官网（https://www.szpt.edu.cn/xxgk/xxjj.htm）。

批专科A类（3A批）；省外户籍考生录取批次为专科一批或提前专科批。五年一贯制招生专业为国际商务，下设4个专业方向（西班牙语、俄语、韩语、日语），招生计划225人，招生对象为具有广东省户籍的初中应届、往届毕业生和符合以下条件的非广东省户籍初中应届、往届毕业生（即随迁子女）：（1）父亲或母亲在广东省具有合法稳定职业；（2）父亲或母亲在广东省具有合法稳定住所；（3）父亲或母亲持有广东省居住证，有效期截至当年报名规定时间已连续3年以上（含3年）；（4）父亲或母亲在广东省依法参加社会保险缴费累计3年以上（含3年）；（5）随迁子女具有广东省初中学校3年完整学籍。

2016年，学校的招生计划包括普通高考招生、五年一贯制招生和对口中职学校“三二分段”招生3种类别。普通高考招生包括3个录取批次：深圳市内户籍考生录取批次为第三批专科B类（3B批）、高职“3+证书”；深圳市外广东省内户籍考生录取批次为第三批专科A类（3A批）；省外户籍考生录取批次为专科一批或提前专科批。五年一贯制招生专业为国际商务，下设4个专业方向（西班牙语、俄语、韩语、日语），招生计划280人，招生对象为具有广东省户籍的初中应届、往届毕业生和符合以下条件的非广东省户籍初中应届、往届毕业生（即随迁子女）：（1）父亲或母亲在广东省具有合法稳定职业；（2）父亲或母亲在广东省具有合法稳定住所；（3）父亲或母亲持有广东省居住证已连续3年以上（含3年）；（4）父亲或母亲在广东省依法参加社会保险缴费累计3年以上（含3年）；（5）随迁子女具有广东省初中学校3年完整学籍。对口中职“三二分段”招生专业有6个，分别为服装与服饰设计、护理、计算机应用技术、汽车运用与维修技术、数控技术、物流管理，合计招生270人，要求考生必须同时具备以下条件方可报考：（1）2014年被试点中职学校录取并在“三二分段”试点专业就读，符合粤教职函〔2014〕52号和粤教高函〔2014〕43号规定，具有正式学籍和广东户籍及符合广东省进城务工人员随迁子女升学考试有关规定的外省户籍的学生；（2）参加转段考核的学生须在第五学期前获得相应专业对口的下列中级（含）以上技能等级证书。技能等级证书具体如下：①计算机应用技术专业——全国计算机信息高新技术证书（办公软件应用模块、局域网管理模块、微型计算机安装调试维修、网页制作模块，取得以上模块之一即可）或网络调试员证书；②汽车运用与维修技术专业——汽车维修工或汽车维修电工证书；③数控技术专业——数控铣床操作工证书或数控机床操作调整工或加工中心操作工证书；④服装与服饰设计专业——服装设计定制工证书；⑤物流管理专业——物流员证书或商品营业员证书。无以上证书的考生，如果获得广东省中等职业学校技能大赛优秀奖以上，或市级中等职业学校技能大赛一、二、三等奖，等同获得技能证书。护理专业对资格证书不做要求。

2017年，学校的招生计划包括普通高考招生和自主招生2种类别。普通高考招生包括2个录取批次：广东省内考生为第三批专科和以普通高中学业水平考试成绩为录取依据的高职分类考试招生；省外考生为当地专科一批或提前专科批。自主招生也包括2种类别：自主招生面向普通高中毕业生，计划招540人，其招生对象为符合广东省普通高等学校统一招生考试报名条件的应届、往届普通高中毕业生；自主招生面向中职毕业生，计划招40人，其招生对象为符合广东省普通高等学校统一招生考试报名条件的应届、往届中职毕业生。2种自主招生的报名条件涉及参加学业水平考试、取得中级职业技能等级证书等方面，未再对随迁子女进行专门性规定。

2.异地升学考试政策颁布后学校招生政策中涉及随迁子女异地高考条目的梳理与分析

2014年，在国家的异地升学考试政策实施以后，学校首次将随迁子女有条件地纳入招生计划中。学校在五年一贯制招生专业中，将随迁子女作为招生对象的一部分，规定符合各地普通高中报考条件等有关规定的外省户籍的初中应届、往届毕业生可报考五年一贯制专业。最初学校并未做好招收随迁子女入学的充分准备，只是在操作上响应国家政策要求，进行了笼统的规定，在具体的招生条件、要求等细节方面，是不太清晰的。同时，招生专业仅国际商务一个，包含广东省户籍和随迁子女的招生计划共180人，数量规模也较小。

2015年，学校仍然将国际商务专业的五年一贯制招生作为招收随迁子女的方式，但对随迁子女报考的条件，如父母的合法稳定职业、合法稳定住所、居住证时限、社保缴纳时间以及学生的初中学籍等方面，进行了较为细致的规定。五年一贯制专业招生人数也从2014年的180人变为280人，这意味着随迁子女考入深圳职业技术学院的机会有所增加。

2016年，是广东省异地高考全面开放的第一年，符合条件的随迁子女不仅可通过中职升入高职院校，还可通过普通高中升入本科院校。这一年学校普通高考招生、五年一贯制招生和对口中职学校“三二分段”招生3种类别的招生计划，对符合条件的随迁子女全面开放。普通高考招生要求随迁子女符合高考报名条件，主要根据高考成绩进行录取。五年一贯制招生的人数规模以及对随迁子女的条件要求，与2015年保持一致。对口中职“三二分段”招生计划共270人，允许随迁子女报考，但由于这种招生类别的选拔性条件要求较高，如要求中级（含）以上职业技能等级证书等，因而随迁子女通过此招生计划升入深圳职业技术学院的难度较大。

2017年，学校在普通高考招生和对普通高中、中职院校毕业生的自主招生中，都允许符合广东省相关规定的随迁子女报考，表明学校通过2014年以来随迁子女的招生工作经验，已经将随迁子女招生录取常态化。

3.异地升学考试政策颁布后学校招生政策的执行路径

在国家的异地升学考试政策颁布后，学校根据广东省教育厅的政策要求和导向，结合深圳市对随迁子女升学考试的相关规定，制订自身的招生录取规范。最初由于省级和深圳市级的政策规范尚在探索制定中，因而学校在2014年对随迁子女的招生录取规范也较为笼统。随着时间的推移，广东省教育厅和深圳市对随迁子女异地升学考试的政策导向愈发清晰，操作经验也不断丰富，学校在随迁子女招生录取方面也制订了更为详细和可操作的规定。同时，学校层面向学校的招生办公室、各个学院等内部职能单位及时传达了广东省和深圳市关于随迁子女异地升学考试的政策要求，强化对随迁子女招生入学的政策理念引领，强化随迁子女异地升学考试政策的执行落实力度，确保政策的顺利推进实施。

4.异地升学考试政策颁布后学校的招生数量、结构与趋势的统计分析

随着异地升学考试政策的颁布实施，学校对于招收随迁子女入学在招生类型中进行了相应的体现，招生数量也有所增加，但不是特别明显。2013～2014学年，学校实际完成招生8585人，报到7793人；2014～2015学年，学校实际录取8786人，报到7938人；2015～2016学年，学校实际录取8935人，报到8064人。可以看到，学校实际招生与实际报到人数都有了一定的增长。2013～2014学年的招生还未纳入随迁子女，2014～2015学年五年一贯制录取

209人，这其中包含了一定数量的随迁子女，2015~2016学年五年一贯制录取320人，可以推断是随迁子女的增加促进了招生录取人数的增加。因此，在异地升学考试政策颁布后，学校招生录取受到了这项政策的积极影响，招生数量有了一定的增加。

5.学校招生困境和需求的分析

深圳职业技术学院是深圳市一所著名的公立高职院校，在高职院校中享有较好的声誉和口碑。建校以来，学校依托珠三角产业发展，秉承深圳特区改革创新精神，坚持把立德树人作为学校教育的根本任务，主动对接国家发展战略和深圳创新驱动发展战略，着力推行“政校行企四方联动，产学研用立体推进”的办学模式和“文化育人、复合育人、协同育人”系统改革，立足于职业教育产教融合的办学特色，致力于培养“德业并进、学思并举、脑手并用”的复合式创新型高素质高技能人才。学校注重培养国际化高端技能人才，已培养约11万名全日制专科毕业生，毕业生初次就业率始终保持在96%以上，深受用人单位欢迎。2012年经上级教育部门批准，学校开始推进应用型本科人才（联合）培养试点工作，在电子信息工程、计算机科学与技术、机械设计制造及其自动化、食品科学与工程专业招收应用型本科生。由于较好的口碑信誉和社会形象，学校深受有职业培训需求的学生喜爱，因而在招生方面不存在明显的困境。

第四节　调研发现

一、政策知晓情况

随迁子女异地升学考试政策颁布以来，在广东省教育部门的宣传推动下，这项政策平稳落地，在政策知晓度方面也取得了较好的效果。

1.本地学生对随迁子女异地升学考试政策有一定的知晓度

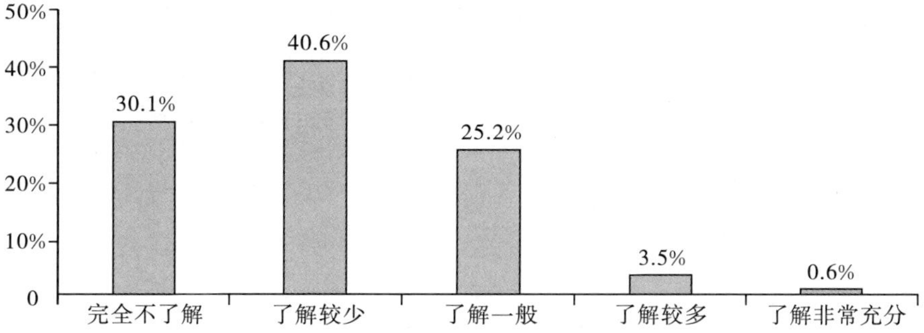

图7-1　本地学生对随迁子女异地升学考试政策的知晓度

从图7-1可见，本地学生对随迁子女异地升学考试政策有一定的知晓度，但不太高。其中，完全不了解这项政策的学生占了30.1%，了解较少的学生所占比例为40.6%，了解一般的学生占25.2%，了解较多和了解非常充分的学生一共仅占4.1%。其原因可能与学生所处的年龄阶段有关，初中、高中学生尚未建立对社会的充分认识，对国家大政方针与教育政策不太关注，通常只关心与自身相关的事物。在本地学生看来，这项政策与他们并没有特别直接的联系，如果没有认识或接触到随迁子女，也就不太容易知晓这项政策的存在。

2.教师对随迁子女异地升学考试政策的知晓度较高，知晓渠道较为多元

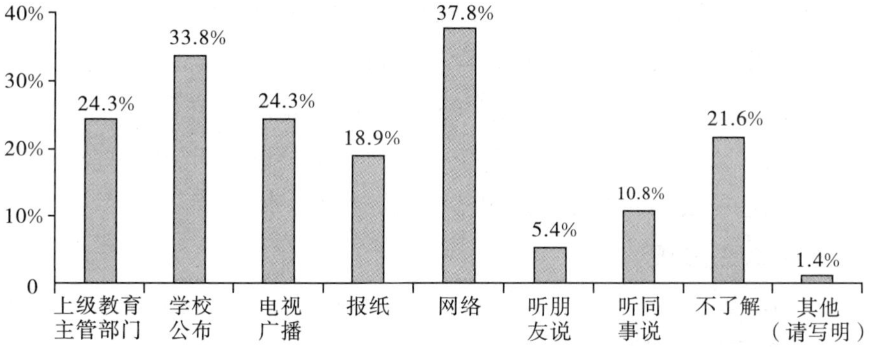

图7-2　教师对随迁子女异地升学考试政策的知晓渠道

从图7-2可见，教师对随迁子女异地升学考试政策的知晓度较高，知晓的渠道也较为多元。其中，完全不了解这项政策的教师占21.6%，知晓这项政策的教师占比接近80%。从知晓的渠道而言，从网络途径知晓这项政策的

教师占比最高，达到37.8%；其次是通过学校公布而知晓的，占到了33.8%；通过上级教育主管部门、电视广播、报纸等途径知晓这项政策的，也占有较高的比例。这表明教师群体身处教育领域之中，对国家教育政策及其变革较为关注，因而对随迁子女异地升学考试政策有着较好的知晓度。

3.随迁子女对政策的知晓度较为一般

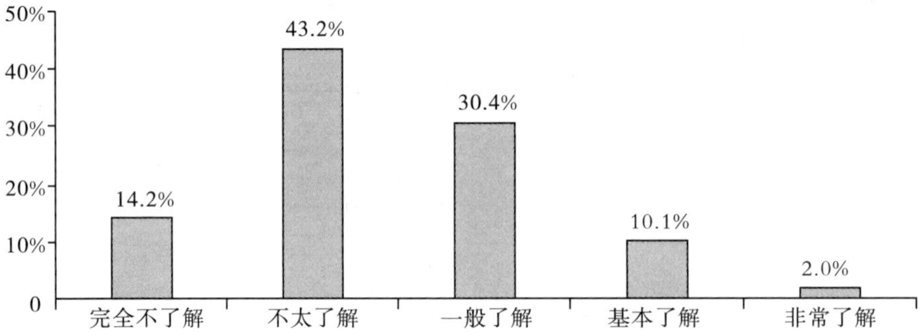

图7–3　随迁子女对异地升学考试政策的知晓度

从图7–3可见，随迁子女对异地升学考试政策的知晓度也较为一般。其中，完全不了解的学生占到了14.2%；不太了解的学生占比最高，为43.2%；一般了解的学生占比为30.4%；基本了解和非常了解的学生，占比为12.1%。与本地学生相比，随迁子女对这项政策的知晓度情况相对较好一些，原因在于这项政策直接关系到随迁子女在流入地考试升学的机会。

4.学生家长对这项政策的知晓度较高，其中随迁子女家长更高一些

根据对学生家长的访谈发现，学生家长对随迁子女异地升学考试政策有着较好的知晓度，其中随迁子女家长对这项政策非常关注，往往从孩子小学时就密切关注孩子未来的上学问题，因而对这项政策的知晓度更高一些。学生家长知晓这项政策的主要渠道包括电视、报纸、网络等，也有一些人从教育部门的宣传渠道获知。

二、政策实施情况

1.地方教育部门制订了具有操作性的政策规范，确保政策顺利实施

在国家的异地升学考试政策颁布后，广东省教育部门积极落实随迁子女异地升学考试政策要求，根据广东省的实际情况，制订了具有操作性的政策规范，推动这项政策的顺利实施。广东是外来务工人员大省，有着非常巨大

的随迁子女考试升学需求。从2013年开始，根据广东省教育厅公布的《进城务工人员随迁子女在广东省参加高校招生考试实施办法（试行）》，广东为全面开放异地高考实行“三步走”的方案：第一步，从2013年起通过积分入户的外来务工人员随迁子女可参加高考；第二步，从2014年起有合法稳定职业、住所并连续3年以上持有居住证以及缴纳社保的外来务工人员，其子女具有在广东就读的3年完整学籍可在广东参加高职院校录取；第三步，2016年起，广东全面开放异地高考，不再限定只有中职学生可以参加异地高考，也不再限定只能报考高职院校。关于随迁子女在广东参加高考的报名条件，广东省教育部门做出了明确的指导性规定，可形象地概括为“两个合法，三个3年”，即父母拥有合法稳定的职业、合法稳定的居所，父母在广东拥有3年的社保、居住证，子女有在广东就读的3年高中学籍。

深圳市在随迁子女异地高考方面，严格按照国家和广东省的相关要求，积极稳妥地推进这一政策的实施。深圳市招考办主任表示，深圳是座“移民”城市，异地高考考生的数量排在广东全省前列。他还提醒外省籍考生家长，要“从长计议，早点准备”，有意让孩子在深圳参加异地高考的话，要提前3年就开始进行相应的准备。“初中在老家就读的孩子，应该早一点将学籍转入深圳。”[①]深圳市教育局还通过在官方网站上发布通告提醒，如“2017年非广东省户籍随迁子女在深圳市报名参加普通高考有关政策告知书”等，明确公布随迁子女在深圳报名参加全国普通高考所必须具备的相关条件，方便随迁子女进行相应的准备。

2.高职院校积极将随迁子女自主招生纳入了招生类别计划

深圳职业技术学院自2014年以来，在招生简章中明确了对随迁子女报考的接纳，主要体现在五年一贯制招生、“三二分段”自主招生以及2016年以来的普通高考之中，有效推动了随迁子女异地升学考试政策在深圳的贯彻落实。如该校2016年五年一贯制招生章程，规定五年一贯制招生对象为具有广东省户籍的初中应届、往届毕业生和符合相应条件的非广东省户籍初中应届、往届毕业生，并对随迁子女的父母合法稳定职业、稳定住所、居住证、学生学籍等方面的条件进行了明确规定，使得随迁子女报考该校有据可循。

①吴春燕.广东全面放开异地高考，不影响广东户籍考生的录取率[N].光明日报，2016-05-25（08）.

3. 随迁子女异地升学考试政策成为随迁子女在流入地升学的现实通道

随着随迁子女异地升学考试政策在广东的实施，这项政策已经为许多随迁子女在广东考试升学提供了现实可能，成为随迁子女考试升学的现实通道。

此外，尽管随迁子女异地升学考试政策已经实施，但对于随迁子女在当地升学考试而言，仍存在着一定的限制，如对可报考专业的限制。

三、政策传播途径及效果

随迁子女异地升学考试政策实施以来，取得了一定的传播效果，传播途径包括电视、报纸、网络、官方宣传等。

1. 本地学生主要通过大学招生宣传、高中教师介绍等渠道获知政策信息

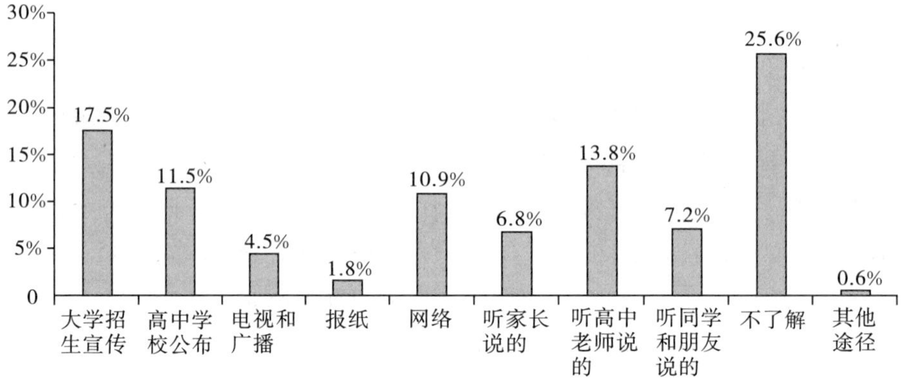

图7-4　本地学生获知随迁子女异地升学考试政策的渠道

从图7-4可见，本地学生主要通过大学招生宣传、高中老师所说、高中学校公布等渠道获知随迁子女异地升学考试政策。其中，通过大学招生宣传获知政策的占17.5%，从高中老师那里听到的占13.8%，从高中学校公布得知的占11.5%，从网络渠道获知的占10.9%。可见，尽管本地学生知道这项政策的整体比例并不算高，但获知政策的渠道较为多元化。

2.随迁子女主要通过高中班主任、网络和家长获知政策信息

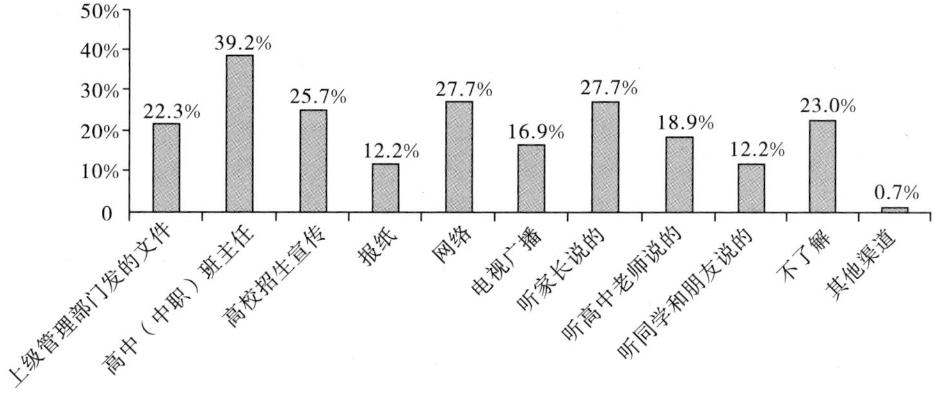

图7–5　随迁子女获知政策信息的渠道

从图7–5可见，随迁子女获知政策的途径与本地学生略有不同，主要通过高中班主任、网络和家长获知。其中，从高中（中职）班主任那里知晓政策的学生占39.2%，通过网络知晓的占27.7%，通过家长和亲戚渠道知晓的占27.7%，从高校招生宣传中得知的占25.7%。

此外，教师群体普遍对这项政策知晓程度较高，这一点在前文已有阐述，其获知政策的途径主要包括网络、学校公布等。

可见，随迁子女异地升学考试政策取得了一定的传播效果，其传播途径较为多元化，大学招生宣传、高中学校公布、网络等是其主要的传播途径。

四、政策利益相关者对政策的态度和评价

1.随迁子女及其家长对政策非常欢迎

随迁子女异地升学考试政策的出台，为随迁子女提供了在流入地考试升学的可行通道，受到了随迁子女及其家长的热烈欢迎。尽管在报考条件方面有一定的要求，办理相关证件方面也存在一定的麻烦与困扰，但随迁子女及其家长均表示整体上这项政策为他们教育需求的满足提供了很大的便利与保障。

2.本地学生及家长对这项政策整体上较为包容，能够接受

本地学生及家长是随迁子女异地升学考试政策的重要利益群体，他们整体上对于政策是能够接受的。据受访的学生及家长表示，广东的社会风气整

体上较为开放包容，深圳更是有着来自全国各地的人，因而对于户籍身份看得较淡一些，对于随迁子女在广东考试升学的需求能够理解，觉得他们来到广东参与本地的经济和社会建设，做出了较大的贡献，国家教育政策满足他们的教育需求是理所应当的。

但也有一些本地学生和家长表达了他们的忧虑，主要是担心随迁子女在广东升学考试政策的实施会影响自身的升学机会，损害自身的教育利益。

还有本地学生认为，在中考阶段随迁子女参与升学考试产生的影响更大一些，在高考阶段的影响相对较小。

3. 地方教育部门对异地升学考试政策较为理解并贯彻执行，但对于政策的潜在影响有一定担忧

广东省、深圳市教育部门对于国家颁布实施的异地升学考试政策较为理解，并坚决贯彻执行国务院的政策文件精神。不过，随迁子女异地升学考试政策的实施，在教育秩序稳定、招生考试制度方面也产生了较为复杂的影响，如深圳等地基础教育资源更加紧张、学位难求，高考报名人数的增加需要一些大学相应增加在广东的招生录取计划等。针对这些新的问题，广东省教育部门希望国家有关部门能够给予充分的重视并加以协调解决。

五、随迁子女在校的综合表现和职业发展规划

1. 随迁子女在学业综合表现上与本省户籍学生差异不大

所调研的深圳职业技术学院并未进行随迁子女的相关统计，也就是说虽然开放一些渠道招收了一定的随迁子女，但并没有对随迁子女给予特殊的关注，而是把他们和广东户籍学生同等看待。据了解，随迁子女在学业综合表现上并不比本省户籍学生差，甚至学习还更为刻苦。

2. 随迁子女在职业规划上与本地学生没有明显差异

随迁子女在职业规划上与本地学生没有明显的区别，用人单位也不会考虑毕业生的户籍问题，而主要考察学业表现和综合能力素养等。

第五节　分析与讨论

一、政策执行过程中的问题与需求

1.教育资源的承载力与随迁子女考试升学需求之间的矛盾

广东是外来务工人员大省，据统计，2017年在广东接受义务教育的外省籍学生总人数大约有219万人，其中80%集中在珠三角地区，这与外来务工人员的分布情况相符。全面开放异地高考，解决了很多外来务工人员随迁子女无法就地参加高考的后顾之忧，使务工人员能够更安心地在广东工作，有利于增加广东的人才吸引力和人才黏性。但随迁子女升学考试问题并不是单纯的教育问题，更是涉及人口管理、资源配置等方面的系统问题。目前，教育资源承载力不足的问题较为突出，基础教育阶段学位的难求，以及高考录取计划的有限性，都使得随迁子女异地升学考试政策实施的压力较大。

2.随迁子女异地升学考试政策涉及各个行政部门的协调，执行较为复杂

单一的政策、意见难以有效解决跨部门、跨区域、多层次的公共政策议题，且这一议题具有政策问题的复杂性、政策利益的冲突性、参与主体的多元化等特征①。异地升学考试政策与其他社会系统联系比较紧密，造成该政策问题的原因纷繁复杂，且交织在一起。这一政策的实施不仅涉及教育自身政策的调整，还涉及人力资源、公安等多个行政管理部门的配套举措，因而执行起来涉及的方方面面较广，较为复杂，容易出现矛盾。

3.可考虑进一步优化随迁子女报考条件

据访谈与调查，发现尽管政策对随迁子女报名参加高考的条件已经逐步走向宽松，但要求提供的一些相关证明或证件仍较繁多，并且有些证件较难办理。此外，对于随迁子女可报考的专业仍有一定的限制，影响了随迁子女在广东升学考试的公平性。

二、政策的地方经验与成效

1.实现了大量随迁子女在流入地报名参加高考，扩大了教育公平

①黄娉婷.高校招生考试制度变革：异地高考政策执行力的视角[J].高教探索，2014（6）：97-101.

据调研，2016年广东全省高三在读的外省户籍随迁子女共有12958人，其中在高考报名中提出就地参加高考申请的有9985人，经过提交证明材料、审查核实等程序，最终9570人获准在广东高考，占申请人数的95.8%。近万名随迁子女在广东报名参加高考，方便了他们的考试升学，保障了外来务工人员随迁子女的教育利益。2016年以来广东异地高考的全面开放，促进了随迁子女升学问题的解决，让非广东户籍考生享有与本地考生相同的高考资格，使更多的随迁子女能够更好地享受父母务工所在地的教育资源，缓解了教育公共资源分配不均的状况，在推进教育公平方面乃至社会公平方面具有重大意义。

2. 节约了教育资源和社会成本，提高了教育资源配置效率

随迁子女如果无法顺利获得就地高考机会，就不得不回户籍所在地考试，造成巨大的时间、经济和信息资源的浪费。广东异地升学考试政策的施行，有效降低了考生因户籍问题导致考试成本增加的幅度和稀缺教育资源波动的幅度，有利于推动形成有序的财政投入机制，提高区域教育发展的协调性和教育资源的配置效率。此外，广东对异地升学考试政策的开放，有利于解决随迁子女入学地与高考地不一致的问题，让更多的留守儿童来到父母身边就学，从而保持学习的持续性，营造父母陪伴的良好成长环境，保障他们的心理健康发展。通过异地高考的示范带动效应，有利于异地中考、异地“小升初”、异地入园等举措的实施，从而破解我国教育发展中长期存在的结构性矛盾。

3. 地方教育部门加大宣传引导力度，提前防范潜在性的政策争议

异地升学考试政策的实施涉及教育资源配置、教育体制、户籍管理、人口政策、财政体制等诸多因素，可谓牵一发而动全身。因此，在异地高考实施过程中，往往会涉及不同的利益群体，他们之间的利益冲突成为异地升学考试政策实施的阻力，比如本地户籍人口与外来务工人口之间的教育利益冲突。本地户籍人口认为，大城市虽然拥有丰富的教育资源，但其承载能力是有限的，大量流动人口的涌入会使城市系统不堪重负，教育财政压力增大。但在外来务工人员看来，他们为城市发展做出了贡献，却因为户籍限制享受不到平等的城市公共服务，在身份上得不到本地户籍人口的承认与尊重，是一种严重的不公平。在这种情况下，地方教育部门的宣传引导就非常重要。

广东省教育部门通过有效、及时的政策解读与宣传引导，化解了公众疑虑与可能引发的矛盾冲突，推动了异地升学考试政策在广东的顺利实施。以下是对广东省教育考试院某处长的访谈节选：

我们第一是主动向媒体发新闻稿进行宣传引导，然后以问答的形式对政策各个条款进行解读。第二是邀请专家来进行解读，进行正确的引导。第三是网上访谈，我们每年，特别是政策刚出台那几年，我们院领导一直都在网上接受专访。第四就是执行接待，包括在报考实施过程中，在各地市，包括招生考试部门所设的这些报名点进行接待、解答，解读相关政策，应该说这个效果是非常好的。

4.以人为本，在政策允许的范围内，尽可能放宽随迁子女报考的条件要求

据调研，广东省异地高考的报名条件体现了以人为本的精神，对随迁子女给予了人文主义关怀，在国家教育政策允许的范围内，尽可能放宽随迁子女报考的审核要求。第一是社保时间放宽。2016年高考，只要求随迁子女的父亲或母亲在广东参加基本社保截至2016年8月31日缴费年限累计达到3年或以上。第二，居住证条件放宽。原规定为必须有连续3年的居住证，后改为只要随迁子女父亲或母亲在2013年9月1日前已办理居住证，且持有的居住证截至2016年8月31日属于有效状态的也予以认定，换言之，不再要求连续3年。第三，合法稳定住所条件放宽。除了原合法居住条件外，类似城中村这样的自建房也予以认定。第四，就学地范围放宽。原先规定父母就业地需与子女学籍地在同一城市，现在只要是在广东省的学籍，跟父母就业地不是一个城市也予以认定。对报考条件的这些放宽调整，较好地体现了以人为本的精神。

三、影响政策成效的因素分析

1.外来务工人员及其随迁子女与本地户籍居民之间的教育利益冲突与平衡

在异地升学考试政策的实施过程中，存在着外来务工人员及其随迁子女和本地户籍居民之间的利益冲突，两者之间的利益如何平衡是政策实施过程中的重点、难点。在异地升学考试政策的实施过程中，必须考虑到本地户籍居民的利益和愿望。如果本地区的外来务工人员数量庞大，可能就会对当地现有的已经趋于饱和的教育资源产生冲击，不仅占用当地的教育资源，而且

会影响当地原有考生享有的待遇和机会，加剧当地原本已经相当激烈的高考竞争。因而，当地政府在推行异地升学考试政策时，如何平衡本地户籍居民子女与外来务工人员子女间的教育利益冲突，成为随迁子女异地升学考试政策能否顺利实施的重要因素。

2.本地教育资源的承载力大小与高考招生计划的协调增加

本地教育资源承载力的大小，以及高考招生计划的协调增加，也是随迁子女异地升学考试政策顺利实施的重要影响因素。随迁子女在流入地的大量就学，会明显加重流入地的教育资源紧张状况，对于流入地的教育资源承载力造成很大的考验与挑战。另外，异地升学考试政策的实施，不可避免地会加剧当地高考竞争的激烈程度，从而影响本地户籍考生的高考入学选择与机会。这就涉及高考招生计划名额调整分配的问题，如果流入地的高考招生计划不增加，那么当地基础教育阶段的升学考试竞争会更加激烈，从而影响社会的安定发展。

3.各个行政部门之间的关系协调与统筹推进

异地升学考试政策的复杂性使得它牵涉的行政部门较多较广，其顺利实施有赖于各个部门间的关系协调与统筹推进。在这项政策的推进实施中，相应配套的法律制度规定尚处于逐步建立的过程中，所以缺乏足够的、完善的法律保障。因此这项政策执行实施的浮动性也较大，容易受到地方保护主义的抵制，大大增加政策实施的难度。

第六节　政策建议

一、政策层面

1.由中央政府强化对各地异地升学考试政策的统筹实施与推进

异地升学考试政策要解决的根本问题是使随迁子女能在流入地获得平等的升学机会。作为复杂系统的异地升学考试政策不能自我封闭、自我满足，而是需要充足的政策资源，以及发挥相关政策间充分有效的协同作用。为提高各地异地高考方案制定和执行的有效性，中央政府有必要完善一系列保障和激励机制，将政策推进的不确定性降到最低，统筹各方诉求，推动这项政策顺利实施。

2. 地方政府进一步加大教育投入，提高教育资源尤其是基础教育资源的承载能力

地方政府需要在准确估算与科学预测未来五年内的随迁子女数量和地方各类资源（教育资源、环境资源、社保资源等）承受水平和能力的基础上，有计划、有步骤、有效率地增加和提高各类资源的数量与质量，合理规划教育资源，降低政策实施的显性成本。

3. 加强省级、市级各个行政部门之间的协调，形成政策推进实施的部门协调有效机制，破除影响高考改革的深层次体制机制性因素

应协调各部门统筹推进户籍制度改革，探索户籍与学籍相分离，促进教育资源的分配更加公平。异地高考的难点与重点之一，是优质教育资源和教育公共服务的分配问题，瓶颈在于流动人口的户籍限制。随着城市化的发展，如何提高教育资源的质量和分配的公平性，解决城乡差距，显得相当紧迫。同时，探索户籍与学籍相分离的有效措施，也不失为异地升学考试政策实施中可以尝试的办法。

二、学校层面

1. 高校招生工作中进一步体现对随迁子女报考的接纳与关怀

高等院校在招生宣传中应扩大对随迁子女异地升学考试政策的宣传力度，扩大这项政策的影响范围。在招生工作中，继续实施招生改革计划，完善自主招生模式，适当放宽对随迁子女的报考条件限制，扩大针对随迁子女的招生规模，体现对随迁子女的教育关怀。

2. 中学阶段加强考生学籍管理，防止“高考移民”

在异地高考的诸多阻碍因素中，民众对于“高考移民”的担心从未消失。因为异地高考的开放意味着外地考生可以在所谓的“高考洼地”直接参加考试并参与招生录取，这样，人们就担心开放异地高考会产生“高考移民”，造成对流入地和流出地其他考生的不公平。不过，只要在学籍管理上做足功夫，“高考移民”是完全可以杜绝的。中学阶段应加强学生的学籍管理，杜绝高考前的学籍转移现象。不管是学校还是高考资格审查部门，都应该加大对考生学籍的管理和审查，杜绝“高考移民”，减少社会各界的担忧和异地高考的阻力。

3.各级学校加强对随迁子女考试升学方面的引导

学校在承担随迁子女教育的过程中，要给予积极的宣传与引导，为学生和家长提供升学上的指导，指引他们结合自身实际，理性选择，并帮助与鼓励随迁子女积极融入本地的学习与生活，避免因社会融入等问题而产生自卑心理，影响学生身心健康与持续的发展。

三、社会层面

从社会层面而言，要充分利用大众媒体，加强对教育公平理念的宣传力度，增强社会公众对异地升学考试政策的关注度和理解度。

当前，大众媒体对于宣传国家意志、引导大众舆论以及传播社会正能量至关重要。在异地升学考试政策实施进程中，大众媒体发挥着重要的宣传作用。大众媒体可以客观清晰地将各类网络行动者的观点立场及其互动关系呈现在社会公众面前，记录着政策举措的发展轨迹。鉴于此，要充分利用大众传媒的广泛影响力，在全社会大力宣传教育公平公正的理念。一方面，在秉持公平公正立场和保障各群体权益的前提下，利用报纸、电视、广播等传统媒体对高考改革的发展状况和未来趋势进行深入报道与评价；另一方面，利用互联网等新媒体及时发布异地升学考试政策的相关信息与各方评论，扩大宣传范围，增强宣传效果，加强对异地升学考试政策的正面引导。

附　录

附录一　访谈提纲

1.教育主管部门领导访谈提纲

______________省（自治区、直辖市）_______市_________区________

学校：____________________________

一、政策实施背景

1.2012年8月30日，国务院办公厅转发教育部等部门《关于做好进城务工人员随迁子女接受义务教育后在当地参加升学考试工作的意见》（简称《随迁子女升学考试意见》），本市（省）出台了哪些政策落实《随迁子女升学考试意见》的要求？主要是基于何种考虑来设计流动人口随迁子女报考门槛的？

2.本市（省）高职院校招生考试已经率先向流动人口随迁子女开放，这主要是基于哪些因素考虑的？政策中是如何考虑高职院校自身的人才培养特征以及高职院校对当地经济社会发展的独特作用的？

3.如果将除普通高考之外的其他招生途径（如春季高考、中高职贯通培养招生、拔尖人才免试入学等）都看作高职院校的自主招生方式，您认为是否具有合理性？在您看来本地高职院校具有哪些自主招生途径？

二、政策实施情况

1.本地针对随迁子女的高职院校升学考试政策出台后，相关部门主要采取了哪些方式进行政策宣传？您认为效果如何？是否还需要加强政策宣传工作？应如何加强？

2.高职院校针对随迁子女的升学考试政策开放以来，与随迁子女相关的一系列数据变化情况是怎样的？（注：请具体说明2012～2016年高中阶段随迁子女的毕业生数量、报考高职的数量、报名审核通过的数量、被高职院校录取的数量。）这一政策是否带来了义务教育阶段人数和报考当地中职随迁子女数量的增长？（注：具体统计2012～2016年进入本地公办和民办小学、初中就读，被中职学校录取的随迁子女数量。）

3.本地高职院校面向随迁子女的自主招生专业是否全部开放？为何这样考虑？您认为本地高职教育资源是否能够满足随迁子女的入学需求？

4.根据您的观察，流动人口随迁子女参加高职院校招生考试，是否会挤占本地户籍学生的高职教育资源？本地户籍学生和家长以及随迁子女和家长分别有什么样的反应？您是否参与过实施此政策带来的相关协调工作？

三、未来的政策设想

1.与其他地区相比，您认为本地在解决流动人口随迁子女异地升学考试问题上形成了哪些独特经验？还存在哪些具体困难？哪些问题需要中央政府统一解决？

2.如果在上述各类高职院校自主招生途径中专门针对流动人口随迁子女进行政策设计，您觉得有无必要？是否可行？可从哪些方面入手？

3.据您观察，本地随迁子女除参加高职院校升学考试需求外，其他的升学考试需求现状如何？本地政府部门准备如何进一步满足相关需求？如果从高职院校到普通高校的异地升学考试政策对随迁子女全面开放，您觉得主要困难在哪里？需具备哪些基本条件？

2.高职院校招生管理部门领导访谈提纲

____________省（自治区、直辖市）_________市________区________

学校：__________________

一、政策实施背景

1.2012年8月30日，国务院办公厅转发教育部等部门《关于做好进城务工人员随迁子女接受义务教育后在当地参加升学考试工作的意见》（简称《随迁子女升学考试意见》），本市（省）出台了哪些政策落实《随迁子女升学考试意见》要求？上级部门是如何传达相关政策的？对高职院校提出了哪些要求？

2. 如果将除普通高考之外的其他招生途径（如春季高考、中高职贯通培养招生、拔尖人才免试入学等）都看作高职院校的自主招生方式，您认为是否具有合理性？您所在学院目前有哪些自主招生途径？

3. 流动人口随迁子女可以通过哪些政策规定参加贵院的招生考试？分别需要什么样的报考条件？这些条件是基于哪些考虑制订的？

二、政策实施情况

1. 国家和本市（省）关于流动人口随迁子女异地升学考试政策颁布后，对贵院的招生考试工作产生了哪些影响？贵院采取了什么措施来落实政策要求？

2. 针对流动人口随迁子女异地参加高职院校升学考试的政策，贵院是否制订了相应的宣传措施？具体有哪些措施？您觉得本市（省）和本院对此政策的宣传是否需要加强？可从哪些方面进一步完善政策宣传？

3. 自国家颁布异地升学考试政策后，贵院招收的流动人口随迁子女数量变化情况如何？（注：请具体统计2012～2016年报考贵院的流动人口随迁子女数量，通过哪类自主招生途径报考，报名审核通过的数量，被贵院录取的数量，占本年自主招生总数的比例。）据您观察，这一政策是否带来了本地流动人口随迁子女数量的增长？有何具体依据？

4. 贵院对流动人口随迁子女的自主招生专业是否全部开放？为何如此安排？贵院对所招收的随迁子女的在校表现（主要是学习和生活两大方面）有何印象？贵院是否为他们的发展制订了专门的支持方案？

5. 您觉得当地高职院校现有的教育资源能否满足本地随迁子女的入学需求？随迁子女在当地参加高职院校招生考试，是否会挤占本地户籍学生的高职教育资源？政策实施后，本地户籍学生和家长以及随迁子女和家长分别有什么样的反应？您是否参与过实施此政策带来的相关协调工作？

三、未来的政策展望

1. 如果在高职院校的各类自主招生方式中专门面向流动人口随迁子女进行政策设计，您觉得有无必要？是否可行？可从哪些方面入手？

2. 与其他地区和院校相比，您认为本市（省）和本校在解决流动人口随迁子女异地升学考试问题上有哪些好的经验，还会有何新的规划？高职院校在进行自主招收随迁子女入学的政策设计上将会遇到哪些突出问题？您认为哪些问题是高职院校可以自己解决，哪些问题是需要上级主管部门或中央相关部门来解决的？

3. 如果本地高职院校面向流动人口随迁子女的升学考试政策全面开放，您预计会对高职院校产生哪些影响？您最担心会出现什么情况？高职院校应从哪些方面做好准备？如果必须设置一定的最低报考条件，您认为最需要考虑针对什么情况来设计？

4. 如果从高职院校到普通高校的异地升学考试政策对随迁子女全部开放，您觉得主要困难在哪里？需具备哪些基本条件？对本地高职院校将会产生什么影响？

3. 教师访谈提纲

____________省（自治区、直辖市）________市_______区________

学校：______________

一、受访者基本信息

性别、年龄、任教年级、学历、户籍、工龄

职务、班主任或辅导员、学科/部门

二、政策的知晓及传播路径

1. 是否参与过贵院的自主招生？是否知道异地升学考试政策？

2. 高职院校自主招生作为随迁子女真正可以参加高考招生的唯一选择，您是否知道？您认为是否公平（合理）？

如果知道，您是如何知道这一政策的？

如果不知道该项政策，在您知道的有关随迁子女的政策和规定中哪些令您印象较深？

政策实施前，随迁子女毕业后都有哪些出路？您对当时的这种情况怎么看？

政策实施后，随迁子女毕业后又有哪些出路？您是如何帮助这些学生在新政策的指引下重新进行学习规划的？

三、政策实施产生的影响和利益相关者态度

1.学校层面

（1）您所在学院及院领导对政策的态度是怎么样的？学院是如何宣传的？采取了哪些相应的具体措施？

（2）自主招生招收随迁子女政策实施后，对学院有何影响？（设施、师资、生源、专业设置、管理等）

2.教师层面

（1）自主招生招收随迁子女政策实施后，对您工作的哪些方面产生了影响？

（2）对您个人工作的哪些具体方面产生了哪些影响？

（3）您认为，影响随迁子女毕业后升学或就业的因素有哪些？随迁子女继续求学或就业的障碍是什么？如何能够克服？随迁子女在校学习期间您是否帮助其做过职业规划？如果是，您是如何做的？

3.学生层面

（1）政策实施前后，随迁子女和本地学生的关系如何？

（2）随迁子女的学习状态和精神面貌是否发生某些变化？

（3）政策实施后，随迁子女的教育需求有哪些新的变化？

4.家长层面

（1）政策实施后，随迁子女家长对这一政策的反应如何？

（2）随迁子女家长与本地学生家长是否发生过矛盾和冲突？是出于什么原因？事情经过如何？最后怎么解决的？

四、教师眼中的个案

请描述一下您所了解的随迁子女的教育经历（成长故事）。

重点从随迁子女的家庭背景、人际交往、教育期待、教育经历等方面讲述。

五、对政策完善的展望和建议

1.您认为随迁子女在流入地参加高职院校自主招生政策的可行性怎么样？在您所在城市落实这一政策的前景如何？优势条件和实施困难都有哪些？

2.根据您的理解，您认为随迁子女在流入地参加高职院校自主招生最需要解决什么问题？要落实这一政策，您认为还需要在哪些方面进行改进？

3. 对于随迁子女参加高职院校自主招生这项政策，您个人的总体感受和体验是怎样的？您认为未来的政策设计应如何更好地保障随迁子女平等接受高等教育的权利？

4. 随迁子女家长访谈提纲

__________省（自治区、直辖市）_______市_______区_______

学校：_______________

一、家庭基本情况

1. 什么时候来到流入地？老家在哪？多大年龄？现在住所在哪？是租房还是买房？居住环境如何？为什么选择在此居住生活？

2. 家里一共有几个孩子，几男几女？是否都跟随父母在流入地上学或者工作？这是家里的第几个孩子？

3. 就业情况如何？主要从事什么类型的工作？是否有稳定工作和收入？

4. 在此地缴纳社会保险的情况如何？是否知道需要缴纳社会保险？如果知道，是否缴纳？如果没有缴纳，是因为什么？

二、政策知晓情况

1. 对于当地关于随迁子女参加高职院校自主招生的政策您了解多少？据您了解，这项政策都包含哪些内容？如果不清楚，关于孩子上大学的政策，您都了解了哪些？

2. 您是通过哪些渠道（如电视、广播、邻居、孩子、学校和老师）了解到孩子上大学的政策？您最希望政府通过哪种形式或者渠道宣传，以便您更便捷地了解政策？

3. 您了解您的孩子高考报考和申请报考高职院校自主招生的程序吗？

4. 您觉得高职院校的自主招生有哪些环节比较复杂、麻烦？

三、政策执行过程的问题

1. 如果孩子不符合报考条件，您会选择回老家或者到其他城市发展并让孩子在老家或者其他城市考试吗？为什么？

2. 如果只能在当地借考，您会如何选择？存在哪些困难？

四、子女的教育期待

1. 上职业学校是主动选择还是无可奈何的选择？还是无所谓或看孩子的意愿？

2. 在孩子报考高职院校自主招生考试的过程中，您是否曾帮助孩子参考并选择学校和专业？

3. 如果可以选择普通高校，是否愿意让孩子上普通高校（报考时候的想法）？是否有考虑到学费和就业问题？

4. 对于公办高职院校和民办高职院校，您对它们有什么认识或评价？是否有考虑到学费和就业问题？

5. 您希望孩子可以接受到什么教育程度（本科、研究生或者更高）？您希望孩子未来从事什么职业（职业类型、薪金期待、稳定性、就业地点）？

五、现行政策的困难和希望改进之处

1. 您认为哪些准入条件是最困难的，是您无法达到的？为什么这些条件您无法实现？哪些条件让您感觉很苦恼？

2. 您认为哪些准入条件可以去掉，哪些可以保留？哪些准入条件是您经过努力可以达到的？

3. 您觉得，这项政策在实施的过程中主要存在哪些问题？您希望通过什么方式解决？对于国家政策和当地关于这项政策实施办法的改进，您有什么好的建议和期望？

4. 您认为这项政策的实施，应采取什么配套措施巩固政策的成果或者弥补政策的漏洞？

5. 本地学生家长访谈提纲

________省（自治区、直辖市）________市________区________

学校：________

一、家庭基本情况

您的就业情况如何？主要从事什么类型工作？是否有稳定工作和收入？

二、政策知晓情况

1. 对于随迁子女在当地参加高职院校自主招生政策您了解多少？据您了

解，这项政策都包含哪些内容？

2. 您是通过哪些渠道（如电视、广播、邻居、孩子、学校和老师）了解到孩子上大学的政策？您最希望政府通过哪种形式或者渠道宣传，以便您更便捷地了解政策？

3. 您了解孩子高考报考和申请报考高职院校自主招生的程序吗？

4. 您觉得高职院校的自主招生有哪些环节比较复杂、麻烦？

三、政策执行过程及态度

1. 您对目前当地允许随迁子女参加高职院校自主招生考试的准入条件有何看法？您认为是否合理？为什么？

2. 您认为随迁子女参加高职院校自主招生考试政策有哪些不合理的地方？是否公平？您觉得应重点解决哪部分人的教育需求？

3. 允许非本地户口学生在流入地参加高职院校自主招生考试后，您家孩子对这项政策有什么反应？对孩子的学习和生活有什么影响？

4. 您认为当地政府和教育部门在随迁子女在流入地参加高职院校自主招生政策的实施过程中，有哪些好的举措和做法？

5.（针对异地高考，目前只开放高职）设准入条件有没有必要？哪些准入条件是必须的，哪些可以没有？下一步异地高考全面开放，设置哪些准入条件是必要的，哪些可以没有？是否希望开放？

6. 如果开放普通高考，您认为将会对您的孩子和本地的教育产生什么影响？

7. 您认为随迁子女是否挤占当地的教育资源？为什么？如果他们在本地纳税、缴纳保险，是否合理？您认为纳税和缴纳保险的年限和标准应是怎样的？

8. 您是否担心自己孩子与随迁子女的相处问题？为什么？在哪些方面最担心？如果不担心，又是出于什么考虑？

9. 对于公办高职院校和民办高职院校，您对它们有什么认识或评价？是否有考虑到学费和就业问题？

10. 您希望孩子可以接受到什么教育程度（本科、研究生）？您希望孩子未来从事什么职业（职业类型、薪金期待、稳定性、就业地点）？

四、关于现行政策的困难和希望

1. 您认为哪些准入条件是最困难的，是随迁子女家庭无法达到的？

2.您认为哪些准入条件可以去掉，哪些可以保留？哪些准入条件是随迁子女家庭经过努力可以达到同时又可以起到筛选作用的？

3.您觉得，这项政策在实施过程中主要存在哪些问题？您希望通过什么方式解决？对于国家政策和当地关于这项政策实施办法的改进，您有什么好的建议和期望？

4.您认为这项政策的实施，应采取什么配套措施巩固政策的成果或者弥补政策的漏洞？

6.随迁子女访谈提纲

______省（自治区、直辖市）______市______区______

学校：______________

1.请简要描述一下你的升学经历（小学、初中、高中）。

2.你的理想大学是哪一所？

3.请问你选择上高职的原因是什么？

4.请问你是怎样考入高职的？

5.请问你为什么没有选择回原籍地上高中考大学？

6.你所在城市的异地升学考试政策对你的影响有多大？是哪些具体规定影响了你升学的选择？

你是如何看待这一政策的？你知道这个政策的具体内容吗？是怎么了解到的？

7.如果现在让你重新设计你的升学道路，你是否会选择回原籍地升学？为什么？

8.简要描述一下你现在的高职生活，与你的期望有差别吗？

9.你是怎样规划你的大学生活的？

10.你毕业之后有怎样的打算？

7.本地学生访谈提纲

____________省（自治区、直辖市）_______市_______区_______

学校：____________

同学：

你好！

非常感谢你接受我们的访谈！

允许随迁子女在流入地参加升学考试是实现教育公平的重要步骤，是社会发展的大势所趋。首先，请允许我向你简单介绍一下什么是随迁子女。

2012年8月，国务院办公厅转发的《关于做好进城务工人员随迁子女接受义务教育后在当地参加升学考试工作的意见》中称为“进城务工人员随迁子女”。本研究所采用的“随迁子女”的概念群体主要是指在非户口所在地上学并参加升学考试的学生。在你的身边就有这样一群同学，由于种种客观原因他们报考了本校。为了解随迁子女在当地参加升学考试的现状及你对该政策的看法，特邀你协助我们完成此次访谈。你的参与对我们很重要。我们会对你的回答严格保密，请根据自己的真实情况进行回答。谢谢你的配合！

一、学生基本信息

1.请做简单自我介绍：①姓名　②所在年级/入学年份　③所学专业

2.你是通过哪一种升学渠道进入本校学习的？

①六月份的普通高考　②当地春季高考　③当地高职对口招生　④中高职贯通培养招生（针对初中毕业生的五年一贯制、针对中职的“3+2”模式）　⑤高职院校自主招生政策　⑥高职院校的免试入学政策　⑦注册招生入学

二、对本地随迁子女异地升学考试政策的态度与看法

1.政策知晓与态度

（1）你知道本校关于随迁子女异地升学考试的相关政策吗？（如在本校招生计划中关于随迁子女的报考规定及招生政策中的有关规定）

（2）对于目前随迁子女异地升学考试的政策，你最关心的问题是什么？

你认为此项政策的实施是否挤占了当地的教育资源，或对你参加升学考试有无影响？

（3）对于随迁子女异地升学考试政策的准入条件，你了解多少？这些规定你认为是否存在不合理的地方？请说明不合理的原因。

（4）对于目前随迁子女异地升学考试可以报考的学校类型你了解多少？对于这些规定你认为是否存在不合理的地方？请说明不合理的原因。

（5）如果进一步扩大随迁子女的异地升学考试政策，允许随迁子女报考普通本科院校，你是否愿意？请进一步说明愿意或不愿意的理由。

（6）你认为目前随迁子女异地升学考试政策是否合理？请说明合理或不合理的理由。

2.政策实施的情况和影响

（1）目前实行的政策（随迁子女异地升学考试政策）对你的学习、心理、家庭生活及同学交往等有何具体的影响？

（2）你觉得这项政策在实施的过程中有何可取之处？

（3）你觉得这项政策在实施的过程中存在哪些比较突出的问题？从你的角度而言造成这些问题最根本的原因是什么？

（4）你希望未来随迁子女升学考试政策的规定有什么具体改变？

（5）你对随迁子女升学考试政策设定的未来前景如何看？

（6）从你的角度出发，你认为下一步应采取什么措施来推动或改善这项政策的实施？

三、本地学生与随迁子女入校后学习与生活关系状况

1.本地学生与随迁子女的伙伴关系

（1）你曾担心过与班级里随迁子女同学可能会存在相处困难的问题吗？

（2）你愿意同随迁子女同学做好朋友吗？

（3）你或你身边的同学与随迁子女同学在日常学习生活中相处是否融洽？是否会相互帮助？

2.学习问题

（1）你身边的随迁子女同学，他们会与你们一样公平地取得国家或学院的奖助学金吗？

（2）你身边的随迁子女同学是否拥有良好的学习品质？（如果有）你是

否愿意向他们学习？

3.生活问题

（1）你身边的随迁子女同学是否具有良好的生活习惯？

（2）你身边的随迁子女同学在生活中是否经常表现出自强自立的精神？

4.师生关系

你认为随迁子女同学与老师的相处是否和谐融洽？

5.实习就业问题（针对大三本地学生）

你身边的随迁子女同学在实习或就业方向的选择上是否有明确的目标？

访谈结束，感谢你的积极配合！

附录二　调查问卷

1.辅导员和教师调查问卷

1.您的性别：①男　②女

2.您的年龄及您的教龄________

3.您的最终学历：①本科以下　②本科　③硕士研究生　④博士研究生

4.您是否担任辅导员工作：①是　②否

5.您是否担任学校或院系行政管理工作：①是（请写明）_____　②否_____

6.您担任辅导员或授课的班级里是否有在本地参加高考录取的外地户籍的学生？

①有　②没有　　　　如果有，比例大约是________

7.您目前的授课年级：①大一　②大二　③大三　④不授课　⑤多年级授课（请写明）________

8.您的专业技术职称是：①初级　②中级　③副高级　④正高级　⑤未评　⑥其他（请写明）________

9.您教授的学科（可多选）：①公共课　②专业课　③不授课　④其他（请写明）________

10.您是从什么渠道知道随迁子女异地升学考试政策的？（可多选）

①上级教育主管部门会议或通知　②学校公布　③电视广播　④报纸　⑤网络　⑥听别人说　⑦不了解　⑧其他（请写明）________

11.据您了解，您所在的省（市）从哪一年开始允许随迁子女在当地参加高考？

①2013年起　②2014年起　③2015年起　④2016年起　⑤其他年份　⑥不允许报考　⑦不了解

12.您所在省（市）的异地升学考试政策允许随迁子女报考哪类院校？

①仅限高职院校　②本科院校　③大体知道，不太清楚　④从没关注过

13.随迁子女如要在流入地报考普通院校（或仅限于报考高职院校），据您所知，政策规定必须满足的条件是（可多选）：

①当地学籍证明　②当地高中连续就读3年　③当地初中和高中连续就读6年　④有当地居住证或暂住证　⑤家长在当地缴纳社保证明　⑥家长在当地有合法稳定职业　⑦在当地有稳定住所　⑧不清楚　⑨其他（请写明）

14. 据您了解，贵校在招生宣传时针对招收随迁子女进行宣传或宣讲的情况是：

①从未进行　②偶尔进行　③不太清楚　④经常进行　⑤每次都进行

15. 自政策实施后，贵校招收随迁子女的规模的变化情况是：

①没有　②比较少　③一般　④比较多　⑤非常多

16. 为了针对性地招收更多的随迁子女入学，您认为自主招生方式能够发挥多大作用？

①没有作用　②有些作用　③一般　④作用较大　⑤很大作用

17. 在以下自主招生方式中，您认为哪些方式在招收随迁子女入学上更加有效？（可多选，限选三项）

①六月份的普通高考　②当地春季高考　③当地高职对口招生　④中高职贯通培养招生（针对初中毕业生的5年一贯制、针对中职的3+2模式）⑤高职院校自主招生政策　⑥高职院校的免试入学政策　⑦注册招生入学⑧其他（请写明）________

18. 关于自主招生方式，为了更好地有针对性地招收随迁子女，您认为可以进行哪些层面的完善和创新？

①省级招生政策的调整和完善　②学校招生政策的调整和完善　③招生过程中有针对性的宣讲和安排　④随迁子女入学后的针对性管理政策的调整和完善

19. 您认为随迁子女入学后，学习认真程度：

①非常不认真　②不太认真　③一般　④比较认真　⑤非常认真　⑥没有接触过此类学生，不了解

20. 您认为随迁子女在班级中的学习成绩总体状态：

①优秀　②良好　③中等　④较差　⑤很差　⑥没有接触过此类学生，不了解

21. 您认为随迁子女与其他学生的人际关系：

①很不融洽　②不太融洽　③一般　④比较融洽　⑤非常融洽　⑥没有

接触过此类学生，不了解

22. 您认为随迁子女入学后的生活适应能力：

①很差 ②较差 ③中等 ④较好 ⑤很好 ⑥没有接触过此类学生，不了解

23. 您认为随迁子女与教师的沟通状况：

①从不沟通 ②很少沟通 ③一般 ④偶尔沟通 ⑤经常沟通 ⑥没有接触过此类学生，不了解

24. 您认为随迁子女的职业发展目标：

①很不清晰 ②不太清晰 ③一般 ④比较清晰 ⑤非常清晰 ⑥没有接触过此类学生，不了解

25. 您认为随迁子女继续升学的意愿情况：

①很强烈 ②比较强烈 ③一般 ④不大强烈 ⑤无此意愿 ⑥没有接触过此类学生，不了解

26. 您认为是否需要针对随迁子女进行额外辅导：

①完全不需要 ②不太需要 ③不太清楚 ④比较需要 ⑤非常需要 ⑥没有接触过此类学生，不了解

27. 随迁子女异地升学考试政策实施后，贵校的招生计划的调整情况：

①没有调整 ②有一定调整 ③不清楚 ④有很大调整 ⑤全面调整

如果有所调整，在哪些方面进行了调整？

①专业设置 ②招生总量 ③区域招生指标 ④招生分数 ⑤其他（请写明）________

如果没有调整，您认为哪些方面可以进行调整：

①专业设置 ②招生总量 ③区域招生指标 ④招生分数 ⑤其他（请写明）________

28. 允许随迁子女在流入地报考高职院校后，贵校生源质量有何变化？

①明显下降 ②有所下降 ③没有变化 ④有所提高 ⑤明显提高

29. 允许随迁子女在流入地报考高职院校后，您认为是否对补充贵校生源有帮助？

①没有帮助 ③有一些帮助 ③没有变化 ④有较大帮助 ⑤有明显帮助

30. 贵校最希望接纳的是哪一途径招来的学生？请按优先程度填写：

第一位：____________ 第二位：____________ 第三位：____________

①六月份的普通高考 ②当地春季高考 ③当地高职对口招生 ④中高职贯通培养招生（针对初中毕业生的五年一贯制、针对中职的“3+2”模式） ⑤高职院校自主招生政策 ⑥高职院校的免试入学政策 ⑦注册招生入学 ⑧其他（请写明）________

31. 根据您的理解，如果从开放高职院校的报考逐步有序地推进到全面开放普通高校的报考，从国家政策到学校招生政策，还需要在哪些方面进行改进？

2. 本地户籍学生调查问卷

1. 你的性别：①男 ②女

2. 你的出生年月：________年______月

3. 你的出生地：_______省（市）______市（区、县）

4. 你的户籍所在地：_______省（自治区、直辖市）______市（区、县）

5. 你的入学年份：________

6. 你对随迁子女在当地参加高考的有关政策了解吗？

①完全不了解 ②不太了解 ③一般 ④基本了解 ⑤非常了解

7. 你在报考高职时听到过随迁子女可在当地参加升学考试的政策宣讲吗？

①在以前就读的中职（高中）听到过 ②考试报名前高职院校到校宣讲时听到过 ③进入高职院校后听到过 ④其他（请写明）________________

8. 你是通过哪种途径知道随迁子女可在就读当地报考高职院校的政策信息的？

①大学招生宣传 ②学校公布 ③电视和广播 ④报纸 ⑤网络 ⑥听别人说 ⑦不了解 ⑧其他（请写明）________________

9. 你选择读高职院校的原因是：

①根据目前的报考政策只能报考高职院校 ②作为中职学生升学只能选择高职 ③喜欢高职院校的专业 ④由于成绩等原因只能报考高职院校 ⑤高职好就业 ⑥其他（请填写）________________

10. 你是通过哪种途径升入现在就读的高职院校的？

①六月份的普通高考　②当地春季高考　③当地高职对口招生　④中高职贯通培养招生（针对初中毕业生的五年一贯制、针对中职的“3+2”模式）　⑤高职院校自主招生政策　⑥高职院校的免试入学政策　⑦注册招生入学　⑧其他（请填写）__________

11. 你认为目前的随迁子女在流入地报考高职院校的政策，是否体现了教育公平的原则？

①完全没有体现　②没有体现　③不确定　④部分体现　⑤充分体现

12. 据你了解，随迁子女在你高中（或中职）所在城市参加高考或高职招生考试需要具备哪些条件？（请在每一行相应的序号上打“√”）：

具体条件	对该条件的要求
A. 本地学籍证明	①必须满足　②不要求　③不清楚
B. 本地连续就学年限	①必须满足　②不要求　③不清楚
C. 本地居住证或暂住证	①必须满足　②不要求　③不清楚
D. 家长缴纳社保年限	①必须满足　②不要求　③不清楚
E. 家长有合法稳定职业	①必须满足　②不要求　③不清楚
F. 家长有稳定住所	①必须满足　②不要求　③不清楚
G. 其他条件（请具体写明）：____________________	

13. 据你了解，你所在的城市从哪一年开始允许随迁子女就地报考高职院校？

①2009年　②2013年　③2014年　④不清楚　⑤其他（请写明）______

14. 据你了解，目前你所在的城市允许随迁子女报考哪种学校类型？（可多选）

①本省高职　②本省普通高校　③外省高职　④外省普通高校　⑤不清楚

15. 对于随迁子女在流入地参加升学考试政策的条件，下列条件你觉得哪些合理？（请按优先程度填写）

第一位：______　第二位：______　第三位：______

①当地学籍证明　②当地高中连续就读3年　③当地初中和高中连续就读6年　④有当地居住证或暂住证　⑤家长在当地缴纳社保证明　⑥家长在当地有合法稳定职业　⑦在当地有稳定住所　⑧不清楚　⑨其他（请写明）________

16.你对允许随迁子女在流入地报考高职院校政策的态度是：

①非常反对　②比较反对　③无所谓　④比较支持　⑤非常支持　⑥说不清

17.你觉得允许随迁子女在流入地报考高职院校的主要原因是（可多选）：

①保证教育公平　②减轻学生学习负担，方便学生　③有些地区暂不具备开放普通高校的条件　④其他（请写明）________

18.随迁子女在流入地参加高职院校升学考试政策的实施过程中，你所担心的问题是什么？（限选3项）

①会出现大量钻政策空子的“高考移民”　②本地高中（中职）学校会出现大班额现象　③随迁子女会挤占本地学生的升学指标　④增加了随迁子女在本地流入的数量　⑤随迁子女与本地学生不能很好相处　⑥其他（请写明）________

19.你认为随迁子女在当地参加高职院校升学考试的限制条件应如何设置：

①应完全禁止他们参加　②应设置严格的方案，只允许少部分人参加　③应设置比较宽松的方案，允许大部分人参加　④应完全开放，不设置限制条件

20.允许随迁子女在流入地报考高职院校的政策实施后，你认为此政策的实施对高职院校的发展产生了何种影响：

①非常不利　②比较不利　③没有影响　④比较有利　⑤非常有利

21.你认为本地学生与随迁子女在学校中的人际关系状态是：

①非常融洽　②比较融洽　③一般　④不太融洽　⑤很不融洽

22.允许随迁子女在流入地报考高职院校的政策实施后，你在报考高职院校时的心理变化是：

①非常有压力　②比较有压力　③没有变化

23.你认为，允许随迁子女在流入地报考高职院校政策的实施是否满足了随迁子女的升学愿望：

①基本没满足　②只满足少部分　③说不清楚　④满足大部分　⑤充分满足

24.你认为未来随迁子女在流入地可参加普通高考升学的相关政策将面临的主要挑战是（可多选）：

①流动人口会大量增加，导致城市超负荷运转　②户籍制度难以突破　③高校招生录取指标要重新分配，难以平衡　④增加本地考生的升学竞争压力，会导致本地户籍人口与非本地户籍人口的利益冲突　⑤会导致大量“高考移民”　⑥其他________

3.随迁子女调查问卷

1.你的性别：①男　②女

2.你的出生年月：________年________月

3.你的出生地：

①高职院校所在省（自治区、直辖市）的所在区（县）　②高职院校所在省（自治区、直辖市）的其他区（县）　③其他省（自治区、直辖市）

4.你的户籍所在地：

①高职院校所在省（自治区、直辖市）的所在区（县）　②高职院校所在省（自治区、直辖市）的其他区（县）　③其他省（自治区、直辖市）

5.你的户口性质：①农业　②非农业

6.你的民族：

①汉族　②藏族　③布依族　④回族　⑤蒙古族　⑥苗族　⑦满族　⑧羌族　⑨其他民族（请写明）________

7.你父母的职业和工作地分别是：

父亲职业：①国家机关、党群组织、企事业单位负责人　②专业技术人员　③办事人员和有关人员　④商业、服务业人员　⑤农、林、牧、渔、水利业生产人员　⑥生产、运输设备操作人员及有关人员　⑦军人　⑧其他从业人员父亲工作地点：①高职院校所在省（自治区、直辖市）的所在区（县） ②高职院校所在省（自治区、直辖市）的其他区（县） ③其他省（自治区、直辖市）

母亲职业：①国家机关、党群组织、企事业单位负责人 ②专业技术人员 ③办事人员和有关人员 ④商业、服务业人员 ⑤农、林、牧、渔、水利业生产人员 ⑥生产、运输设备操作人员及有关人员 ⑦军人 ⑧其他从业人员

母亲工作地点：①高职院校所在省（自治区、直辖市）的所在区（县） ②高职院校所在省（自治区、直辖市）的其他区（县） ③其他省（自治区、直辖市）

8.你进入高职院校前所接受的教育类型是：①普通高中 ②中职中专

9.你在高中阶段（含中职）学习时与谁一起生活：①父母亲 ②父亲 ③母亲 ④亲戚 ⑤独自生活 ⑥其他（请写明）________

10.你小学就读的地点是：①高职院校所在省（自治区、直辖市）的所在区（县） ②高职院校所在省（自治区、直辖市）的其他区（县） ③其他省（自治区、直辖市）

就读时间自________年______月至________年______月

11.你初中就读的地点是：①高职院校所在省（自治区、直辖市）的所在区（县） ②高职院校所在省（自治区、直辖市）的其他区（县） ③其他省（自治区、直辖市）

就读时间自________年______月至________年______月

12.你①高中 ②中职（请根据自己情况勾选）就读的地点是：①高职院校所在省（自治区、直辖市）的所在区（县） ②高职院校所在省（自治区、直辖市）的其他区（县） ③其他省（自治区、直辖市）

就读时间自________年______月至________年______月

13.你进入大学的年月：________年______月

14.你所学专业类别：________

15.2012年8月，《关于做好进城务工人员随迁子女接受义务教育后在当地参加升学考试工作的意见》颁布，你是否了解这个政策文件：

①完全不了解 ②不太了解 ③一般 ④基本了解 ⑤非常了解

16.你考大学时对外省（市）户口学生在当地参加高考的政策了解情况：

①完全不了解 ②不太了解 ③一般 ④基本了解 ⑤非常了解

17.你是从哪些渠道了解到关于随迁子女在当地参加升学考试政策的？（可多选）

①高中（中职）就读学校管理部门下发的上级文件通知 ②高中（中职）班主任的通知和讲解 ③高校招生宣传 ④报纸 ⑤网络 ⑥电视广播 ⑦听家长和亲戚说的 ⑧听高中（中职）其他老师说的 ⑨听同学和朋友说的 ⑩不了解 ⑪其他渠道（请写明）________

18.你认为对随迁子女来说哪些渠道能最方便地获知上述考试政策？（可多选）

①高中（中职）就读学校管理部门下发的上级文件通知 ②高中（中职）班主任的通知和讲解 ③高校招生宣传 ④报纸 ⑤网络 ⑥电视广播 ⑦听家长和亲戚说的 ⑧听高中（中职）其他老师说的 ⑨听同学和朋友说的 ⑩其他渠道（请写明）__________

19.你高中（含中职）所在城市对随迁子女在当地参加高考或高职招生考试有哪些条件要求？（请在每一行相应的序号上打“√”）：

具体条件	对该条件的要求
A.本地学籍证明	①必须满足 ②不要求 ③不清楚
B.本地连续就学年限	①必须满足 ②不要求 ③不清楚
C.本地居住证或暂住证	①必须满足 ②不要求 ③不清楚
D.家长缴纳社保年限	①必须满足 ②不要求 ③不清楚
E.家长有合法稳定职业	①必须满足 ②不要求 ③不清楚
F.家长有稳定住所	①必须满足 ②不要求 ③不清楚
G.其他条件（请具体写明）__________________	

20.上述具体条件中，你认为哪些条件是合理和必需的？（请填写相应的字母）__________

21. 上述具体条件中，你认为哪些条件是不合理不必要的？（请填写相应的字母）__________

22. 上述具体条件中，你当时报名时最难达到的是哪些？（请填写相应的字母）__________

23. 你就读高职院校的原因：

①随迁子女在当地升学只能报考高职院校　②中职学生只能报考高职院校　③自愿报考

24. 如果异地升学考试政策对随迁子女报考院校的类型完全开放，你会选择：

①报考普通本科院校　②仍然报考高职院校　③根据自身实际情况选择报考本科或高职院校

25. 你最愿意选择下面哪种方式参加高考？

①在高中就读地考试　②如果在高中就读地不具备报名条件，选择在当地借考　③如果在高中就读地不具备报名条件，回户籍地考试　④先读中职，再报考高职院校

26. 你是通过哪种途径升入现在就读的高职院校的？

①六月份的普通高考　②当地春季高考　③当地高职对口招生　④中高职贯通培养招生（针对初中毕业生的五年一贯制、针对中职的“3+2”模式）　⑤高职院校自主招生政策　⑥高职院校的免试入学政策　⑦注册招生入学　⑧其他（请写明）______

27. 你对现在所学专业的感受是：

①很满意　②比较满意　③一般　④比较不满意　⑤很不满意

28. 你在班级中的学习成绩总体处于：

①优秀　②良好　③中等　④较差　⑤很差

29. 你对自己目前的学习能力总体感觉：

①非常自信　②比较自信　③一般　④不太自信　⑤很不自信

30. 你与学校老师间的人际交往情况是：

①非常密切　②比较密切　③一般　④不太密切　⑤很少交流

31. 你与学校同学间的人际交往情况是：

①非常好　②比较好　③一般　④不太好　⑤很不好

32. 你觉得自己适应高职院校的校园生活吗？

①非常适应　②比较适应　③一般　④不太适应　⑤很不适应

33. 你觉得学校对随迁子女在校发展的关注情况是：

①非常关注，有很多支持性措施　②比较关注，有一些支持性措施　③没有关注，无支持性措施　④不清楚

34. 你高职毕业后的规划和打算是：

①考本科　②找工作　③自主创业　④不清楚　⑤其他（请写明）________

35. 如果还想继续升入本科学习，你认为现有的条件是：

①有较多通道实现　②有些通道，但很难达到　③基本没有通道　④不清楚

36. 你对自己未来发展的总体感受是：

①非常乐观　②比较乐观　③说不清楚　④不太乐观　⑤很不乐观

37. 你觉得本地同学对随迁子女在当地参加高考升学的总体态度是：

①非常支持　②比较支持　③说不清楚　④不太支持　⑤很不支持

38. 你对目前就读高职院校的总体满意程度是：

①非常满意　②比较满意　③一般　④比较不满意　⑤很不满意

39. 你认为目前随迁子女可以在高中（包括中职）就读地参加高职招生考试的政策对个人发展的影响是：

①非常有利　②比较有利　③影响不大　④没有影响　⑤很不利

40. 如果本科院校招生也针对随迁子女开放，你是否还会继续选择报考高职院校？

①肯定不会　②肯定会　③说不清楚　④根据自身情况决定　⑤根据家长或老师的意见确定　⑥根据本科院校的情况确定

41. 你认为目前部分地区为解决随迁子女高考升学问题先开放高职院校后逐步开放本科院校的政策是否合理？

①非常合理　②比较合理　③基本合理　④不太合理　⑤很不合理

42. 如果对高职院校现有的各种自主招生政策（即除每年六月份的普通高考之外的所有招生考试方式）进行调整和设计，以此来更多地关注和招收随迁子女进入高职院校学习，你觉得这样的政策设计是否有必要？（此题若选择④或⑤，可直接跳至第44题回答）

①非常必要　②比较必要　③一般　④不太必要　⑤完全不必

43. 如果你觉得有必要调整现有的高职院校自主招生政策来更多地关注和招收随迁子女，你认为可以在下列哪些招生方式上做出调整？如何调整？(请在相应招生方式上勾选，并在横线上填写) ①当地春季高考__________ ②当地高职院校对口招生_______ ③中高职贯通培养招生（针对初中毕业生的5年一贯制、针对中职的3+2模式）_________ ④高职院校自主招生政策________ ⑤高职院校的免试入学政策_________ ⑥注册招生入学________

44. 对于随迁子女在流入地参加高考的政策，你还有哪些具体的改进建议？

后 记

社会科学的实证研究，与自然科学的发明创造一样，都是具有强烈的探索和创新性质的研究工作。政策落实的评估和进一步完善的干预研究就是其一。具体而言，在经济社会发展进程中的随迁子女教育政策，给教育政策研究人员提供了丰厚的研究土壤和环境，就看你是否具有高度的敏感、无畏的勇气和持久的毅力！改革开放之后，随着市场经济的确立，城乡分离格局被打破，人口大规模流动逐渐成为常态。从个体的单一流动到以家庭为单位的整体流动，奔波的人们在异地生存发展的同时，他们的子女也跟随来到城市或在城市出生（以下简称“随迁子女”）。随迁子女慢慢长大了，这一庞大群体在流入地平等接受教育的问题，成了中国社会转型期一个独特的社会问题。在党和政府的高度关注下，在社会的呼吁之下，在有识之士的作为之下，经过不断的努力，随迁子女在流入地接受义务教育的困境基本得到了缓解。但是，随之而来的是随迁子女在流入地继续升学的问题。这是一个更加棘手、更加涉及深层次的体制机制改革的重大问题，牵一发而动全身。

2008年8月，我被抽调参加国家中长期教育改革与发展规划纲要制定这一重要工作，直到2010年《国家中长期教育改革和发展规划纲要（2010—2020年）》正式颁布。频繁的调研、座谈、走访、写稿，已经成为我工作的主要形式。由于我率领研究团队长期开展流动人口子女教育问题研究，在《国家中长期教育改革和发展规划纲要（2010—2020年）》工作中，我具体承担了随迁子女教育政策的调研和制定。那些日子，我切身感受到教育既是涉及千家万户利益的大事，也是关乎国家民族未来生存与发展的关键。我为《国家中长期教育改革和发展规划纲要（2010—2020年）》的制定得到国家各级领导的关注而自豪，又为广大民众积极参与《国家中长期教育改革和发展规划纲要（2010—2020年）》的意见反馈建言献策而兴奋。在制定这样一个国家的大政方针时，广开民意，广泛纳言，这体现了以人为本。因此，我感觉身上的担子沉甸甸的，不敢有丝毫怠慢。我觉得，我们在创造历史，我们也在书写历史，同时，我们也行走在历史之中。

之后，我又负责主笔起草异地升学考试政策。那些日子里，教育部和中国教育科学研究院的领导们——袁贵仁同志、杜玉波同志、陈舜同志、宋德民同志、袁振国同志、田慧生同志等给予了我最直接的支持、鼓励和无微不至的关照。在我出席民间高考方案讨论会议后，杜玉波同志给予我肯定并鼓劲打气，说这是了解民意的最佳方式，陈舜同志手把手指导我修改完善文稿，这些场景仍历历在目。记得2012年8月30日，我正在教育部办公楼九楼会议室与有关人员讨论如何与到教育部门口来提出诉求的随迁子女家长进行沟通，这时传来国务院办公厅转发《关于做好进城务工人员随迁子女接受义务教育后在当地参加升学考试工作的意见》的消息。刹那间，我激动万分，热泪模糊了我的双眼，我顿时觉得之前的那些辛苦和付出，终于有了回报。我强烈感受到，这一生有这样的作为，值得了！

2012年8月30日国务院转发教育部等部门《关于做好进城务工人员随迁子女接受义务教育后在当地参加升学考试工作的意见》，是国家层面关于流动人口子女异地升学考试的政策文件。该文件要求“充分认识做好随迁子女升学考试工作的重要性”，“坚持有利于保障进城务工人员随迁子女公平受教育权利和升学机会，坚持有利于促进人口合理有序流动，统筹考虑进城务工人员随迁子女升学考试需求和人口流入地教育资源承载能力等现实可能，积极稳妥地推进随迁子女升学考试工作”，并要求“因地制宜制定随迁子女升学考试具体政策”，“统筹做好随迁子女和流入地学生升学考试工作”。除此之外，这一文件提出，“各地区、各有关部门要及时研究解决工作中出现的新情况新问题，认真总结和推广成功经验。要采取多种形式加强对随迁子女升学考试政策的宣传解读，做好舆论引导工作，营造良好氛围”。之后，全国除西藏之外的30个省（自治区、直辖市）（不含港澳台）相继出台了随迁子女在流入地参加中考和高考的相关配套政策文件。这一政策运行了几年，我们发现，整齐划一完全开放普通高考具有一定难度，但开放高职是切实可行的，而且高职开放的过程，能为普通高考开放提供政策实践经验。于是，我带领团队开展了基于高职院校通过自主招生招收随迁子女的这一项目的研究。

这一项目的研究，得到了北京、四川、贵州、深圳等地教育行政部门、教育研究机构和学校的大力支持。北京电子科技职业学院、北京培黎职业学院、成都航空职业技术学院、贵州盛华职业学院、深圳职业技术学院等学校给予我们最大限度的支持，并在自主招生的宣传、政策调整等过程中，最大限度地接纳了我们的政策建议，使得我们的研究在实践推进上具有一定的创新价值。广西教育出版社以高度的社会责任关注我们的研究，促使我们加快研究成果的呈现，奉献给社会。

本书各章分工如下：第一章，吴霓（中国教育科学研究院）；第二章，吴霓（中国教育科学研究院）、杨颖东（中国教育科学研究院）；第三章，王学男（中国教育科学研究院）；第四章，谢真子（天津师范大学）、杨庆文（成都市武侯区教育科学研究院）；第五章，吴佳莉（沈阳师范大学）、吴霓（中国教育科学研究院）；第六章，宋燕（重庆师范大学）、吴霓（中国教育科学研究院）；第七章，王帅（济宁学院）；后记，吴霓（中国教育科学研究院）。

吴霓负责全书统稿，王学男博士协助进行了课题的总体设计、总课题组协调和全书的统稿工作，天津师范大学刘海林博士协助对部分文稿进行了修订，在此一并致谢。

吴 霓
2020年2月于北京